QUE EU SEJA A ÚLTIMA

QUE EU SEJA
A ÚLTIMA

MINHA HISTÓRIA DE CÁRCERE E
LUTA CONTRA O ESTADO ISLÂMICO

NADIA MURAD
com Jenna Krajeski

Tradução
HENRIQUE GUERRA

ns
São Paulo, 2019

Que eu seja a última: minha história de cárcere e luta contra o Estado Islâmico
The Last Girl: my story of captivity, and my fight against the Islamic State
Copyright © 2017 by Nadia's Initiative Inc.
Copyright © 2019 by Novo Século Editora Ltda
1ª reimpressão janeiro/2023.

AQUISIÇÕES
Vitor Donofrio

COORDENAÇÃO EDITORIAL: Nair Ferraz
TRADUÇÃO (MIOLO E TEXTOS DE CAPA): Henrique Guerra
PREPARAÇÃO: Equipe Novo Século
REVISÃO: Lindsay Viola
CAPA: Christopher Brand
FOTO DE CAPA: Fred R. Conrad/Redux
PROJETO GRÁFICO: Lauren Dong
MAPA (PP. 6 E 7): Mapping Specialists, Ltd.
ARTE-FINAL DE CAPA: Bruna Casaroti

EDITORIAL
Bruna Casaroti • Jacob Paes • João Paulo Putini
Nair Ferraz • Renata de Mello do Vale • Vitor Donofrio

Texto de acordo com as normas do Novo Acordo Ortográfico da Língua Portuguesa (1990), em vigor desde 1º de janeiro de 2009.

Dados Internacionais de Catalogação na Publicação (CIP)
Angélica Ilacqua CRB-8/7057

Murad, Nadia
Que eu seja a última: minha história de cárcere e luta contra o estado islâmico / Nadia Murad e Jenna Krajeski; tradução de Henrique Guerra. -- Barueri, SP: Novo Século Editora, 2019.

Título original: *The Last Girl: my story of captivity, and my fight against the Islamic State*

1. Murad, Nadia - Autobiografia 2. Yazidis 3. IS (organização) 4. Crime contra as mulheres 5. Islamismo 6. Direitos humanos I. Título II. Guerra, Henrique

19-1556   CDD-956.704431

Índice para catálogo sistemático:
1. Iraque - História - Guerra

‹ns
uma marca do
Grupo Novo Século

GRUPO NOVO SÉCULO
Alameda Araguaia, 2190 – Bloco A – 11º andar – Conjunto 1111
CEP 06455-000 – Alphaville Industrial, Barueri – SP – Brasil
Tel.: (11) 3699-7107 | E-mail: atendimento@gruponovoseculo.com.br
www.gruponovoseculo.com.br

Este livro é dedicado a todos os iazidis.

TURQUIA

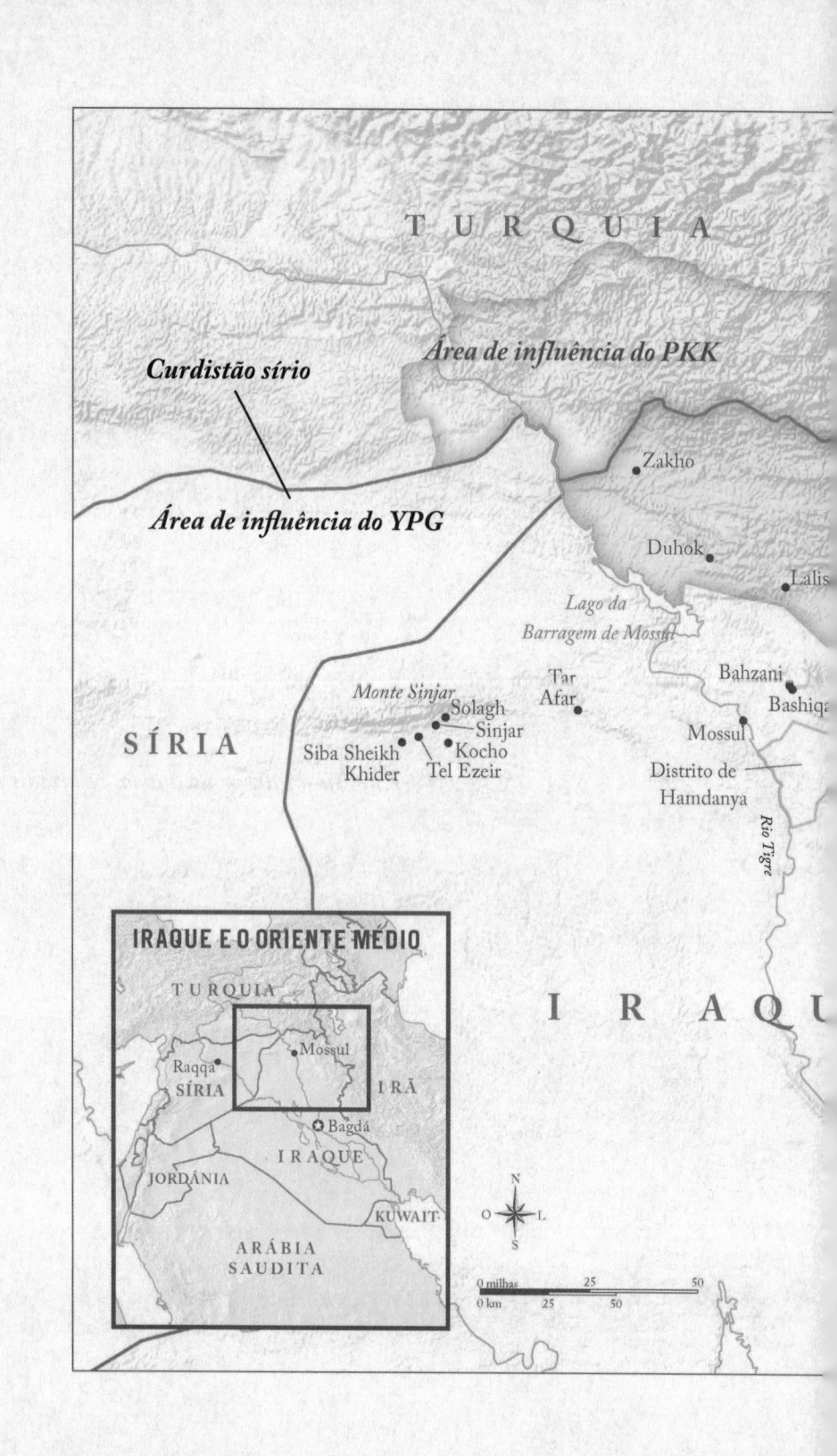

Curdistão sírio

Área de influência do PKK

Área de influência do YPG

• Zakho

• Duhok
• Lalis

Lago da Barragem de Mossul

Monte Sinjar
• Solagh
• Sinjar
Siba Sheikh • • Kocho   Tar Afar
Khider   Tel Ezeir

Bahzani •
• Bashiqa
• Mossul
Distrito de Hamdanya

SÍRIA

Rio Tigre

IRAQU[E]

IRAQUE E O ORIENTE MÉDIO

TURQUIA
• Mossul
Raqqa •
SÍRIA   IRÃ
◉ Bagdá
IRAQUE
JORDÂNIA
KUWAIT
ARÁBIA SAUDITA

N O L S

0 milhas 25 50
0 km 25 50

NORTE DO IRAQUE
AGOSTO-SETEMBRO DE 2014

IRÃ

de influência do KDP

Curdistão Iraquiano

Erbil

Suleimânia

Kirkuk

Área de influência do PUK

PREFÁCIO

Nadia Murad não é só minha cliente, ela é também minha amiga. Quando fomos apresentadas em Londres, ela me perguntou se eu queria atuar como sua advogada. Explicou que não teria como prover fundos e que a ação provavelmente seria demorada e sem êxito.

"Mas antes de tomar a sua decisão", pediu ela, "ouça a minha história".

Em 2014, o Estado Islâmico (EI) atacou a aldeia de Nadia no Iraque, e sua vida como estudante de 21 anos foi destroçada. Ela teve de presenciar a mãe e os irmãos dela caminharem para a morte. E a própria Nadia foi negociada e passou de mão em mão entre os terroristas do EI. Ela foi obrigada a rezar, obrigada a se embelezar e a se maquiar antes de ser estuprada, e uma noite foi cruelmente violentada por um grupo de homens até ficar inconsciente. Ela me mostrou suas cicatrizes das queimaduras de cigarro e dos espancamentos. E me contou que ao longo de todo esse tormento os terroristas a chamavam de "infiel impura" e gabavam-se de subjugar as mulheres iazidis e de varrer sua religião da face da Terra.

Nadia foi uma entre milhares de iazidis escravizadas pelo EI para serem vendidas em mercados e no Facebook por valores às vezes tão irrisórios quanto 20 dólares. A mãe de Nadia foi uma das 80 senhoras executadas e enterradas numa vala comum. Seis irmãos dela estavam entre as centenas de homens que foram fuzilados num só dia.

Aquilo que Nadia estava me contando era um genocídio. E um genocídio não acontece por acidente. Exige planejamento. Antes de o genocídio ser iniciado, o Departamento de Pesquisas e Fátuas do EI analisou os iazidis e concluiu que, sendo um grupo falante de curdo que não tinha um livro sagrado, os iazidis eram infiéis cuja escravidão era um "aspecto firmemente estabelecido na xaria". É por isso que, de acordo com a moralidade deturpada do EI, as iazidis, ao contrário das cristãs, xiitas e outras, podem ser sistematicamente estupradas. Na verdade, essa prática se tornaria uma das maneiras mais eficazes de destruir os iazidis.

O que se seguiu foi o estabelecimento de uma burocracia da perversidade em escala industrial. O EI inclusive lançou um panfleto intitulado "Perguntas e respostas sobre a retenção de prisioneiras e escravas" para fornecer mais diretrizes. "Pergunta: É permitido ter relações sexuais com uma escrava que não atingiu a puberdade? Resposta: É permitido ter relações sexuais com a escrava que não tiver atingido a puberdade se ela estiver apta para a relação sexual. Pergunta: É permitido vender uma prisioneira? Resposta: É permitido comprar, vender ou doar prisioneiras e escravas, pois elas não passam de mera propriedade".

***

Quando Nadia me contou sua história em Londres, fazia quase dois anos que o genocídio do EI contra o povo iazidi havia começado. Milhares de mulheres e crianças iazidis ainda eram mantidas em cativeiro pelo EI, mas nenhum membro do EI havia sido processado por esses crimes, em nenhum tribunal do mundo. As provas estavam sendo perdidas ou destruídas. E as perspectivas de alcançar a justiça pareciam sombrias.

Claro que eu aceitei a causa. E Nadia e eu passamos mais de um ano juntas fazendo campanha por justiça. Participamos de várias reuniões com o governo iraquiano, representantes das Nações Unidas, membros do Conselho de Segurança da ONU e vítimas do EI. Compilei relatórios, redigi minutas e análises jurídicas e proferi discursos pleiteando que a ONU agisse. A maioria de nossos interlocutores nos falava que seria impossível: há muito tempo o Conselho de Segurança não tomava medidas relativas à justiça internacional.

Mas, no momento em que escrevo este prefácio, o Conselho de Segurança da ONU acaba de adotar uma resolução histórica, criando uma equipe de investigação que coletará provas dos crimes cometidos pelo EI no Iraque. Essa é uma grande vitória para Nadia e todas as vítimas do EI, pois significa que as provas serão preservadas e que os membros individuais do EI poderão ser levados a julgamento. Eu estava sentada ao lado de Nadia no Conselho de Segurança quando a resolução foi aprovada por unanimidade. E quando presenciamos 15 mãos se erguendo, Nadia e eu nos entreolhamos e sorrimos.

Como advogada especializada em direitos humanos, muitas vezes o meu trabalho consiste em ser a voz daqueles que foram silenciados: o jornalista atrás das grades ou as vítimas de crimes de guerra que lutam para levar os criminosos ao banco dos réus. Não há dúvidas de que os terroristas do EI tentaram silenciar Nadia. Ela foi raptada, escravizada, estuprada e torturada, e teve sete membros de sua família aniquilados em um único dia.

Mas Nadia se recusou a ser silenciada. Ela desafiou todos os rótulos que a vida lhe imprimiu: órfã. Vítima de estupro. Escrava. Refugiada. Em vez disso, ela criou novos rótulos: sobrevivente. Líder iazidi. Defensora das mulheres. Indicada ao Prêmio Nobel da Paz. Embaixadora da Boa Vontade das Nações Unidas. E, agora, escritora.

Desde que eu a conheci, Nadia não só descobriu a sua voz: ela se tornou a voz de todos os iazidis que foram vítimas de genocídio, de todas as mulheres que foram abusadas, de todos os refugiados que foram deixados para trás.

Aqueles que pensavam que conseguiriam silenciá-la com suas atrocidades estavam enganados. A coragem de Nadia Murad não esmoreceu, e a sua voz não será silenciada. Ao contrário: por meio deste livro, a sua voz está mais poderosa do que nunca.

Amal Clooney

PARTE I

Capítulo I

No comecinho do verão de 2014, eu estava ocupada com os preparativos para meu último ano do ensino médio, quando dois camponeses desapareceram de suas lavouras nos arredores de Kocho, a pequena aldeia iazidi na região norte do Iraque em que nasci e onde, até pouco tempo atrás, eu imaginava que passaria o resto de minha vida. Num instante, os dois repousavam tranquilamente à sombra de uma lona rústica, de confecção artesanal. No instante seguinte, estavam cativos no quartinho de uma aldeia vizinha, habitada principalmente por árabes sunitas. Além dos camponeses, os sequestradores levaram uma galinha e alguns de seus pintinhos, e isso nos confundiu.

— Talvez só estivessem famintos — comentamos entre nós, embora isso não contribuísse em nada para nos acalmar.

Kocho, desde que nasci, é uma aldeia iazidi, fundada por agricultores e pastores nômades que foram os primeiros a chegar no meio do nada e decidiram construir moradias para proteger as esposas do calor desértico, enquanto conduziam suas ovelhas a melhores pastagens. Escolheram terras que seriam boas para a agricultura, mas num local arriscado, no limite sul da região de Sinjar, no Iraque, onde mora a maior parte dos iazidis do país, bem pertinho do Iraque não iazidi. Quando as primeiras famílias iazidis chegaram, em meados da década de 1950, Kocho era habitada por agricultores árabes sunitas que trabalhavam para os proprietários das terras, que moravam em Mossul. Mas essas famílias iazidis tinham contratado um advogado para comprar as terras (e o advogado, que era muçulmano, até hoje é considerado um herói). Na época em que nasci, Kocho tinha se desenvolvido e abrigava cerca de 200 famílias, todas elas iazidis e tão íntimas, que parecíamos formar uma grande e única família, algo que praticamente éramos.

A mesma terra que nos tornou especiais também nos tornou vulneráveis. Ao longo dos séculos, nós, do povo iazidi, fomos perseguidos em razão de nossas crenças religiosas, e, quando comparada com a maioria das cidades e das aldeias iazidis, Kocho fica distante do Monte Sinjar, a montanha alta e estreita que nos protege há muitas e muitas gerações. Por muito tempo, fomos pressionados por forças opostas do Iraque, os árabes sunitas e os curdos sunitas, que nos induziam a negarmos a nossa herança iazidi e a nos conformarmos com identidades curdas ou árabes. Até 2013, quando a estrada entre Kocho e a montanha enfim foi asfaltada, levávamos quase uma hora a bordo de nossa picape Datsun branca para atravessar as estradas empoeiradas até a cidade de Sinjar e o sopé da montanha. Cresci mais perto da Síria do que de nossos templos mais sagrados, mais perto de estranhos do que da segurança.

Um passeio rumo às montanhas era uma festa. Na cidade de Sinjar, encontrávamos doces e um tipo especial de sanduíche de cordeiro que não existia em Kocho, e meu pai quase sempre parava para nos deixar comprar o que queríamos. À medida que seguíamos pela estrada, a nossa picape erguia nuvens de poeira. Mesmo assim, eu preferia ir ao ar livre, deitada na caçamba da carroceria, até sair da aldeia e estar longe dos olhares curiosos de nossos vizinhos. Súbito, eu aparecia, para sentir o vento em meus cabelos e admirar o gado indistinto pastando ao longo da estrada. Eu me empolgava fácil e ia me erguendo cada vez mais na traseira da picape. Então meu pai, ou Elias, meu irmão mais velho, gritavam para eu ter cuidado, caso contrário, eu podia acabar voando pela lateral.

Na direção oposta, para longe daqueles sanduíches de cordeiro e do conforto da montanha, ficava o restante do Iraque. Em tempos de paz, e se não estivesse com pressa, um feirante iazidi demorava quinze minutos para ir de carro de Kocho até a aldeia sunita mais próxima e vender seus produtos, como grãos ou leite. Tínhamos amigos nessas aldeias – meninas que conheci em casamentos, professores que passavam o semestre acantonados na escola de Kocho, homens que eram convidados a segurar nossos bebês meninos durante o ritual da circuncisão. Esses homens acabavam criando vínculos com essa família iazidi e se tornavam um *kiriv*, uma espécie de padrinho. Médicos muçulmanos viajavam até Kocho ou à cidade de Sinjar para nos tratar quando ficávamos doentes, e os comerciantes muçulmanos cruzavam a cidade vendendo guloseimas e vestidos, itens que você não encontrava nas poucas lojinhas de Kocho, que ofertavam principalmente gêneros de primeira necessidade. Mais crescidos, meus irmãos viajavam com frequência a aldeias não iazidis para ganhar um pouco de dinheiro fazendo trabalhos avulsos. As relações eram ameaçadas por séculos de desconfiança – era difícil não se sentir mal quando um muçulmano convidado para um casamento se recusava, mesmo educadamente, a consumir a nossa comida –, mas, apesar disso, havia uma amizade genuína. Esses vínculos remontavam a gerações e gerações, ao longo do controle otomano, da colonização britânica, do governo Saddam Hussein e da ocupação americana. Nós, de Kocho, éramos particularmente conhecidos por nossos laços estreitos com as aldeias sunitas.

Mas quando havia combates no Iraque – e parece que sempre houve combates no Iraque –, aquelas aldeias pairavam ameaçadoramente sobre nós, a pequenina aldeia dos vizinhos iazidis, e os antigos preconceitos facilmente se transformavam em ódio. Muitas vezes, desse ódio, surgia a violência. De uns tempos para cá (os últimos dez anos, pelo menos), desde que os iraquianos foram levados a uma guerra com os americanos iniciada em 2003, a qual se espiralou em combates locais mais ferrenhos e, por fim, em um terrorismo plenamente desenvolvido, a distância entre os nossos lares tornara-se colossal. Aldeias vizinhas começaram a abrigar extremistas que denunciavam cristãos e muçulmanos não sunitas e, algo pior ainda, que chamavam os iazidis de *kuffar* (singular, *kafir*), isto é, infiéis que mereciam ser assassinados. Em 2007, alguns desses extremistas conduziram um caminhão-tanque com combustível e três carros aos movimentados centros de duas cidades iazidis, situadas a cerca de 16 quilômetros a noroeste de Kocho, e, em seguida, explodiram os veículos, matando as centenas de pessoas que haviam corrido na direção deles, muitas pensando que eles estavam trazendo mercadorias para serem vendidas na feira.

O iazidismo é uma antiga religião monoteísta, difundida oralmente por homens sagrados imbuídos de nossas tradições. Embora apresente elementos em comum com as várias religiões do Oriente Médio, desde o mitraísmo e zoroastrianismo até o islamismo e o judaísmo, é verdadeiramente único e pode ser difícil de ser explicado até mesmo pelos homens sagrados que repassam nossas histórias de geração em geração. Eu visualizo a minha religião como uma árvore antiga com milhares de anéis, e cada qual conta um capítulo da longa história dos iazidis. Muitas dessas narrativas são, infelizmente, tragédias.

Hoje existem apenas cerca de um milhão de iazidis no mundo. Desde que nasci – e, eu sei, por muito tempo antes de eu nascer –, a nossa religião tem sido o que nos define e nos mantêm juntos como uma comunidade. Mas também foi a nossa religião que nos tornou alvos da perseguição por parte de grupos mais numerosos, desde os otomanos até os baathistas de Saddam, que nos atacavam ou tentavam nos coagir a lhes oferecer a nossa lealdade. Eles desonravam a nossa religião, dizendo que adorávamos o diabo ou que éramos impuros, e exigiam que renunciássemos à nossa fé. Os iazidis sobreviveram a gerações de ataques destinados a nos varrer do mapa por vários métodos. Queriam nos matar. Queriam nos forçar a nos convertermos. Queriam apenas usurpar a nossa terra e se apossar de tudo que tínhamos. Até 2014, forças externas haviam tentado nos destruir em 73 oportunidades. Costumávamos chamar os ataques contra os iazidis de *firman*, palavra otomana, antes de aprendermos a palavra *genocídio*.

Ao tomar conhecimento do pedido de resgate pelos dois camponeses, o povo da aldeia entrou em pânico.

– Quarenta mil dólares – os sequestradores disseram pelo telefone às esposas dos camponeses. – Ou venham até aqui com os seus filhos para que as suas famílias possam ser convertidas ao Islã.

Caso contrário, eles garantiram, a dupla seria morta. Não foi a menção do dinheiro que fez as esposas dos reféns irromperem em lágrimas perante nosso *mukhtar*, ou líder da aldeia, Ahmed Jasso; quarenta mil dólares era uma soma astronômica, mas era apenas dinheiro. Todos nós sabíamos que os camponeses prefeririam morrer do que se converter. Por isso, os aldeões choraram de alívio quando, na calada da noite, os dois fugiram por uma janela quebrada, atravessaram correndo os campos de cevada e apareceram em casa, vivos, empoeirados até os joelhos e ofegantes de medo. Mas os sequestros não pararam.

Pouco depois, Dishan, empregado de minha família, os Taha, foi raptado de uma pastagem nas imediações do Monte Sinjar, onde pastoreava as nossas ovelhas. Levou muitos anos para a minha mãe e meus irmãos conseguirem comprar e criar nosso rebanho, e cada uma de nossas ovelhas era uma vitória. Tínhamos orgulho de nossos ovinos e os deixávamos no pátio de casa quando eles não estavam vagando fora da aldeia, tratando-os quase como animais de estimação. A tosquia anual era, por si só, uma celebração. Eu amava o ritual da esquila, a maneira como a lã macia caía no chão e formava montes que mais pareciam nuvens. Eu amava o cheirinho almiscarado que tomava conta de nossa casa. Amava o balir suave e passivo das ovelhas. E eu amava dormir embaixo dos edredons espessos que Shami, a minha mãe, fazia, entremeando a lã em retalhos de tecidos multicores. Às vezes, eu criava um vínculo tão forte com um cordeiro, que eu precisava sair de casa quando chegava a hora de ele ir ao abate. Na época em que Dishan foi sequestrado, tínhamos mais de uma centena de ovelhas – para nós, uma pequena fortuna.

Lembrando da galinha e dos pintinhos que haviam sido levados com os camponeses, meu irmão Saeed acelerou a nossa picape rumo ao sopé do Monte Sinjar, a uns vinte minutos de distância agora que a estrada estava pavimentada, para conferir as nossas ovelhas.

– Com certeza, eles as levaram – lamentamos. – Aquelas ovelhas são tudo o que temos.

Mais tarde, quando Saeed voltou, ele chamou minha mãe, meio confuso.

– Somente duas foram levadas – relatou ele. – Um carneiro meio lento e uma borrega.

O restante do rebanho pastava contente a grama verde-acastanhada e seguiu o meu irmão até em casa. Caímos na risada e ficamos muito aliviados. Mas Elias, meu irmão mais velho, estava preocupado.

– Não entendo – disse ele. – Aqueles aldeões não são ricos. Por que não roubaram todas as ovelhas?

Na cabeça dele, isso significava algo.

No dia seguinte ao rapto de Dishan, Kocho virou um caos. Aldeões se aglomeravam na frente de suas casas, e, com os homens que se revezavam operando um novo posto de controle logo além das muralhas da aldeia, eles vigiavam qualquer carro desconhecido que se aproximasse de Kocho. Hezni, um de meus irmãos, voltou para casa de seu trabalho como policial na cidade de Sinjar e se juntou aos outros homens da aldeia que debatiam em voz alta o que iriam fazer. O tio de Dishan queria se vingar e decidiu comandar uma missão rumo a uma aldeia a leste de Kocho, que era chefiada por uma tribo sunita conservadora.

– Vamos raptar dois pastores deles – declarou ele, enfurecido. – Daí eles vão ter que devolver Dishan!

Era um plano arriscado, e nem todos apoiaram o tio de Dishan. Até mesmo os meus irmãos, que tinham herdado de nosso pai toda a sua bravura e disposição para lutar, mostravam-se divididos sobre o que fazer. Saeed, que era apenas dois anos mais velho do que eu, passava boa parte do tempo fantasiando sobre o dia em que ele enfim provaria seu heroísmo. Ele era a favor da vingança. Porém, Hezni, mais de dez anos mais velho e o mais cordial de todos nós, achava o plano muito perigoso. Ainda assim, o tio de Dishan reuniu o máximo de aliados que conseguiu convencer e raptou dois pastores árabes sunitas. Em seguida, trouxe-os a Kocho, onde os trancafiou em sua casa e esperou.

***

A maioria das disputas da aldeia era resolvida por Ahmed Jasso, nosso *mukhtar* hábil e diplomático, e ele concordava com Hezni.

– O relacionamento com os nossos vizinhos sunitas já anda tenso – disse ele. – Sabe-se lá o que vão fazer se tentarmos desafiá-los?

Além disso, advertiu ele, a situação fora de Kocho era muito pior e mais complicada do que imaginávamos. Um grupo que se autodenominava Estado Islâmico (EI), que surgira principalmente ali no Iraque e depois crescera na Síria ao longo dos últimos anos, havia dominado aldeias que ficavam tão próximas da nossa que conseguíamos contar os vultos trajados de preto quando eles passavam em suas caminhonetes. Eles que mantinham o nosso pastor como refém, revelou o nosso *mukhtar*.

– Você só vai piorar as coisas – disse Ahmed Jasso ao tio de Dishan.

Assim, em menos de um dia após o sequestro dos pastores sunitas, eles foram libertados. Dishan, porém, continuava prisioneiro.

Ahmed Jasso era esperto, e a família Jasso tinha décadas de experiência negociando com as tribos árabes sunitas. Todos na aldeia recorriam a eles para solucionar seus problemas, e fora de Kocho eles eram reconhecidos como diplomatas habilidosos. Ainda assim, parte da aldeia se perguntava se desta vez ele não estava sendo cooperativo demais, enviando aos terroristas a mensagem de que os iazidis não se protegeriam. Na situação atual, tudo o que nos protegia do Estado Islâmico eram os combatentes curdos iraquianos, chamados de *peshmergas*, que tinham sido enviados da região curda autônoma para proteger Kocho quando Mossul caíra, quase dois meses antes. Tratávamos os *peshmergas* como convidados de honra. Dormiam em paletes em nossa escola, e a cada semana uma família diferente abatia um cordeiro para alimentá-los, um enorme sacrifício para os pobres aldeões. Eu também olhava para os soldados com admiração. Eu ouvira falar de mulheres curdas da Síria e da Turquia que lutavam contra terroristas e portavam armas, e esse pensamento me fazia sentir corajosa.

Algumas pessoas, incluindo alguns dos meus irmãos, pensavam que devíamos ter permissão para nos proteger. Eles queriam cuidar dos postos de controle, e o irmão de Ahmed Jasso, Naif, tentou convencer as autoridades curdas a deixá-lo formar uma unidade de *peshmergas* iazidis, mas foi ignorado. Ninguém se ofereceu para treinar os homens iazidis nem os incentivou a se alistar na luta contra os terroristas. Os *peshmergas* nos garantiram que, enquanto estivessem lá, não precisávamos nos preocupar, pois estavam tão determinados a proteger os iazidis quanto a proteger a capital do Curdistão iraquiano.

– É mais provável deixarmos Erbil cair do que Sinjar – afirmavam eles. Aconselharam-nos a confiar neles, e foi isso que fizemos.

Mesmo assim, em Kocho, a maioria das famílias guardava armas em casa – pesados fuzis Kalashnikov, um ou dois facões usados geralmente para abater animais nos feriados. Muitos iazidis do sexo masculino, incluindo os meus irmãos com idade suficiente, tinham se empregado na patrulha da fronteira ou na força policial após 2003, quando esses empregos ficaram disponíveis. Tínhamos a certeza de que, enquanto o perímetro de Kocho fosse vigiado por profissionais, os nossos homens poderiam proteger suas próprias famílias. Afinal de contas, foram esses homens, não os *peshmergas*, que construíram, com as próprias mãos, uma barricada de terra em torno da aldeia após os ataques de 2007. Foram os homens de Kocho que, dia e noite, patrulharam aquela barricada durante um ano inteiro, parando os carros nos postos de controle improvisados, atentos a qualquer movimentação estranha, até se sentirem seguros o suficiente para retomar a vida normal.

O rapto de Dishan deixou em pânico todas as pessoas da aldeia. Mas os *peshmergas* não mexeram uma palha. Talvez tenham pensado que era apenas uma rusga insignificante entre aldeias, não o motivo pelo qual Massoud Barzani, o presidente do Governo Regional do Curdistão (GRC), os enviara para longe da segurança do Curdistão rumo às áreas desprotegidas do Iraque. Talvez eles, como nós, também estivessem assustados. Alguns dos soldados não aparentavam serem muito mais velhos do que Saeed, o filho homem mais novo de minha mãe. Mas a guerra mudava as pessoas, especialmente os homens. Não fazia tanto tempo assim, Saeed brincava comigo e com nossa sobrinha, Kathrine, em nosso pátio, inocente demais para notar que os meninos supostamente não deviam gostar de bonecas. Mas, de uns tempos para cá, Saeed tornara-se obcecado com a violência que varria o Iraque e a Síria. Dias antes, eu o flagrei assistindo em seu celular a vídeos de decapitações perpetradas pelo Estado Islâmico, as imagens tremendo em sua mão. E o que mais me surpreendeu foi ele ter segurado o celular para eu também assistir. Nisso Massoud, um de nossos irmãos mais velhos, entrou na sala e ficou uma fera.

– Como você pôde deixar Nadia assistir! – ralhou ele com Saeed, que se encolheu todo.

Ele se arrependeu, mas eu entendi tudo. Era difícil desviar os olhos das cenas horríveis que se desdobravam tão perto de nossos lares.

As imagens do vídeo ficavam martelando em minha cabeça quando eu pensava em nosso pobre pastor mantido em cativeiro. Se os *peshmergas* não quiserem nos ajudar a resgatar Dishan, eu preciso fazer alguma coisa, pensei e entrei correndo casa adentro. Eu era a caçulinha da família, a mais nova de onze filhos. E eu era uma moça. Ainda assim, eu não tinha papas na língua e estava acostumada a ser ouvida. Em minha raiva, eu me sentia gigantesca.

A nossa casa ficava perto da fronteira norte da aldeia. Tinha um piso apenas e consistia numa fileira de quartos feitos de tijolos de barro alinhados como contas em um colar e conectados por vãos sem portas, todos desembocando num espaçoso pátio com a horta, o tandur (forno de barro) e, muitas vezes, ovelhas e galinhas. Eu morava lá com minha mãe, seis de meus oito irmãos e minhas duas irmãs, mais duas cunhadas e os filhos delas. Nas casas vizinhas, moravam meus outros irmãos, meios-irmãos, meias-irmãs e a maior parte de meus tios, tias, primos e primas. No inverno, quando chovia, o telhado vazava, e, em pleno verão iraquiano, o interior da casa parecia um forno, quando apoiávamos uma escada para subir ao telhado e dormir sob o luar. Quando parte do telhado afundava, nós remendávamos com pedaços de metal garimpados na oficina mecânica de Massoud, e quando precisávamos de mais um cômodo, nós o construíamos. Estávamos economizando dinheiro para uma nova casa, mais sólida, feita de blocos de cimento, e, a cada dia, mais e mais, nos aproximávamos desse objetivo.

Entrei em nossa casa pela porta da frente e corri ao quarto que eu dividia com as outras meninas, onde havia um espelho. Envolvi a cabeça num lenço clarinho que eu normalmente usava para impedir que o meu cabelo caísse em meus olhos quando eu me curvava sobre as fileiras de hortaliças e tentei me imaginar na pele de um soldado se preparando para a batalha. Anos trabalhando na lavoura me deixaram mais forte do que eu aparentava. Mesmo assim, eu não tinha a mínima ideia do que eu faria ao avistar os sequestradores ou pessoas da aldeia sunita cruzando as terras de Kocho. O que eu diria a eles?

— Os terroristas raptaram nosso pastor e foram para a aldeia de vocês — ensaiei defronte ao espelho, fazendo cara feia. — Vocês poderiam ter impedido. Agora ao menos podem nos contar para onde ele foi levado.

No canto de nosso pátio, eu peguei um pedaço de pau, como o cajado usado por um pastor, e voltei à porta da frente, onde alguns de meus irmãos estavam com a minha mãe, absortos na conversa. Eles mal perceberam quando me juntei a eles.

Minutos depois, uma picape branca da aldeia dos sequestradores veio pela estrada principal, com dois homens na frente e dois atrás. Reconheci-os vagamente. Pareciam árabes da tribo sunita que havia raptado Dishan. Observamos a picape serpentear pela sinuosa estrada de chão, até chegar à nossa aldeia, bem devagar, como se eles não tivessem medo algum. Eles não tinham motivo algum para atravessar Kocho — estradas contornavam a aldeia e conectavam cidades como Sinjar e Mossul —, e a sua presença parecia uma provocação. Afastei-me de minha família, corri para o meio da estrada e bloqueei a passagem do veículo.

— Parem! — gritei, brandindo a vara sobre a minha cabeça, na intenção de aparentar mais tamanho. — Falem onde está Dishan!

Foi preciso metade de minha família para me conter.

– Onde é que você estava com a cabeça? – repreendeu Elias. – Queria agredi-los? Quebrar o para-brisa deles?

Ele e alguns de meus outros irmãos acabavam de chegar da lavoura, exaustos e malcheirosos pela colheita das cebolas. Para eles, a minha tentativa de vingar Dishan parecia nada além de um rompante infantil. Minha mãe também ficou furiosa comigo por eu ter invadido a estrada. Em circunstâncias normais, ela tolerava meu temperamento e até mesmo se divertia com ele, mas naqueles dias todo mundo estava com os nervos à flor da pele. Parecia perigoso chamar a atenção para si mesma, especialmente se você fosse uma jovem solteira.

– Senta aqui – ordenou ela severamente. – É uma vergonha você fazer isso, Nadia, isso não é da sua conta. Os homens vão cuidar disso.

A vida continuou. Os iraquianos, particularmente iazidis e outras minorias, são especialistas em se ajustar a novas ameaças. Você tem que ser assim se quiser tentar levar uma vida quase normal em um país que parece estar se esfacelando. Às vezes, os ajustes eram relativamente pequenos. Redimensionamos nossos sonhos – de terminar a escola, de abandonar o trabalho na lavoura para fazer algo que desse menos dor nas costas, de se casar no futuro – e tentamos nos convencer, sem dificuldade, de que esses sonhos sempre tinham sido inalcançáveis. Às vezes, os ajustes ocorriam gradativamente, sem que ninguém percebesse. Parávamos de falar com os colegas muçulmanos na escola, ou nos encolhíamos de medo quando um estranho aparecia na aldeia. Assistíamos a notícias de ataques na TV e começávamos a nos preocupar mais com assuntos políticos. Ou ignorávamos completamente a política, sentindo que era mais seguro ficarmos calados. Após cada ataque, os homens iam aumentando a barricada no entorno de Kocho, começando pelo lado ocidental, de frente para a Síria, até que um dia acordamos e percebemos que a barricada nos cercava completamente. Em seguida, como ainda nos sentíamos inseguros, os homens também escavaram uma trincheira ao redor da aldeia.

O nosso povo, ao longo das gerações, se acostumava com uma pequena dor ou injustiça até ela se tornar normal o suficiente para ser ignorada. Imagino que deva ser por isso que começamos a aceitar certos desaforos, como o hábito de recusarem a nossa comida, o que provavelmente soaria como um crime de insulto para quem observasse aquilo pela primeira vez. Mesmo a ameaça de outro *firman* era algo com que os iazidis tinham se acostumado, embora esse ajuste mais parecesse contorcionismo. Doía.

Com Dishan ainda cativo, voltei com meus irmãos e minhas irmãs à plantação de cebola. Lá, nada havia mudado. As hortaliças que nós havíamos plantado meses antes agora tinham se desenvolvido; se nós não as colhêssemos, ninguém as colheria. Se não as vendêssemos, não teríamos dinheiro. Por isso, todos ajoelhados ao longo da fileira de folhas verdes emaranhadas, arrancávamos para fora da terra os bulbos das cebolas, um punhado de cada vez, recolhendo-as em sacolas de ráfia, onde ficariam até amadurecer e chegar a hora de levá-las ao mercado. Ficávamos nos perguntando: será que neste ano vamos levá-las às aldeias muçulmanas? Mas não sabíamos a resposta. Quando um de nós puxava o lodo escuro e pestilento de uma cebola podre, nós gemíamos, tapávamos os nossos narizes e continuávamos a lida.

Como de costume, conversávamos fiado e ficávamos nos provocando, contando histórias que todos já ouvíramos um milhão de vezes antes. A minha irmã Adkee, a piadista da família, lembrou a minha imagem naquele dia tentando perseguir o carro, uma camponesa magricela, o lenço caindo nos olhos, brandindo a vara sobre a cabeça, e quase rolamos na terra de tanto rir. Transformávamos a faina em brincadeira, competindo para ver quem conseguia colher mais cebolas, da mesma maneira que, meses antes, tínhamos competido para ver quem conseguia plantar mais sementes. Quando o sol começava a baixar, nos reuníamos com a minha mãe em casa para jantar em nosso pátio e, em seguida, dormíamos lado a lado em colchões no telhado de nossa casa, observando a lua e sussurrando até que a exaustão levasse toda a família a imergir no silêncio completo.

Só fomos descobrir por que os sequestradores tinham roubado os animais – a galinha, os pintinhos e nossas duas ovelhas – quase duas semanas mais tarde, depois que o EI se apoderou de Kocho e da maior parte de Sinjar. Um extremista, que ajudou a reunir todos os moradores de Kocho em nossa escola de ensino fundamental II e médio, depois explicou os sequestros a um grupo de mulheres da aldeia:

– Vocês falam que surgimos do nada, mas enviamos mensagens – disse ele, com o fuzil balançando em seu flanco. – Quando pegamos a galinha e os pintinhos, foi para dizer que levaríamos suas mulheres e suas crianças. Quando pegamos o carneiro, foi como levar seus líderes tribais, e quando matamos o carneiro, isso significou que planejávamos matar esses líderes. E a borrega? Representava as moças da sua aldeia.

Capítulo 2

Minha mãe me amava, mas ela tentou evitar uma nova gravidez. Durante meses antes de eu ser concebida, ela economizou dinheiro sempre que podia – um dinar aqui, outro ali, o troco de uma ida ao mercado, meio kg de tomates vendidos à socapa – para investir no controle de natalidade que ela não ousava pedir ao meu pai. Os iazidis não se casam com alguém fora da religião nem permitem a conversão ao iazidismo, e ter uma família numerosa era a melhor maneira de garantir que a linhagem não se extinguiria por completo. Além disso, quanto mais filhos, mais mão de obra para a lavoura. Minha mãe conseguiu comprar pílulas anticoncepcionais por três meses, até que ficou sem dinheiro, e então, quase imediatamente, ficou grávida de mim, seu décimo primeiro e último filho.

Ela foi a segunda esposa do meu pai. A primeira esposa dele morrera jovem, deixando-o com quatro filhos que precisavam de uma mulher para ajudar a criá-los. Minha mãe era linda, nascida de uma família pobre e profundamente religiosa em Kocho, e o pai dela com alegria a entregou ao meu pai como esposa. Ele já tinha algumas terras e animais e, comparado com o restante de Kocho, era rico. Assim, antes de completar vinte anos, antes mesmo de aprender a cozinhar, minha mãe se tornou esposa, madrasta de quatro crianças, e logo, logo, engravidou. Ela nunca foi à escola e não sabia ler nem escrever. Como muitos iazidis, cuja língua materna é o curdo, ela não falava árabe direito e mal conseguia se comunicar com os aldeões árabes que vinham à cidade para cerimônias de casamento ou como comerciantes. Até as nossas histórias religiosas eram um mistério para ela. Mas ela trabalhava duro, realizando as múltiplas tarefas que acompanhavam a missão de ser esposa de um camponês. Para uma mulher iazidi, não era suficiente dar à luz onze vezes – todas as vezes, em nossa própria casa, exceto no parto de alto risco dos gêmeos, Saoud e Massoud. Uma mulher iazidi grávida também devia cortar lenha, ajudar nas plantações e dirigir tratores até o momento em que entrava em trabalho de parto e, depois disso, devia carregar o bebê com ela enquanto trabalhava.

Meu pai era conhecido em Kocho por ser um iazidi muito tradicional e devoto. Ele usava o cabelo em tranças compridas e cobria a cabeça com um pano branco. Quando os *qawwals*, professores religiosos viajantes que tocam flauta e tambores e recitam hinos, visitavam Kocho, meu pai estava entre os homens que lhes davam as boas-vindas. Ele era uma voz proeminente no *jevat*, ou local de reunião, onde os aldeões do sexo masculino reuniam-se para discutir, com o nosso *mukhtar*, os problemas enfrentados pela comunidade.

A injustiça machucava meu pai mais do que qualquer ferimento corporal, e o seu orgulho nutria a sua força. Os aldeões que eram próximos a ele adoravam contar histórias sobre o seu heroísmo, como a ocasião em que resgatou Ahmed Jasso de uma tribo vizinha que estava determinada a matar o nosso *mukhtar*. Ou aquela vez em que valiosos cavalos árabes de um líder tribal árabe sunita escaparam de seus estábulos, e meu pai usou sua pistola para defender Khalaf, um pobre camponês de Kocho, quando ele foi descoberto montando um dos cavalos nos campos das redondezas.

– O pai de vocês sempre quis fazer o que era certo – os amigos dele nos contavam após ele falecer. – Uma vez, ele deixou um rebelde curdo, que fugia do exército iraquiano, dormir na casa dele. Só que o rebelde atraiu a polícia diretamente até a entrada de sua casa.

O pessoal contava que a polícia, ao descobrir o rebelde, queria prender os dois, mas o meu pai, após muita explicação, conseguiu se safar.

– Eu não o ajudei por questões políticas – esclareceu aos policiais. – Eu o ajudei porque ele é um homem e eu sou um homem. – E a polícia o liberou.

– E pensar que aquele rebelde era amigo de Massoud Barzani! – relembram seus amigos, ainda espantados após todos esses anos.

O meu pai não era um valentão, mas quando precisava, estava pronto para a luta. Ele perdera um olho em um acidente na lavoura, e o que sobrou na órbita ocular – um pequeno globo leitoso que mais parecia uma das bolinhas de gude com as quais eu brincava quando criança – o tornava um tanto ameaçador. Muitas vezes cheguei a pensar o seguinte: se o meu pai estivesse vivo quando o EI chegou a Kocho, ele teria liderado uma revolta armada contra os terroristas.

Por volta de 1993, o ano em que eu nasci, o relacionamento dos meus pais estava em crise, e a minha mãe estava sofrendo. O filho mais velho, nascido da primeira esposa de meu pai, havia morrido alguns anos antes na Guerra Irã-Iraque. Depois disso, minha mãe me contou, nada mais foi como antes. Meu pai também trouxera para casa outra mulher, Sara, com quem ele se casou, e que agora morava com os filhos deles numa ala da casa, a mesma casa que a minha mãe por muito tempo havia considerado dela. A poligamia não é ilegal no iazidismo, mas nem todos em Kocho teriam sido aceitos por praticá-la. Porém, ninguém questionava o meu pai. Quando se casou com Sara, ele possuía uma vasta área de terras e um grande rebanho de ovelhas. Numa época em que as sanções e a guerra com o Irã tornavam difícil para qualquer um sobreviver no Iraque, ele precisava de uma grande família para lhe ajudar, maior do que a família que a minha mãe era capaz de fornecer.

Ainda hoje acho difícil criticar meu pai por ter se casado com Sara. Qualquer pessoa cuja sobrevivência esteja diretamente ligada ao número de tomates cultivados numa safra ou ao tempo gasto tangendo suas ovelhas até um pasto melhor consegue entender por que ele queria outra esposa e mais filhos. Essas coisas não eram pessoais. Mais tarde, porém, quando ele oficialmente abandonou a minha mãe e ordenou que todos nós morássemos em uma pequena edificação atrás de nossa casa com quase nenhum dinheiro e terra, eu entendi que ele havia adotado uma segunda esposa não só por questões práticas. Ele amava Sara mais do que amava a minha mãe. Aceitei isso, assim como aceitei que o coração de minha mãe deve ter se partido quando ele trouxe uma nova esposa para casa. Após ter sido abandonada pelo marido, ela costumava dizer para mim e minhas duas irmãs, Dimal e Adkee:

– O que aconteceu comigo não acontecerá com vocês, se Deus quiser.

Eu queria ser como ela em todos os aspectos, exceto que eu não queria ser abandonada.

Meus irmãos não foram assim tão compreensivos. Certa vez, Massoud, com raiva, gritou para o nosso pai:

– Deus ainda vai fazer o senhor pagar por isso!

Mas até mesmo eles admitiram que a vida ficou um pouco mais fácil quando minha mãe e Sara já não moravam juntas e competiam pela atenção de meu pai, e após alguns anos aprendemos a coexistir. Kocho era pequena, e muitas vezes víamos ele e Sara. Eu passava pela casa deles, a casa em que nasci, todos os dias no meu caminho à escola de ensino fundamental; o cão deles era o único no trajeto que me conhecia bem o suficiente para não latir. Passávamos as férias juntos, e o meu pai às vezes nos levava à cidade de Sinjar ou à montanha. Em 2003, ele teve um ataque cardíaco, e só nos restou assistir a meu forte pai instantaneamente se tornar um idoso doente, confinado a uma cadeira de rodas no hospital. Dias depois, ele morreu. Pode ter sido em decorrência dos problemas cardíacos – mas também pode ter sido em decorrência da vergonha por sua fragilidade. Massoud lamentou ter gritado com ele. Ele imaginou que o pai dele era forte o suficiente para superar qualquer coisa.

Minha mãe era uma mulher profundamente religiosa, acreditando nos sinais e sonhos que muitos iazidis usam para interpretar o presente ou prever o futuro. Quando a lua crescente apareceu no céu pela primeira vez, eu a encontrei no pátio, acendendo velas.

– É neste momento que os filhos ficam mais vulneráveis a doenças e acidentes – explicou ela. – Estou rezando para que nada aconteça a nenhum de vocês.

Muitas vezes eu tinha indisposição estomacal, e, quando isso acontecia, a minha mãe me levava aos curandeiros iazidis que me davam ervas e chás, os quais ela me incitava a beber, embora eu detestasse o gosto. Quando alguém morria, ela visitava um *kochek*, um líder espiritual iazidi, para confirmar se o falecido tinha alcançado a vida após a morte. Muitos peregrinos iazidis coletavam um punhado de solo antes de deixar Lalish, um vale no norte do Iraque, onde ficavam os nossos templos mais sagrados, e o envolviam num pequeno tecido dobrado em triângulo, que guardavam no bolso ou na carteira, como talismã. Minha mãe sempre carregava um pouquinho desse solo sagrado, em especial depois que meus irmãos começaram a sair de casa para trabalhar no exército.

– Eles precisam de toda a proteção possível, Nadia – dizia ela. – O que eles estão fazendo é perigoso.

Ela também era prática e trabalhadora, desafiando todas as probabilidades para tornar a nossa vida melhor. Os iazidis estão entre as comunidades mais pobres do Iraque, e minha família era pobre, mesmo para os padrões de Kocho, especialmente após a separação de meus pais. Durante anos, meus irmãos cavaram poços à mão, curvando-se delicadamente no solo úmido e sulfuroso, palmo a palmo, cuidando para não quebrarem um osso. Além disso, com a minha mãe e minhas irmãs, eles cultivavam a terra de outras pessoas, em troca apenas de uma pequena porcentagem do lucro pelos tomates e pelas cebolas colhidos. Nos primeiros dez anos da minha vida, raramente tínhamos carne para o jantar, subsistindo de hortaliças cozidas, e meus irmãos costumavam dizer que só compravam calças novas quando começavam a enxergar as pernas através das antigas.

Aos poucos, graças ao trabalho árduo de minha mãe e ao crescimento econômico no norte do Iraque após 2003, a nossa situação, e a da maioria dos iazidis, foi melhorando. Meus irmãos conseguiram empregos como guardas de fronteira e policiais quando os governos central e curdo abriram vagas para iazidis. Era um trabalho perigoso – meu irmão Jalo entrou numa unidade policial que protegia o aeroporto de Tal Afar, a qual perdeu muitos homens em combate no primeiro ano –, mas com bons salários. Por fim, conseguimos nos mudar do terreno de meu pai para uma casa própria.

As pessoas que conheciam a minha mãe apenas por suas crenças religiosas profundas e ética de trabalho ficavam surpresas ao ver quão espirituosa ela era, e como ela conseguia encarar as dificuldades com bom humor. Ela tinha um jeitinho provocante de levar as coisas na brincadeira, e nada, nem mesmo a realidade de que ela quase certamente nunca se casaria de novo, escapava de seu espírito brincalhão. Um dia, anos após a separação entre ela e meu pai, um homem visitou Kocho esperançoso para atrair os olhares de minha mãe. Quando ela ficou sabendo que ele estava em nossa porta, ela pegou um bastão e deu um corridão nele, mandando o forasteiro embora, dizendo que ela nunca iria se casar novamente. Ao voltar para dentro, ela dava risada.

– Vocês tinham que ver a cara de susto dele! – contou ela, imitando o pretendente até todos nós também cairmos na gargalhada. – Se eu fosse me casar, não seria com um homem que foge de uma senhorinha com uma vara na mão!

Ela fazia graça de tudo – de ter sido abandonada pelo meu pai, do meu fascínio por cabelo e maquiagem, de seus próprios fracassos. Antes de eu nascer, ela havia começado a frequentar aulas de alfabetização para adultos, e quando eu estava mais grandinha, comecei a orientá-la. Ela aprendia rápido, em parte, eu pensava, porque conseguia achar graça de seus erros.

Quando ela falava sobre aquela tentativa de controle de natalidade antes de eu ser concebida, era como se ela estivesse contando a história de um livro que ela havia lido há muito tempo e do qual só gostava das partes divertidas. Em retrospectiva, aquela relutância dela em ter uma nova gravidez era engraçada, porque agora ela não conseguia imaginar a vida sem mim. Ela ria pelo modo como me amou desde a hora em que nasci, e porque eu passava todas as manhãs me aquecendo pertinho de nosso forno de barro enquanto ela assava pães, conversando com ela. Ríamos porque eu ficava com ciúme sempre que ela mostrava afeição por minhas irmãs ou sobrinhas e não por mim, porque eu jurava nunca sair de casa e porque nós dormíamos na mesma cama desde o dia em que eu nasci até o dia em que o Estado Islâmico invadiu Kocho e dilacerou nossa aldeia. Ela era nossa mãe e nosso pai ao mesmo tempo, e nós a amamos ainda mais quando crescemos e ficamos velhos o bastante para entender o quanto ela deve ter sofrido.

***

Cresci grudada à minha casa e nunca imaginei morar em outro lugar. Para forasteiros, Kocho até pode parecer muito pobre para ser feliz, e muito isolada e estéril para ser algo além do que desesperadamente pobre. Os soldados americanos devem ter tido essa impressão, levando em conta a maneira como as crianças os cercavam, implorando por canetas e doces, quando eles vinham visitar a aldeia. Eu era uma daquelas crianças, pedindo coisas.

Às vezes, os políticos curdos apareciam em Kocho, mas apenas de uns anos para cá e, em geral, antes das eleições. Um dos partidos curdos, o Partido Democrático do Curdistão (KDP), liderado pelo clã Barzani, abriu uma pequena sede com duas salas em Kocho após 2003. Porém, na maior parte do tempo, o local parecia funcionar como um clubinho esportivo para os aldeões que pertenciam ao partido. Muita gente se queixou confidencialmente de que o KDP os pressionava a apoiar o partido e a dizer que os iazidis eram curdos e que Sinjar fazia parte do Curdistão. Os políticos iraquianos nos ignoravam, e Saddam havia tentado nos obrigar a reconhecermos que éramos árabes, como se todos nós pudéssemos ser ameaçados a desistir de nossa identidade e, assim que desistíssemos dela, jamais nos rebelaríamos.

Simplesmente morar em Kocho era, de certa forma, desafiador. Em meados da década de 1970, Saddam começou a forçar as minorias, incluindo curdos e iazidis, a se mudarem de suas aldeias no entorno do Monte Sinjar para casas de blocos de concreto, em comunidades planejadas, onde poderiam ser mais facilmente controladas, numa campanha que as pessoas chamaram de "arabização" do Norte. Mas Kocho ficava um pouco distante da montanha e, por isso, fomos poupados. As tradições iazidis que se tornaram antiquadas nessas novas comunidades prosperavam em minha aldeia. As mulheres usavam diáfanos vestidos brancos e lenços de cabeça de suas avós; as esmeradas festas de casamento traziam músicas e danças iazidis clássicas; e jejuávamos para expiar nossos pecados numa época em que muitos iazidis já haviam desistido desse costume. Era uma comunidade segura e coesa, e mesmo as disputas sobre terras ou casamentos acabavam perdendo importância. Ao menos, nada disso influenciava o quanto amávamos uns aos outros. Os aldeões visitavam as casas uns dos outros até tarde da noite e caminhavam pelas ruas sem medo. Escutei visitantes dizendo que à noite, de longe, Kocho faiscava em meio à escuridão. Adkee jurava ter ouvido certa vez alguém descrevê-la como "a Paris de Sinjar".

Kocho era uma aldeia jovial, repleta de crianças. Entre os moradores, poucos tinham idade suficiente para ter testemunhado *firmans* em primeira mão. Assim, muitos de nós crescemos pensando que esse problema pertencia ao passado. O mundo era muito moderno, muito civilizado, para ser a espécie de lugar em que um grupo inteiro poderia ser morto apenas por causa de sua religião. Sei que eu me sentia assim. Crescemos ouvindo falar de antigos massacres como histórias que ajudaram a criar vínculos em nosso povo. Num desses relatos, uma amiga de minha mãe descreveu a fuga dela, com a mãe e a irmã, do regime opressivo da Turquia, onde muitos iazidis moravam antigamente. Encurraladas durante vários dias numa caverna sem nada para comer, a mãe dela fervia couro para mantê-las vivas. Escutei essa história muitas vezes e sentia um embrulho no estômago. Não imaginava que eu conseguiria comer couro, mesmo se estivesse morrendo de fome. Mas era apenas um relato.

Sem dúvida, a vida em Kocho podia ser dificílima. Todas aquelas crianças, por mais amadas que fossem, eram um fardo para seus pais, que precisavam trabalhar dia e noite para alimentar suas famílias. Quando ficávamos enfermos, e a doença não podia ser curada com ervas, tínhamos que ser levados à cidade de Sinjar ou a Mossul para uma consulta médica. Quando precisávamos de roupas, essas roupas eram feitas à mão pela minha mãe ou, depois que melhoramos de vida, compradas uma vez por ano num mercado da cidade. Durante os anos das sanções das Nações Unidas contra o Iraque, destinadas a tirar Saddam do poder, choramos quando se tornou impossível encontrar açúcar. Quando enfim escolas foram construídas na aldeia, primeiro a escola de ensino fundamental I e, anos mais tarde, a escola de ensino fundamental II e médio, os pais tiveram que sopesar os benefícios de seus filhos receberem educação com o custo de não contar com eles em tempo integral em casa para trabalhar. Em geral, os iazidis, por muito tempo, tiveram sua educação negligenciada – não apenas pelo governo iraquiano, mas também por líderes religiosos, preocupados que uma educação patrocinada pelo Estado incentivaria o casamento entre etnias e, portanto, a conversão e a perda da identidade iazidi –, mas, para os pais, desistir da mão de obra gratuita era um grande sacrifício. E para qual tipo de futuro, os pais se perguntavam, para quais empregos, e onde? Não havia trabalho em Kocho, e uma vida permanente fora da aldeia, longe de outros iazidis, atraía apenas os muito desesperados ou os muito ambiciosos.

O amor de um pai ou de uma mãe facilmente se tornava uma fonte de dor. A vida na lavoura era perigosa, e acidentes aconteciam. Minha mãe identifica o momento em que ela deixou de ser menina para se tornar adulta. Foi quando a sua irmã mais velha foi morta, arremessada de um trator desenfreado e, em seguida, atropelada bem ali no meio do trigal da família. Tratar as doenças era, às vezes, muito caro. Meu irmão Jalo e sua esposa Jenan perderam vários bebês por conta de uma doença hereditária, proveniente da família de Jenan. O casal era muito pobre para comprar remédios ou levar os bebês a um médico, e, de oito filhos, quatro morreram.

O divórcio levou embora os filhos de minha irmã Dimal. Na sociedade iazidi, como no restante do Iraque, as mulheres têm poucos direitos no fim de um casamento, não importa o motivo do término. Outras crianças morrem em guerras. Nasci apenas dois anos após a primeira Guerra do Golfo e cinco anos após o fim da Guerra Irã-Iraque, um conflito inútil de oito anos que, mais do que outra coisa, pareceu satisfazer os desejos de Saddam para torturar seu povo. As lembranças dessas crianças, que nunca mais veríamos, perduravam como fantasmas em nossa casa. Meu pai cortou as tranças dele quando seu filho mais velho foi morto, e embora um de meus irmãos tenha recebido o nome daquele filho, meu pai só conseguia chamá-lo pelo apelido, Hezni, que significa "tristeza".

Mensurávamos nossas vidas pelas colheitas e pelos feriados iazidis. As estações podiam ser inclementes. No inverno, as ruelas de Kocho enchiam-se de uma lama que mais parecia cimento: ela sugava os sapatos de nossos pés! No verão, o calor era tão intenso, que era melhor nos arrastarmos para a lavoura à noite, em vez de correr o risco de desmaiar sob o sol durante o dia. Às vezes, as colheitas nos frustravam, e, quando isso acontecia, a melancolia se prolongava por meses a fio, ao menos até plantarmos as sementes da próxima safra. Outras vezes, não importava o quanto colhêssemos, não ganhávamos dinheiro suficiente. Aprendemos do modo mais difícil – carregando sacas de produtos ao mercado e vendo os clientes manusearem as hortaliças e irem embora – a ver o que vendia e o que não vendia. O trigo e a cevada eram os mais rentáveis. As cebolas tinham boa procura, mas o preço era baixo. Em muitos anos, fornecíamos tomates maduros demais ao nosso gado, só para aproveitar o excesso da produção.

Mesmo assim, apesar das dificuldades em Kocho, eu nunca quis morar em outro lugar. As ruelas até podiam se encher de lama no inverno, mas ninguém precisava andar muito para encontrar as pessoas que mais amava. No verão, o calor era sufocante, mas, em compensação, todos nós íamos dormir, lado a lado, no telhado da casa, rindo e conversando com os vizinhos em seus próprios telhados. O trabalho na lavoura era árduo, mas ganhávamos dinheiro suficiente para levar uma vida feliz e singela. Eu amava tanto a minha aldeia que, quando eu era criança, a minha brincadeira favorita envolvia a criação de uma Kocho em miniatura, com caixas descartadas e material reciclável. Kathrine e eu enchíamos aquelas casinhas com bonecas artesanais, feitas de madeira, e depois fazíamos as bonecas se casarem. Claro, antes de cada casamento, as bonecas meninas visitavam a casa sofisticada que eu fiz com uma caixa plástica para tomates, onde funcionava o salão de beleza.

E, o mais importante de tudo: eu nunca teria abandonado Kocho, pois a minha família estava lá. Nosso núcleo familiar era uma pequena aldeia. Eu tinha meus oito irmãos: Elias, o mais velho, era como um pai. Khairy foi o primeiro a arriscar a vida dele como guarda de fronteira para nos ajudar a pôr comida em nossa mesa. Pise era teimoso e leal e nunca deixava nada acontecer conosco. Havia Massoud, que cresceu e se tornou o melhor mecânico (e um dos craques de futebol) de Kocho, e seu gêmeo Saoud, que gerenciava uma pequena loja de conveniência na aldeia. Jalo era amável e generoso com todos, até mesmo com estranhos. Cheio de vida, o travesso Saeed desejava ser um herói, e todos nós competíamos pelo carinho de Hezni, o sonhador. Minhas duas irmãs – a maternal e silenciosa Dimal, e Adkee, que um dia enfrentou nossos irmãos para deixarem que ela, uma mulher, dirigisse a nossa picape e no dia seguinte caiu em prantos ao ver um cordeirinho morto no pátio – ainda moravam em casa, e meus meios-irmãos, Khaled, Walid, Hajji e Nawaf, e minhas meias-irmãs, Halam e Haiam, moravam nas proximidades.

Foi em Kocho que a minha mãe, Shami, como toda boa mãe mundo afora, dedicou sua vida para garantir que estivéssemos bem alimentados e esperançosos. Esse não foi o último lugar em que a vi, mas é lá onde ela está quando me lembro dela, coisa que eu faço todos os dias. Mesmo durante os piores anos das sanções, ela fazia das tripas coração para que nada nos faltasse. Quando não havia dinheiro para guloseimas, ela nos dava cevada para trocarmos por chicletes na lojinha local. Quando um caixeiro-viajante passava em Kocho oferecendo um vestido muito caro, que não podíamos comprar à vista, ela o convencia a nos vender a prazo.

– Ao menos, agora a nossa casa é a primeira que eles visitam quando vêm a Kocho! – brincava ela se um dos meus irmãos reclamasse da dívida.

Ela cresceu pobre, e nunca desejou que parecêssemos necessitados. Mesmo assim, os aldeões queriam nos ajudar e nos davam pequenas quantidades de farinha ou cuscuz quando podiam. Uma vez, quando eu era muito jovem, minha mãe saiu do moinho e estava indo para casa com apenas um pouco de farinha na bolsa e foi parada pelo tio dela, Sulaiman.

– Sei que vocês precisam de ajuda. Por que você nunca me pede nada? – questionou ele.

Primeiro, ela balançou a cabeça e assegurou:

– Estamos bem, tio. Temos tudo de que precisamos.

Mas Sulaiman reiterou:

– Tenho muito trigo sobrando, você precisa aceitar um pouco.

De súbito, no dia seguinte, quatro grandes latas cheias de trigo foram entregues em nossa casa, o suficiente para fazermos pão durante dois meses. Minha mãe ficou tão envergonhada por precisar de ajuda que, ao nos contar o que aconteceu, os olhos rasos de lágrimas, ela jurou que iria tornar nossa vida melhor. Dia após dia, ela cumpriu a promessa. Sua presença era um alívio, mesmo com terroristas nas proximidades.

– Deus há de proteger os iazidis – ela afirmava todos os dias.

Tantas coisas me lembram da minha mãe. A cor branca. Uma piada boa e talvez inadequada. Um pavão, que os iazidis consideram um símbolo sagrado, e as breves orações que eu recito em minha cabeça quando vejo a imagem dessa ave. Por 21 anos, minha mãe esteve no âmago de cada dia. Todas as manhãs, ela acordava cedinho para fazer pão, sentada em uma banqueta na frente do tandur que tínhamos no pátio, aplainando bolas de massa e as batendo contra os lados do forno até elas incharem e soltarem bolhas, prontas para serem imersas em tigelas com a manteiga, dourada e derretida, de leite de ovelha.

Todas as manhãs, durante vinte e um anos, acordei com o *tap*, *tap*, *tap* da massa batendo de mansinho contra a parede do forno e com o aroma fresco da manteiga, me avisando que a minha mãe estava por perto. Meio adormecida, eu ficava pertinho dela na frente do tandur; no inverno, eu aquecia as mãos ao redor do fogo, e falávamos em tudo que é assunto – escola, casamentos, brigas com irmãos. Anos a fio, eu tive a certeza de que ovos de cobras eclodiam no telhado de zinco de nosso chuveiro externo.

– Escutei o barulho delas! – eu insistia para minha mãe, imitando o sibilar das serpentes. Mas ela só sorria para mim, a mais nova de 11 filhos.

– Nadia está morrendo de medo de tomar banho sozinha! – zombavam meus irmãos.

E até mesmo quando um filhote de cobra despencou em minha cabeça, levando-nos a enfim reconstruir o chuveiro, eu tive de reconhecer que eles tinham uma certa razão. Eu nunca quis ficar sozinha.

Eu beliscava as bordas queimadas do pão fresco, atualizando meu plano de vida para ela. Eu já não seria apenas uma cabeleireira no salão que eu planejava abrir em nossa casa. Agora tínhamos dinheiro suficiente para comprar delineador e sombra, itens populares em cidades maiores que Kocho. Assim, eu também faria maquiagem ao chegar em casa após passar o dia lecionando História na escola de ensino fundamental II e médio. Minha mãe fazia que sim com a cabeça.

– Só se você nunca me abandonar, Nadia – dizia ela, embrulhando o pão ainda quente em um pano.

– Claro – eu respondia sempre. – Eu nunca vou abandonar a senhora.

Capítulo 3

Os iazidis creem que, antes de criar os seres humanos, Deus criou sete entidades divinas, muitas vezes chamadas de anjos, que eram manifestações de si mesmo. Após formar o universo a partir de fragmentos de uma esfera quebrada, parecida com uma pérola, Deus enviou dos céus o seu principal anjo, Tawusi Melek. Aqui, ele assumiu a forma de um pavão e pintou o mundo com as cores vivas de suas plumas. Conta a história que, ao chegar, Tawusi Melek vislumbra Adão, o primeiro homem, a quem Deus tornou imortal e perfeito, mas o anjo desafia a decisão divina. Se Adão tem que reproduzir, pondera Tawusi Melek, ele não pode ser imortal e não pode ser perfeito. Ele precisa comer trigo, coisa que Deus o proibiu de fazer. Deus determina que a decisão cabe a seu anjo, e Tawusi Melek tem o destino do mundo nas mãos. Adão come o trigo, é expulso do paraíso, e a segunda geração de iazidis nasce no mundo.

Provando seu valor a Deus, o Anjo Pavão se tornou a conexão de Deus conosco, o vínculo entre os humanos e os céus. Quando oramos, muitas vezes oramos a Tawusi Melek, e nosso Ano Novo celebra o dia em que ele desceu à terra. Imagens multicoloridas do pavão decoram muitas casas iazidis, para nos lembrar de que devemos a nossa existência à sua sabedoria divina. Os iazidis amam Tawusi Melek por sua interminável devoção a Deus e porque ele nos conecta ao nosso único Deus. Mas iraquianos muçulmanos, por motivos sem raízes verdadeiras em nossas histórias, desprezam o Anjo Pavão e nos difamam por orarmos a ele.

É doloroso reconhecer isso, e os iazidis não devem nem pronunciar essas palavras, mas muita gente no Iraque ouve a história do Anjo

Pavão e nos chama de "adoradores do diabo". Tawusi Melek, segundo eles, o principal anjo de Deus, é como Iblis, a personificação do diabo no Alcorão. Afirmam que o nosso anjo desafiou Adão e, portanto, Deus. Alguns citam textos (geralmente escritos por acadêmicos estrangeiros do início do século XX, que não estavam familiarizados com a tradição oral iazidi) que alegam que Tawusi Melek foi enviado ao inferno por se negar a reverenciar Adão, o que não é verdade. Essa é uma interpretação errônea que tem gerado consequências terríveis. A história que usamos para explicar o cerne da nossa fé e tudo que consideramos bom na religião iazidi é a mesma história que outros usam para justificar o genocídio contra nós.

Essa é a pior mentira contada sobre os iazidis, mas não é a única. As pessoas dizem que o iazidismo não é uma religião "de verdade", pois não temos um livro oficial como a Bíblia ou o Alcorão. Como alguns de nós não tomam banho às quartas-feiras – o dia em que Tawusi Melek veio pela primeira vez à terra, e nosso dia de descanso e oração –, eles dizem que somos sujos. Como oramos virados ao sol, somos chamados de pagãos. A nossa crença na reencarnação, que nos ajuda a lidar com a morte e a manter nossa comunidade unida, é rejeitada pelos muçulmanos, pois nenhuma das crenças abraâmicas acreditam nela. Alguns iazidis evitam certos alimentos, como alface, e são zombados por seus hábitos bizarros. Outros não usam o azul porque o consideram a cor de Tawusi Melek e sagrada demais para um ser humano, e até mesmo essa opção é ridicularizada.

Crescendo em Kocho, eu não sabia muita coisa sobre a minha própria religião. Só uma pequena fração do povo iazidi nasce nas castas religiosas, composta por xeques e decanos que ensinam a todos os outros iazidis sobre a religião. Eu já era adolescente quando minha família juntou dinheiro suficiente para me levar a Lalish e ser batizada. Eu não tive a oportunidade de fazer essa viagem com a frequência necessária para aprender com os xeques que moravam lá. Os ataques e a perseguição nos dispersaram e diminuíram nossa população, dificultando ainda mais a difusão de nossas histórias oralmente, que é o modo como elas devem ser difundidas. Mesmo assim, nos sentíamos felizes porque nossos líderes religiosos tinham protegido o iazidismo – era óbvio que, nas mãos erradas, a nossa religião poderia facilmente ser usada contra nós.

Há certas coisas que todos os iazidis aprendem desde pequenos. Eu conhecia os feriados iazidis, embora soubesse mais como celebrá-los do que a teologia por trás desses feriados. Eu sabia que no Ano Novo iazidi coloríamos ovos, visitávamos os túmulos da família e acendíamos velas em nossos templos. Eu sabia que outubro era o mês ideal para visitar Lalish, o vale sagrado no distrito de Sheikhan, onde Baba Sheikh, o nosso mais importante líder espiritual, e Baba Chawish, o guardião dos santuários locais, saúdam os peregrinos. Em dezembro, jejuamos por três dias para expiar nossos pecados. Não é permitido o casamento fora da fé; nem a conversão. Fomos ensinados sobre os 73 *firmans* contra os iazidis no passado, e esses relatos de perseguição estavam tão entrelaçados com quem éramos, que bem podiam ser considerados relatos sagrados. Eu sabia que a religião permanecia viva em homens e mulheres que haviam nascido para preservá-la, e que eu era uma dessas pessoas.

Minha mãe nos ensinou a orar – virados para o sol pela manhã, para Lalish durante o dia e para a lua à noite. Existem regras, mas em sua maioria elas são flexíveis. A oração é destinada a ser uma expressão pessoal, não uma tarefa ou um ritual vazio. Você pode orar baixinho, de si para si, ou em voz alta. Pode orar sozinho ou em grupo, desde que todos nesse grupo também sejam iazidis. As orações são acompanhadas por alguns gestos, como beijar a pulseira vermelha e branca que muitas mulheres e homens iazidis trazem no pulso ou, para os homens, beijar o colarinho de sua tradicional camiseta branca.

A maior parte dos iazidis com quem eu cresci orava três vezes ao dia, e as orações podiam ser feitas em qualquer lugar. Eu rezava em templos, mas era mais comum rezar nos campos, em nosso telhado e até na cozinha, ajudando minha mãe a cozinhar. Após recitar versos de praxe em louvor a Deus e a Tawusi Melek, você acrescenta o que quiser.

– Contem a Tawusi Melek o que está incomodando vocês – orientava a minha mãe, demonstrando os gestos. – Se estiverem preocupados com alguém que vocês amam, contem isso a ele, ou se estiverem com medo de alguma coisa. Nessas coisas que Tawusi Melek pode ajudá-los.

Eu costumava orar pelo meu próprio futuro – para terminar a escola e abrir o meu salão de beleza – e pelo futuro de meus irmãos e de minha mãe. Hoje, eu rezo pela sobrevivência da minha religião e do meu povo.

Os iazidis viviam assim há muito tempo, orgulhosos de nossa religião e contentes por ficarem afastados de outras comunidades. Não tínhamos ambição por mais terra ou poder, e nada na religião nos ordena a conquistar os não iazidis e a espalhar nossa fé. Seja como for, ninguém pode se converter ao iazidismo. Mas, durante a minha infância, a nossa comunidade estava mudando. Os aldeões compraram televisões, primeiro sintonizando a tevê estatal até que as antenas parabólicas nos permitissem assistir às novelas turcas e ao noticiário curdo. Compramos a nossa primeira máquina de lavar roupas, que parecia fazer mágica, embora minha mãe ainda lavasse seus tradicionais véus e vestidos brancos à mão. Muitos iazidis emigraram para Estados Unidos, Alemanha ou Canadá, criando conexões com o Ocidente. E, é claro, a minha geração foi capaz de fazer algo que nossos pais sequer sonharam. Tivemos acesso à escola.

A primeira escola de Kocho foi construída na década de 1970, no governo Saddam. A escola oferecia apenas até o quinto ano do ensino fundamental, e as aulas eram em árabe, não em curdo, e profundamente nacionalistas. O currículo estatal deixava bem claro quem era importante no Iraque e qual religião eles seguiam. Os iazidis não existiam nos livros de história iraquianos que eu li na escola, e os curdos eram retratados como ameaças ao Estado. Eu li a história do Iraque e como ela se desdobrava numa sequência de batalhas, lançando soldados iraquianos árabes contra povos que queriam tomar o país deles. Era uma história sangrenta, destinada a sentirmos orgulho de nosso país e das fortes lideranças que haviam expulsado os colonizadores britânicos e deposto o rei. Essa história, porém, exercia em mim o efeito oposto. Mais tarde, pensei que aqueles livros deveriam ser um dos motivos pelos quais os nossos vizinhos ingressaram no EI ou foram omissos quando os terroristas atacaram os iazidis. Ninguém que houvesse estudado numa escola iraquiana pensaria que nós merecíamos ter nossa religião protegida, ou que havia algo de perverso ou mesmo de estranho em guerras infinitas. Aprendemos sobre a violência desde o nosso primeiro dia de aula.

Quando eu era criança, meu país me fascinava. Parecia um planeta à parte, composto de muitas terras diferentes, em que décadas de sanções, guerras, ideias políticas ruins e ocupações haviam separado os vizinhos uns dos outros. No extremo norte do Iraque, moravam os curdos, que ansiavam por independência. O sul era o lar da maior parte dos muçulmanos xiitas, a maioria religiosa do país e, hoje, política. E no meio ficavam os árabes sunitas, que, com Saddam Hussein na presidência, já dominaram o Estado contra o qual hoje eles lutam.

Esse é o mapa simples, um mapa com três faixas coloridas pintadas mais ou menos horizontalmente através do país. Deixa de fora os iazidis ou os rotula como "outros". A realidade do Iraque é mais difícil de ilustrar e pode ser complexa até mesmo para as pessoas que nasceram aqui. Ao longo de minha infância, os moradores de Kocho não comentavam muito sobre política. Estávamos preocupados com o ciclo das colheitas, com quem iria se casar, com a ovelha que não estava produzindo leite – o tipo de coisa que todo morador de uma pequena cidade rural entenderá. O governo central, além de campanhas para recrutar iazidis para lutar em suas guerras e entrar no Partido Baath, não parecia se importar muito conosco. Mas dedicávamos, sim, um bom tempo para meditar sobre o que significava ser uma minoria no Iraque, em meio a todos os grupos da categoria "outros" que, junto aos iazidis, se incluídos no mapa, transformariam aquelas três faixas horizontais num turbilhão de cores.

A nordeste de Kocho, uma linha pontilhada nas proximidades do extremo sul do Curdistão iraquiano mostra os lugares em que habitam os turcos, que são muçulmanos tanto xiitas quanto sunitas. Os cristãos – entre eles assírios, caldeus e armênios – têm muitas comunidades espalhadas por todo o país, especialmente na planície de Nínive. Noutros lugares, povoados reúnem pequenos grupos como kaka'is, shabaks, ciganos e mandeus, além de africanos e árabes dos pântanos. Já me disseram que em algum lugar perto de Bagdá ainda existe uma pequena comunidade de judeus iraquianos. A religião se mescla com as etnias. Por exemplo, curdos, em sua maioria, são muçulmanos sunitas, mas, para eles, a identidade curda vem em primeiro lugar. Muitos iazidis consideram o iazidismo uma identidade tanto étnica quanto religiosa. A maioria dos árabes iraquianos são muçulmanos xiitas ou sunitas, e essa divisão tem causado muitas batalhas ao longo dos anos. Poucos desses detalhes apareciam em nossos livros de história iraquiana.

Para chegar da minha casa à escola, eu tinha que caminhar por uma estrada empoeirada que tangenciava a cidade. Eu passava pela casa de Bashar, cujo pai foi morto pela Al-Qaeda; passava pela casa em que nasci, onde meu pai e Sara ainda moravam; e, por fim, pela casa de minha amiga Walaa. Linda, de rosto pálido e arredondado, Walaa tinha um jeitinho calmo que contrastava com a minha agitação. Todas as manhãs, ela me esperava e percorríamos juntas o restante do trajeto à escola. Andar sozinha era pior. Muitas das famílias tinham cães pastores nos pátios, e os canzarrões ficavam de guarda nos jardins, latindo e rosnando para quem passava. Se o portão estivesse aberto, os enormes cães nos perseguiam, tentando nos abocanhar com suas mandíbulas. Não eram animaizinhos de estimação; eram grandes e perigosos, e Walaa e eu disparávamos para fugir deles, chegando à escola suadas e ofegantes. Só o cão da residência de meu pai, que já me conhecia, nos deixava em paz.

A nossa escola era uma estrutura opaca feita de concreto cor de areia, decorada com cartazes desbotados e cercada por uma mureta e um pequeno e ressequido jardim escolar. A aparência não importava: parecia um milagre poder ir à escola, estudar e encontrar amigos. No jardim da escola, Walaa, Kathrine e eu brincávamos com outras meninas de um jogo chamado *bin akhy*, que em curdo significa "na terra". Todas nós, ao mesmo tempo, escondíamos algo – uma bola de gude, uma moeda, até mesmo uma tampinha de refrigerante – no chão, e, em seguida, saímos correndo ao redor como loucas, cavando buracos no jardim até o professor ralhar conosco. Tanta sujeira embaixo das unhas certamente deixaria nossas mães aborrecidas. Você podia ficar com aquilo que encontrava, e isso quase sempre resultava em lágrimas. Era uma brincadeira antiga; até minha mãe lembrava de ter jogado.

História, apesar de todas as lacunas e injustiças nas aulas, era a minha matéria predileta e na qual eu me destacava. Inglês era o meu ponto fraco. Eu tentava ser uma boa aluna, pois sabia que, enquanto eu estudava, meus irmãos trabalhavam em nossa lavoura. A minha mãe era muito pobre para me comprar uma mochila igual à que a maioria dos colegas carregava nas costas, mas eu não reclamava. Eu não gostava de ficar pedindo coisas a ela. Quando ela não pôde pagar o meu transporte até a escola de ensino fundamental II e médio, que ficava a algumas aldeias de distância, enquanto a nossa estava sendo construída, comecei a trabalhar na lavoura de novo, e esperei e orei para que a escola ficasse pronta logo. Ficar reclamando não fazia sentido, o dinheiro não iria simplesmente aparecer, e eu estava longe de ser a única criança de Kocho cujos pais não podiam se dar ao luxo de pagar o transporte.

Após Saddam invadir o Kuwait em 1991, as Nações Unidas impuseram sanções sobre o Iraque, esperando que isso fosse limitar os poderes do presidente. Em minha infância, eu não sabia o motivo das sanções. As únicas pessoas que falavam sobre Saddam em minha casa eram meus irmãos Massoud e Hezni, e faziam isso apenas para calar qualquer um que reclamasse durante discursos televisionados ou revirasse os olhos durante a propaganda política na tevê estatal. Saddam tentou obter a lealdade dos iazidis para que eles ficassem ao lado dele contra os curdos e lutassem em suas guerras, mas ele fez isso exigindo que entrássemos no seu Partido Baath e nos considerássemos árabes, não iazidis.

Às vezes, a única coisa que passava na tevê era o próprio Saddam, sentado atrás duma escrivaninha, fumando e contando histórias sobre o Irã, divagando sobre batalhas e seu próprio brilhantismo, com um guarda bigodudo ao lado dele.

– Do que é que ele está falando? – a gente se perguntava, e todo mundo encolhia os ombros.

Não havia menção alguma aos iazidis na Constituição, e qualquer sinal de rebelião era rapidamente punido. Às vezes, eu sentia vontade de rir do que eu via na tevê – o ditador com seu chapéu engraçado –, mas os meus irmãos me advertiam para não fazer isso.

– Estão nos vigiando – dizia Massoud. – Tenha cuidado com o que você fala.

O onipresente ministério da espionagem de Saddam tinha olhos e ouvidos por toda parte.

Tudo o que aprendi nessa época foi que nós, os iraquianos comuns, e não a elite política e certamente não o próprio Saddam, éramos os que mais sofríamos com as sanções. Nossos hospitais e nossos mercados entraram em colapso. Os remédios tornaram-se mais caros, e a farinha era misturada com gesso, mais usado para fazer cimento. Para mim, a deterioração ficava ainda mais clara nas escolas. Antigamente, o sistema educacional do Iraque atraía alunos de todo o Oriente Médio, mas com as sanções o sistema ruiu. Os salários dos professores foram reduzidos a pó, e, assim, tornou-se difícil encontrar educadores, embora quase 50% dos homens iraquianos estivessem desempregados. Os poucos professores que vinham a Kocho quando entrei na escola – muçulmanos árabes que moravam na escola, juntando-se aos professores iazidis – eram heróis para mim, e eu me esforçava bastante para impressioná-los.

Quando Saddam estava no poder, a escola tinha um propósito evidente: oferecer uma educação estatal e subtrair a nossa identidade como iazidis. Isso ficava claro em todas as aulas e em todos os livros didáticos que não mencionavam o nosso povo, nem as nossas famílias, a nossa religião ou os *firmans* contra nós. Embora a maioria dos iazidis crescesse falando curdo, nossas aulas eram em árabe. Curdo era o idioma da rebelião, e o curdo falado por iazidis poderia ser considerado ainda mais ameaçador para o Estado. Mesmo assim, eu ia à escola ansiosamente todos os dias que eu podia e logo aprendi árabe. Eu não tinha a sensação de estar me curvando a Saddam ou traindo os iazidis ao aprender árabe ou estudar a história iraquiana incompleta; eu me sentia inteligente e empoderada. Eu ainda falava curdo em casa e também rezava em curdo. Quando eu escrevia bilhetes para Walaa ou Kathrine, minhas duas melhores amigas, eu os escrevia em curdo, e eu tinha orgulho de ser e me declarar iazidi. Algo me dizia que, seja lá o que estivéssemos aprendendo, ir à escola era importante. Com todas as crianças em Kocho indo à escola, as nossas conexões com o país e o mundo exterior já estavam mudando, e nossa sociedade estava se abrindo. A juventude iazidi amava a nossa religião, mas também queria fazer parte do mundo, e quando nos tornássemos adultos, eu tinha certeza de que nos tornaríamos professores, inserindo os iazidis nas aulas de História ou até mesmo concorrendo ao parlamento e lutando pelos direitos dos iazidis em Bagdá. Algo me dizia que o tiro de Saddam – o plano para nos tirar do mapa – sairia pela culatra.

Capítulo 4

Em 2003, poucos meses após a morte de meu pai, os americanos invadiram Bagdá. Não tínhamos televisão via satélite para ver o desenrolar da batalha, nem celulares para nos conectar ao resto do país. Por isso, fomos informados aos poucos, com o passar do tempo, sobre a rápida queda de Saddam. Despertamos sobressaltados quando as forças de coalizão voaram ruidosamente sobre Kocho rumo à capital; foi a primeira vez que eu vi um avião na vida. Na época não tínhamos ideia de quanto tempo a guerra iria durar e do impacto que ela teria sobre o Iraque, mas, em termos mais singelos, esperávamos que, no governo pós-Saddam, fosse mais fácil comprar gás de cozinha.

O que eu mais me recordo daqueles primeiros meses após a invasão é da morte de meu pai e de quase mais nada. Na cultura iazidi, quando alguém morre – em especial se a morte é súbita e precoce – o luto perdura por bastante tempo e aflige a aldeia inteira. Os vizinhos mudam a sua rotina e se solidarizam com a família e os amigos dos mortos. O luto compunge todas as casas e lojas e se espalha pelas ruas, como se todos estivessem doentes por consumir o mesmo lote de leite talhado. As festas de casamento são canceladas, os feriados são comemorados no interior das casas, e as mulheres trocam as roupas brancas e se vestem de preto. Tratamos a felicidade como um larápio de quem temos de nos proteger, sabendo como ela apaga facilmente a lembrança de nossos entes amados perdidos ou nos expõe a momentos de alegria quando deveríamos estar tristes; por isso, limitamos as nossas distrações. Mantemos os televisores e os rádios desligados, seja lá o que estiver acontecendo em Bagdá.

Alguns anos antes de morrer, meu pai levou Kathrine e eu ao Monte Sinjar para comemorarmos o Ano Novo iazidi. Foi a última vez que ele me levou à montanha. Nosso Ano Novo é em abril, época em que as colinas ao norte do Iraque brilham com uma lanugem verde-clara e o frio rigoroso se torna uma brisa amena, mas antes de o calor do verão nos atropelar como um ônibus em alta velocidade. O mês de abril traz a promessa de uma colheita farta e lucrativa e anuncia um tempo ao ar livre, dormindo nos telhados, libertos de nossas casas frias e superlotadas. Os iazidis têm uma conexão íntima com a natureza. Ela nos alimenta, nos protege e, quando morremos, nossos corpos viram terra. O nosso Ano Novo nos lembra disso.

No Ano Novo, visitávamos o familiar que estivesse trabalhando como pastor naquele ano, tangendo nossas ovelhas rumo ao sopé da montanha, de pastagem em pastagem, para mantê-las bem nutridas. Em parte, esse trabalho era divertido. Os pastores dormiam ao relento, sob cobertores tecidos à mão, e viviam de modo simples, com muito tempo para pensar na vida e pouca coisa com que se preocupar. Mas também era um trabalho cansativo, longe do lar e da família. Enquanto eles sentiam saudades de casa, nós, em Kocho, sentíamos a falta deles. O ano em que minha mãe nos deixou para cuidar das ovelhas, eu estava no ensino fundamental II, e fiquei tão perturbada, que fui reprovada em todas as matérias. Quando ela retornou, confessei:

– Sem você, eu fico cega.

Naquele derradeiro Ano Novo com meu pai, Kathrine e eu subimos na traseira da picape, enquanto meu pai e Elias sentaram-se na cabine, nos observando pelo espelho retrovisor para se certificar de que não iríamos fazer nada imprudente. A paisagem se descortinava ao redor, um borrão de gramas primaveris úmidas e trigais dourados. De mãos dadas, ficamos confabulando, imaginando versões exageradas sobre os fatos do dia, que, mais tarde, usaríamos para provocar as crianças que tiveram de ficar em casa. Queríamos que, aos olhos deles, aquele parecesse o passeio mais divertido de todos que já fizemos, longe da lavoura, da escola e do trabalho. A cada solavanco na estrada, Kathrine e eu quase voávamos por cima da lateral da veloz picape, e o cordeiro maneado na traseira ali pertinho de nós era o maior cordeiro que já tínhamos visto.

– Comemos doces de monte – contaríamos a eles ao voltarmos para casa, perscrutando a inveja em seus rostos. – Dançamos a noite toda, e ainda havia luzes nas ruas quando fomos dormir. Vocês nem imaginam o que perderam.

A história verdadeira foi quase tão empolgante. O meu pai até que tentou dizer não, mas acabou comprando os doces que tanto ansiávamos, e, no sopé da montanha, a reunião com os pastores era sempre alegre. O cordeiro que havia embarcado conosco na traseira da picape foi abatido pelo meu pai e depois assado pelas mulheres. Estava macio e delicioso, e todos nós bailamos dancinhas iazidis, de mãos dadas e girando numa grande roda. Após saborearmos as melhores partes do cordeiro, o som foi desligado, e dormimos em barracas rodeadas por cerquinhas de palha para nos proteger do vento. Se o tempo estivesse ameno, tirávamos as cercas e dormíamos em campo aberto. Era uma vida simples e intimista. As únicas preocupações eram com as coisas e as pessoas a seu redor, e elas estavam perto o suficiente para serem tocadas.

Não sei o que meu pai teria achado da invasão dos americanos no Iraque e da derrubada de Saddam, mas eu queria que ele tivesse vivido o suficiente para ver o Iraque mudar. Os curdos acolheram os soldados dos EUA, ajudando-os a entrar no Iraque, e eles estavam extasiados com a hipótese de Saddam ser deposto. O ditador perseguira os curdos durante décadas, e, no final dos anos 1980, sua força aérea tentara exterminá-los com armas químicas, no que ele chamou de Operação Anfal. Esse genocídio deixou marcas nos curdos, que tentavam se proteger do governo de Bagdá de todas as maneiras possíveis. Em represália à Operação Anfal, os americanos, os britânicos e os franceses estabeleceram uma zona de bloqueio aéreo sobre o norte curdo, assim como nas áreas de Shia no Sul, e, desde então, os curdos têm sido seus fiéis aliados. Até hoje, os curdos chamam a invasão dos EUA em 2003 de "libertação" e a consideram o início de sua transformação de pequenas aldeias vulneráveis em grandes cidades modernas cheias de hotéis e escritórios de companhias petrolíferas.

De maneira geral, os iazidis deram boas-vindas aos americanos. Porém, éramos menos convictos do que os curdos sobre como seria a vida de nosso povo após a queda de Saddam. As sanções dificultaram a nossa vida e também a vida de outros iraquianos, e sabíamos que Saddam era um ditador que governava o Iraque sob a égide do medo. Éramos pobres, alijados da educação e acostumados a fazer as tarefas mais difíceis, perigosas e com os menores salários do Iraque. Mas, ao mesmo tempo, com os baathistas no poder, nós em Kocho conseguíamos praticar a nossa religião, cultivar a nossa terra e começar uma família. Mantínhamos laços estreitos com as famílias árabes sunitas, em especial os *kirivs*, com quem nossas famílias criavam vínculos. O nosso isolamento nos ensinou a valorizar essas conexões, e a nossa pobreza, a sermos práticos acima de tudo. Bagdá e a capital curda, Erbil, pareciam estar a séculos de distância de Kocho. A única decisão que os curdos e os árabes ricos e bem conectados tomaram, e que importava para nós, foi a decisão de nos deixar em paz.

Mesmo assim, as promessas dos americanos (trabalho, liberdade e segurança) rapidamente granjearam pleno apoio dos iazidis. Os americanos confiavam em nós, afinal, não tínhamos razão para sermos leais aos grupos que eles consideravam inimigos, e muitos de nossos homens tornaram-se intérpretes ou assumiram funções nos exércitos iraquianos ou americanos. Saddam se escondeu, mas logo foi localizado e enforcado, e suas instituições baathistas, desmanteladas. Sunitas árabes, inclusive os dos arredores de Kocho, perderam autoridade no país e, nas áreas iazidis de Sinjar, os policiais e políticos árabes sunitas foram substituídos por curdos.

Sinjar é um território disputado – reivindicado por Bagdá e pelo Curdistão –, estratégico por situar-se perto de Mossul e da Síria e ser potencialmente rico em gás natural. Como Kirkuk, outra área disputada na região leste do Iraque, os partidos políticos curdos consideram Sinjar uma parte de sua grande pátria curda. Para eles, sem Sinjar, a nação curda, se um dia existisse uma, nasceria incompleta. Após 2003, com o apoio americano, e com os árabes sunitas aos poucos perdendo riqueza e poder, os curdos alinhados com o KDP vieram com alegria preencher o vazio em Sinjar. Criaram sedes políticas e colocaram membros do partido como funcionários dessas sedes. Com a crescente insurgência sunita, instalaram postos de controle em nossas estradas. Disseram-nos que Saddam estava errado em nos chamar de árabes; sempre fôramos curdos.

Em Kocho, as mudanças após 2003 foram imensas. Em poucos anos, os curdos começaram a construir uma torre de telefonia celular, e no fim das aulas eu ia com os amigos até o local, na saída da aldeia, para ver a gigantesca estrutura metálica se erguendo de nossas terras agrícolas, como se fosse um arranha-céu.

— Até que enfim Kocho vai se conectar com o resto do mundo! — exclamavam os meus irmãos, encantados, e em pouco tempo, a maioria dos homens e algumas mulheres tinham telefones celulares.

Com parabólicas instaladas nos telhados das casas, não estávamos mais limitados aos filmes sírios e à tevê estatal iraquiana, e os desfiles e os discursos de Saddam sumiram de nossa sala de estar. Meu tio foi um dos primeiros a ter uma antena parabólica, e, tão logo ele a instalou, todos nós abarrotávamos a sua sala para assistir ao que estava passando. Meus irmãos procuravam as notícias, em particular nos canais curdos, e eu fiquei viciada numa novela turca em que as personagens a toda hora se apaixonavam e mudavam de ideia.

Havíamos resistido a que nos chamassem de árabes, mas, para alguns, ouvir que éramos curdos era algo mais fácil de aceitar. Muitos iazidis sentiam-se próximos a uma identidade curda — compartilhávamos um idioma e uma herança étnica — e era impossível ignorar as melhorias em Sinjar após a chegada dos curdos, embora o mérito disso fosse mais dos Estados Unidos do que de Barzani. Súbito abriram-se postos de trabalho aos iazidis nas forças militares e de segurança, e alguns de meus irmãos e primos foram a Erbil trabalhar em hotéis e restaurantes; a cada dia, parecia que um novo estabelecimento era construído. A cidade lotou de operários do ramo petrolífero ou turistas de outras partes do

Iraque à procura de um clima mais frio, eletricidade confiável ou uma pausa da violência que grassava no resto do país. Meu irmão Saoud foi trabalhar na construção civil perto de Duhok, no oeste do Curdistão, operando uma betoneira. Voltava para casa e narrava histórias de curdos que, como os árabes, desprezavam os iazidis. Apesar disso, precisávamos do dinheiro.

Khairy começou a trabalhar como guarda de fronteira, e logo depois Hezni se tornou policial na cidade de Sinjar. Seus salários deram à nossa família a nossa primeira renda constante, e começamos a viver algo parecido com vidas reais, pensando no futuro e não só no dia seguinte. Compramos a nossa própria gleba para cultivar e nossas próprias ovelhas para criar e não mais precisávamos trabalhar para os proprietários de terras. As estradas pavimentadas no entorno de Kocho tornaram muito mais rápido o caminho até a montanha. Fazíamos piqueniques nos descampados perto da aldeia, saboreando pratos de carne e hortaliças picadas; os homens bebiam cerveja turca e depois um chazinho tão adoçicado, que eu fazia um biquinho com os lábios. Nossas festas de casamento se tornaram ainda mais elaboradas; às vezes, as mulheres faziam duas viagens à cidade de Sinjar para comprar roupas, e os homens abatiam mais cordeiros – e, se fossem muito ricos, um bovino – para compartilhar com os convidados.

Alguns iazidis imaginavam uma futura Sinjar com um forte governo local que ainda pertencesse ao Iraque, mas outros pensavam que a região acabaria se tornando parte de um Curdistão independente. Com a sede do KDP em Kocho e os *peshmergas* em Sinjar, cresci pensando que esse seria o nosso destino. Cada vez mais, fomos nos afastando de nossos vizinhos árabes sunitas. Se, por um lado, tornou-se mais fácil viajar ao Curdistão, por outro, tornou-se mais difícil chegar às aldeias sunitas onde insurgentes, e a teologia extremista que os guiava, estavam ganhando terreno. Os árabes sunitas, por sua vez, não gostavam da presença curda em Sinjar. Isso os lembrava do poder que haviam perdido, e eles falavam que, com os curdos no controle, eles não se sentiam bem-vindos em Sinjar e não podiam mais visitar aldeias iazidis, mesmo aquelas em que habitavam seus *kirivs*. Os *peshmergas* curdos os interpelavam nos postos de controle que antigamente eram operados por baathistas, e muitos perderam seus salários e empregos quando os americanos vieram e desmantelaram as instituições de Saddam. Há pouco tempo, eles eram as pessoas mais ricas e mais bem conectadas do país, mas com um governo xiita no poder, apoiado pela ocupação americana, os árabes sunitas repentinamente perderam a sua influência. Isolados em suas aldeias, logo decidiriam contra-atacar. Em poucos anos, essa reação foi abastecida por uma intolerância religiosa que colocou os iazidis, embora nunca tivéssemos estado no poder no Iraque, em suas miras.

Na época, eu não sabia que o governo curdo estava contente por afastar os iazidis de nossos vizinhos árabes, porque essa situação os ajudava em sua campanha para dominar Sinjar. Tampouco eu sabia o quão perturbadora havia sido a ocupação americana para os sunitas comuns. Eu não sabia que, enquanto eu ia à escola, uma insurgência anônima estava abrindo caminho para que a Al-Qaeda, e, por fim, o EI, florescessem nas aldeias vizinhas à nossa. As tribos sunitas em todo o Iraque tentaram, sem muito sucesso, se rebelar contra a autoridade xiita de Bagdá e os americanos. Elas foram se acostumando com a violência e as regras rígidas, que se estenderam por tanto tempo que muitos sunitas da minha idade, e mais jovens do que eu, cresceram conhecendo apenas a guerra e a interpretação fundamentalista do Islã que se tornou parte dessa guerra.

Em fogo lento, o EI foi crescendo naquelas aldeias logo além de nossas fronteiras, uma faísca que eu nem percebi até se tornar um fogaréu. Para uma jovem iazidi como eu, a vida só melhorou com o domínio dos americanos e dos curdos. Kocho se expandia, eu frequentava a escola, e gradualmente estávamos nos alavancando para uma situação acima da linha de pobreza. Uma nova Constituição empoderou os curdos e exigiu que as minorias fizessem parte do governo. Eu sabia que o meu país estava em guerra, mas não parecia que a luta era nossa.

***

No início, os soldados americanos visitavam Kocho quase uma vez por semana para entregar comida e suprimentos e conversar com os líderes da aldeia. Precisávamos de escolas? Estradas asfaltadas? Água corrente para que não tivéssemos mais que comprar água dos caminhões-tanques? A resposta a tudo isso, é claro, era sim. Ahmed Jasso convidou os soldados a participarem de refeições grandes e esmeradas, e nossos homens se enchiam de orgulho quando os americanos falavam que se sentiam seguros em Kocho, a ponto de apoiar as armas nas paredes e relaxar.

– Eles sabem que os iazidis vão protegê-los – afirmou Ahmed Jasso.

As crianças cercavam os soldados americanos que vinham a Kocho; os blindados erguiam uma nuvem de poeira e abafavam os sons da aldeia com seus motores barulhentos. Distribuíam chicletes e doces e tiravam fotos das crianças sorrindo com os regalos. Ficávamos maravilhados com seus uniformes engomados e o modo amigável e cordial com que se aproximavam de nós, bem ao contrário dos soldados iraquianos antes deles. Elogiavam os nossos pais: como Kocho era hospitaleira, como nossa aldeia era confortável e limpa, e como tínhamos a exata compreensão de que os Estados Unidos tinham nos libertado de Saddam.

– Os americanos amam os iazidis – eles garantiam. – E Kocho em especial. Aqui nos sentimos em casa.

Até mesmo quando suas visitas foram rareando até cessarem por completo continuamos a considerar os elogios americanos como um emblema de honra.

Em 2006, quando eu tinha 13 anos, um soldado americano me deu um anel de presente. Era uma argola simples com uma pedrinha vermelha, a primeira bijuteria que eu já tivera. Instantaneamente tornou-se a posse que eu mais valorizava. Eu o usava em toda parte – na escola, capinando na lavoura, vendo minha mãe assar pão, até mesmo ao dormir. Um ano depois, ficou muito pequeno para meu dedo anelar, e eu o troquei para o mindinho para não precisar deixá-lo em casa. Mas o anel deslizava no dedo, para cima e para baixo, mal roçando na junta, e me preocupei com a possibilidade de perdê-lo. Eu relanceava o olhar para o anel toda hora para me certificar de que ainda estava ali, cerrando o punho para sentir a pressão dele em meu dedo.

Até que um dia saí com meus irmãos para plantar mudas de cebola e, quando baixei o olhar, percebi que o anel não estava mais no dedo. Eu já odiava plantar cebolas – cada muda tinha que ser plantada delicadamente na terra fria, e até mesmo as mudas deixavam mau cheiro em nossas mãos e nossos dedos –, e agora eu estava furiosa com as plântulas, cavoucando freneticamente ao redor delas, tentando encontrar o meu presente. Meus irmãos, percebendo o meu pânico, me perguntaram o que havia acontecido. Eu exclamei:

– Perdi o anel!

E eles interromperam o trabalho para me ajudar a procurar. Sabiam o quanto ele era importante para mim.

Perambulamos por todo o nosso campo, vasculhando em meio à terra escura um vislumbre de dourado ou vermelho. Mas não adiantou o choro, nem o esforço para achá-lo: não conseguimos encontrar o anel. Quando o sol começou a se pôr, não tivemos escolha senão desistir e ir para casa jantar.

– Deixa pra lá, Nadia – consolou Elias no caminho. – É uma coisinha de nada. Você vai ter mais joias em sua vida.

Mas chorei por dias a fio. Eu tinha certeza de que nunca teria algo tão bonito outra vez. E fiquei muito preocupada com o soldado americano. E se um dia ele voltasse? Não ficaria bravo comigo por eu ter perdido o seu presente?

Um ano depois, um milagre aconteceu. Colhendo as novas cebolas desenvolvidas a partir daquelas mudas, Khairy viu um pequeno aro dourado brotando da terra.

– Nadia, o seu anel!

Radiante, meu irmão o trouxe para mim, e eu corri até ele, arranquei o anel de sua mão e o abracei, como se ele fosse meu herói. Mas, quando tentei colocar o anel no dedo, descobri que, por mais força que eu fizesse, agora ele estava muito pequeno, até mesmo para o meu mindinho. Mais tarde, minha mãe viu o anel em minha cômoda e me incentivou a vendê-lo.

– Não serve mais em você, Nadia – disse ela. – Se não tem utilidade, não faz sentido guardá-lo.

Para ela, a pobreza estava sempre à espreita. Como sempre, segui o conselho dela. Fui a um joalheiro no bazar da cidade de Sinjar, e ele comprou o anel de mim.

Mais tarde, eu me senti culpada. O anel tinha sido um presente, e, para mim, não parecia certo vendê-lo. Fiquei preocupada. O que o soldado diria quando voltasse e perguntasse sobre seu presente? Será que ele iria pensar que eu o havia traído? Que eu não amava o anel? Os carros blindados vinham a Kocho com uma frequência cada vez menor. Os combates tinham se agravado no restante do país, e os americanos andavam assoberbados por trabalho até o pescoço. Há meses eu não avistava aquele soldado em particular. Alguns de meus vizinhos reclamavam que os americanos tinham se esquecido de nós. Temiam que, sem contato com os americanos, os iazidis ficassem desprotegidos. Mas eu estava aliviada, pois não teria que explicar o que aconteceu com o anel. Talvez o soldado que me dera o anel, embora fosse gentil, ficasse chateado ao saber que eu vendera o seu presente para a joalheria na cidade de Sinjar. Vindo dos Estados Unidos, talvez ele não conseguisse entender o quanto aquela ínfima quantia de dinheiro podia significar para nós.

Capítulo 5

Quando as coisas ficavam realmente críticas no Iraque, nós, iazidis de Kocho, em geral sentíamos o impacto da violência como se fossem abalos secundários de um terremoto. Estávamos afastados do pior de tudo – as batalhas entre insurgentes e fuzileiros navais americanos na província de Anbar, a ascensão do autoritarismo xiita em Bagdá e o fortalecimento da Al-Qaeda. Assistíamos pela TV e nos preocupávamos com os homens de nossa aldeia que trabalhavam na polícia e no exército, mas Kocho foi poupada dos atentados suicidas com bombas e dos DEIs (dispositivos explosivos improvisados), que, dia após dia, eram detonados nas estradas do restante do país. Hoje, o Iraque está tão fraturado, que parece impossível de consertar; de nossa aldeia distante, assistimos a essa fragmentação.

Khairy, Hezni e Jalo voltavam para casa após longas missões e contavam histórias das batalhas que aconteciam país afora. Às vezes, eram enviados ao Curdistão, onde praticamente ninguém ouvia falar dos ataques terroristas. Noutras vezes, eram enviados para fora das áreas protegidas pelos *peshmergas*, rumo às áreas desconhecidas do Iraque, o que deixava seus parentes apavorados. Esses cargos podiam ser extremamente perigosos. Mesmo se você não se deparasse com escaramuças ou terrorismo, trabalhar como tradutor para os americanos o tornava um alvo. Muitos homens iazidis procuravam asilo nos Estados Unidos porque suas vidas haviam sido ameaçadas após insurgentes descobrirem que eles haviam trabalhado para os americanos.

A guerra se prolongou por um tempo bem maior do que se esperava. As pessoas se esqueceram rapidamente daqueles primeiros meses emocionantes logo após a queda de Saddam, quando a estátua dele foi derrubada na Praça Firdos, em Bagdá, e os soldados americanos se espalharam país afora, trocando apertos de mãos com os aldeões e prometendo construir escolas, libertar prisioneiros políticos e tornar a vida mais fácil para os iraquianos comuns. Por volta de 2007, poucos anos após a queda de Saddam, o Iraque era atormentado pela violência, e os Estados Unidos enviaram vinte mil soldados extras – chamando a operação de "onda" –, principalmente em resposta à crescente violência em Anbar e Bagdá. Por um tempo, a onda pareceu funcionar. Os ataques diminuíram, e os fuzileiros tomaram conta das cidades, indo de porta em porta à procura de insurgentes. Mas para os iazidis, o ano da onda foi o ano em que a guerra chegou à nossa porta.

Em agosto de 2007, o pior ataque terrorista de toda a guerra do Iraque – e o segundo ataque terrorista mais mortífero da história – aconteceu em Siba Sheikh Khider e Tel Ezeir (também conhecidas por seus nomes baathistas, Qahtaniya e Jazeera), duas cidades iazidis um pouco a oeste de Kocho. Em 14 de agosto, na hora do jantar, um caminhão de combustível e três carros, os quais segundo informações que corriam entre os moradores, supostamente traziam suprimentos e comida para os iazidis, estacionaram nos centros dessas cidades e foram detonados. Oitocentas pessoas morreram, despedaçadas pelas bombas ou soterradas em prédios desabados, e mais de mil ficaram feridas. As explosões foram tão assombrosas, que de Kocho foi possível ver as labaredas e a fumaça. Começamos a vigiar as estradas que levavam à nossa aldeia, alarmados ao ver qualquer veículo desconhecido.

Por mais horríveis que fossem os ataques, mais cedo ou mais tarde, aquilo estava fadado a acontecer. Durante anos, a tensão só aumentou entre iazidis e árabes sunitas. De uns tempos para cá, a influência curda em Sinjar e a radicalização contínua nas áreas sunitas contribuíram para isso. Então, em abril daquele ano, poucos meses após o início da onda americana, os sunitas juraram vingar a morte de uma jovem iazidi chamada Du'a Khalil Aswad, macabramente apedrejada até a morte por seus parentes, após suspeitarem de que ela queria se converter ao Islã e se casar com um muçulmano. Pouco importava o fato de que os iazidis estivessem igualmente horrorizados com a morte de Du'a; as pessoas de fora nos rotularam de selvagens e antimuçulmanos.

Crimes de honra ocorrem na sociedade iazidi, como em todo o Iraque, e a conversão para outras fés é vista como traição pela família e pela comunidade, em parte porque ao longo dos séculos os iazidis foram obrigados a se converter para salvar suas vidas. Apesar disso, o nosso povo não mata mulheres e homens que deixam o iazidismo, e o assassinato de Du'a pela própria família nos deixou envergonhados. Ela foi apedrejada até a morte, na frente de pessoas horrorizadas, incapazes ou relutantes a impedir o crime. Como se isso não bastasse, um vídeo do apedrejamento foi transmitido em tempo real, inclusive por canais de notícias, e usado como desculpa para nos atacar, embora condenássemos o ato com veemência.

Assim que a história de Du'a começou a se espalhar, a propaganda nos chamando de infiéis e merecedores da morte (linguagem semelhante à que o EI utiliza hoje) começou a circular ao redor de Mossul. Os curdos, que são principalmente sunitas, também se revoltaram conosco. Vivíamos com vergonha e medo. Os universitários iazidis abandonaram as escolas no Curdistão e em Mossul, e os iazidis que moravam no exterior subitamente se encontraram na situação de ter que se defender de pessoas que talvez nunca antes tivessem ouvido falar no iazidismo e que agora pensavam que éramos uma religião de assassinos.

Os iazidis não tinham representantes verdadeiros na mídia e nenhuma voz forte na política para explicar o que realmente acontecera. Por isso, no seio das comunidades sunitas, foi crescendo o ódio contra nós. Talvez esse ódio sempre estivesse lá, pulsando, logo abaixo da superfície. E então se escancarou e se alastrou com rapidez. Duas semanas após a morte de Du'a, atiradores sunitas pararam um ônibus que transportava iazidis e fuzilaram 23 passageiros, dizendo que estavam vingando a morte de Du'a. Nossa comunidade se preparou para sofrer mais ataques, mas jamais poderíamos ter imaginado algo na escala do que aconteceu em Siba Sheikh Khider e Tel Ezeir.

Ao avistarem as explosões, meus irmãos lotaram veículos e rumaram em direção ao caos, juntando-se a centenas de iazidis que transportavam alimentos, colchões e remédios às aldeias. Mais tarde naquela noite, voltaram para casa cabisbaixos, tristes e exaustos.

– Foi pior do que vocês podem imaginar – contou Elias. – As cidades estão destruídas, com mortos por toda parte.

Minha mãe os fez se sentarem e preparou chá enquanto eles limpavam as mãos.

– Vi um corpo rasgado ao meio – falou Hezni, trêmulo. – Parece que a cidade inteira está coberta de sangue.

As explosões dilaceraram os corpos com tanta força, que o couro cabeludo e partes das roupas ficaram dependurados no alto da fiação elétrica das ruas. Hospitais e clínicas rapidamente ficaram sem leitos e medicamentos. Shawkat, amigo de meu irmão, perturbou-se de tal maneira ao ver um corpo sendo arrastado pelos pés, que arrancou o morto das mãos do paramédico e o carregou nas costas até o necrotério.

– Era o pai ou o filho de alguém – justificou ele. – E estava sendo simplesmente arrastado daquele jeito, no meio da poeira.

Em transe, familiares rondavam os cenários de destruição, avançando silenciosamente em meio à espessa camada de fumaça e poeira. Outros gritavam para tentar localizar seus entes queridos, alguns dos quais acabaram morrendo bem antes de suas famílias desistirem de procurá-los. Por fim, após a aldeia ter sido limpa e o máximo possível de corpos terem sido identificados, alguns familiares ainda tiveram que prantear suas perdas em sepulturas em massa.

– Talvez seja pior sobreviver – comentou Hezni.

Após aquele ataque, tomamos algumas precauções. Os aldeões vigiavam Kocho em turnos, dois homens no lado leste e dois no oeste, armados com fuzis Kalashnikov e pistolas. Interpelavam qualquer pessoa circulando em carros desconhecidos – principalmente árabes sunitas e curdos que não reconhecíamos – e estavam em constante vigília para detectar qualquer forasteiro ameaçador. Outros iazidis fizeram barricadas de terra em torno de seus vilarejos e escavaram trincheiras, de modo que os carros-bombas não conseguissem entrar no povoado. Em Kocho estávamos bem perto das aldeias árabes sunitas, mas só fomos empilhar terra e cavar trincheiras alguns anos depois. Não sei explicar por quê – talvez ainda nutríssemos esperanças de que os nossos laços com nossos vizinhos fossem fortes o suficiente para nos proteger. Talvez não quiséssemos nos sentir presos e isolados. Um ano transcorreu sem novos ataques, e os homens deixaram seus postos de guarda.

***

Hezni foi o único de minha família que tentou emigrar do Iraque. Isso foi em 2009, dois anos após o ataque. Ele estava apaixonado por Jilan, a filha do vizinho, mas os pais de Jilan desaprovavam a união, porque éramos muito pobres em comparação a eles. Isso não impediu Hezni de tentar. Quando os pais de Jilan proibiram o meu irmão de frequentar a casa deles, os namorados subiam nos telhados e falavam por cima da estreita viela que separava nossas casas. Quando os pais de Jilan construíram um muro no perímetro do telhado para ocultar a filha, Hezni empilhou tijolos e se equilibrou na pilha até alcançar altura suficiente para espiar por cima do muro.

– Nada vai me deter – frisou Hezni.

Naturalmente tímido, ele estava tão apaixonado, que parecia disposto a fazer qualquer coisa para ficar com Jilan.

Hezni mandava primos ou irmãos à casa de Jilan, onde a tradição obrigava a família dela a oferecer chá e comida aos visitantes, e, enquanto estavam distraídos, Jilan escapulia para se encontrar com Hezni. Ela o amava com a mesma intensidade que ele a amava e contou aos pais dela que queria se casar com ele, mas ainda assim eles se opuseram. A rejeição deles me deixava indignada – Jilan teria muita sorte de ter Hezni, um rapaz tão carinhoso –, mas minha mãe, como sempre, dava risada.

– Ao menos não gostam de nós pela única razão de sermos pobres – disse ela. – E não há nada de errado em ser pobre.

Hezni sabia que os pais de Jilan nunca aprovariam o casamento a menos que ele fizesse um pé-de-meia, e naquela época não era muito fácil conseguir um emprego no Iraque. Ele foi ficando deprimido. Além de Jilan, ele sentia que não havia nada para ele na aldeia e, já que não poderia ficar com ela, não via mais motivos para continuar ali. Quando outros homens na aldeia decidiram tentar a sorte na Alemanha, onde havia uma pequena comunidade iazidi, Hezni decidiu ir com eles. Todos choramos enquanto ele arrumava a mochila. A sua partida me deixou arrasada; eu não conseguia imaginar a nossa casa sem um dos meus irmãos.

Antes de partir, Hezni convidou Jilan a um casamento que iria acontecer fora de Kocho, onde podiam conversar sem ninguém ficar fofocando. Ela chegou, se afastou da multidão e foi se encontrar com ele. Ele ainda se lembra do vestido branco que ela usava.

– Vou voltar daqui uns dois ou três anos – ele prometeu a ela. – Vamos ter dinheiro suficiente para começar a nossa vida juntos.

Então, dias antes de começarmos um de nossos dois jejuns anuais, Hezni e os outros homens partiram de Kocho.

Primeiro, cruzaram a fronteira norte iraquiana a pé, Turquia adentro, e depois rumaram lentamente até Istambul. Ao chegarem lá, pagaram um contrabandista para levá-los na traseira de um reboque de trator rumo à Grécia. O contrabandista recomendou que declarassem aos guardas da fronteira que eram palestinos.

– Se descobrirem que vocês são iraquianos, vão prendê-los – alertou ele, e então fechou as portas do reboque e foi tentar atravessar a fronteira.

Dias depois, Hezni nos ligou. E foi da prisão. Acabáramos de nos sentar à mesa para quebrar nosso jejum, quando tocou o celular de minha mãe. Um dos iraquianos do grupo de Hezni ficara muito assustado para mentir sobre sua origem, e assim todos eles tinham sido descobertos. A cela era horrível, contou Hezni, apertada, e eles dormiam em colchonetes sobre lajes de concreto. Ninguém revelava quando seriam soltos ou se seriam acusados de um crime. Uma vez, para chamar a atenção do guarda, alguns prisioneiros incendiaram os colchões, e Hezni achou que todos iriam morrer sufocados com a fumaça. Ele nos indagou sobre os nossos jejuns.

– Também estou com fome – disse ele.

A partir de então, quando Hezni ligava, minha mãe chorava tanto, que meus irmãos corriam para pegar o telefone antes que ela pudesse atender.

Três meses e meio depois, Hezni retornou a Kocho. Chegou magro e envergonhado. Ao vê-lo, fiquei aliviada por eu não ter vontade alguma de ir à Alemanha. Ainda acho que ser obrigado a sair de sua terra natal por puro medo é uma das piores injustiças que um ser humano pode enfrentar. Tudo o que você ama é roubado, e você arrisca a sua vida para morar num lugar que não lhe significa nada. Um lugar em que, como você é uma pessoa oriunda de um país hoje conhecido por guerras e terrorismo, você não é bem-vindo. Depois você passa o resto de sua vida com saudades do que deixou para trás e, ao mesmo tempo, rezando para não ser deportado. A história de Hezni me fez pensar que o caminho do refugiado iraquiano sempre o faz retroceder, para a prisão ou para o local de origem.

O fracasso de Hezni teve um lado positivo. Voltou mais determinado do que nunca a se casar com Jilan, e durante o tempo separados, ela também se decidira. A família dela ainda desaprovava, mas o casal tinha os costumes iazidis a seu lado. De acordo com a nossa cultura, se duas pessoas se amam e querem se casar, eles podem fugir juntos, não importa o que suas famílias pensem. Isso prova que os namorados valorizam um ao outro mais do que qualquer coisa. Depois disso, cabe às famílias se reconciliarem com o casal. Pode soar antiquado, e, às vezes, até mesmo retrógrado, a maneira como o costume é descrito – uma mulher "que foge" –, mas, na verdade, é uma libertação, é tirar o poder dos pais e transferi-lo ao jovem casal, mais especificamente à moça, que precisa concordar com o plano.

Assim, uma noite, sem murmurar uma palavra sequer a ninguém, Jilan furtivamente se esgueirou pela porta dos fundos e se encontrou com Hezni, que a aguardava no carro de Jalo. Partiram rumo a uma aldeia vizinha, enveredando por estradas controladas pela Al-Qaeda para evitar toparem com o pai de Jilan na rodovia principal. (Hezni brincava que temia mais o sogro do que os terroristas.) Alguns dias mais tarde, estavam casados. Meses depois, após negociações, ora tensas, ora alegres, entre as nossas famílias, negociações que envolveram especialmente dinheiro, foi realizado um casamento oficial em Kocho. Desde então, Hezni lembrava de sua tentativa fracassada de emigrar e dava risada, dizendo:

– Graças a Deus eu fui preso na Grécia! – e puxava a esposa para junto de si.

Depois disso, todos nós nos resignamos a ficar em Kocho, embora as ameaças externas só aumentassem. Quando os americanos foram embora meses depois das eleições parlamentares de 2010, grupos do país inteiro começaram uma luta caótica pelo poder. Todos os dias, bombas explodiam em todo o Iraque, matando peregrinos xiitas ou crianças em Bagdá, destruindo qualquer esperança que tínhamos pela paz no Iraque pós-ocupação dos Estados Unidos. Os iazidis que possuíam lojas de bebidas alcoólicas em Bagdá foram alvos de extremistas, e, cada vez mais, fomos nos refugiando na relativa segurança de nossas cidades e aldeias iazidis.

Pouco tempo depois, protestos antigovernamentais que começaram na Tunísia foram se espalhando pela Síria, onde acabaram suprimidos pelo presidente Bashar al-Assad de maneira rápida e brutal. Em 2012, irrompeu a guerra civil na Síria, e, em 2013, um novo grupo extremista autodenominado Estado Islâmico do Iraque e do Levante (EIIL, ou simplesmente EI), que antes havia ganhado força no Iraque pós-guerra, começou a florescer no caos da Síria. Logo o EI se apoderou de grandes territórios da Síria e direcionou seu foco em cruzar a fronteira de volta ao Iraque, onde simpatizantes o esperavam em áreas sunitas. Dois anos mais tarde, o EI derrotou completamente o exército iraquiano no norte, que abandonou seus postos a um inimigo que era bem mais forte do que eles esperavam. Em junho de 2014, com uma rapidez surpreendente, o EI conquistou Mossul, a segunda maior cidade do Iraque, uns 130 km a leste de Kocho.

***

Após a queda de Mossul, o Governo Regional do Curdistão (GRC) enviou *peshmergas* extras a Sinjar para proteger as cidades iazidis. Os soldados chegaram de caminhão e garantiram que nos deixariam seguros. Alguns de nós, assustados com o EI e sentindo que o Curdistão iraquiano era muito mais seguro, queriam abandonar Sinjar rumo aos acampamentos curdos que já estavam lotando com deslocados cristãos, xiitas e sunitas, além de refugiados sírios. Mas as autoridades curdas instaram para não fazermos isso. Quando tentavam sair de Sinjar rumo ao Curdistão iraquiano, os iazidis eram mandados de volta por curdos instalados em postos de controle no entorno das aldeias e orientados a não se preocuparem.

Algumas famílias pensavam que ficar em Kocho era suicídio.

– O *Daesh* está nos cercando por três lados! – protestavam, usando o termo árabe que designava o EI.

E tinham razão: apenas uma das estradas que nos conectava à Síria não nos conduzia diretamente ao inimigo. Mas Kocho era uma aldeia orgulhosa. Não queríamos abandonar tudo aquilo que havíamos conquistado a duras penas – as casas de concreto que as famílias tinham economizado a vida inteira para construir, as escolas, os numerosos rebanhos ovinos, os cômodos onde nossos nenéns nasceram. Outros iraquianos questionavam o direito dos iazidis de reivindicar a região de Sinjar. Por isso, avaliamos que, se fôssemos embora, estaríamos dando razão a eles. Se não estivéssemos dispostos a ficar em Sinjar, talvez não a amássemos tanto quanto afirmávamos. Ahmed Jasso convocou uma reunião do *jevat* e ficou decidido.

– Vamos nos manter como aldeia – vaticinou ele.

Até o fim, ele acreditava que a nossa ligação com as aldeias árabes sunitas seria forte o suficiente para nos manter seguros. E, assim, nós permanecemos.

Em casa, a minha mãe tentava manter a rotina o mais normal que ela podia, mas ainda estávamos em alerta para quaisquer visitantes estranhos ou ruídos ameaçadores. Uma noite de julho, por volta das onze da noite, Adkee, Kathrine, Khairy, Hezni e eu percorremos a curta distância até a nossa gleba para fazer feno para os animais. No verão era muito quente passar o dia na lavoura, então geralmente íamos após o jantar, quando o luar brilhava o suficiente para iluminar nossa lida e o ar refrescava um pouquinho. Caminhamos devagar. Fazer feno era extenuante e difícil, e nenhum de nós estava animado com a tarefa. Por mais cuidado que tivéssemos, sempre chegávamos em casa com o cabelo e a roupa cobertos de pó de feno, a pele irritada, com muita coceira, e os braços doloridos de carregar o feno na enfardadora.

Trabalhamos por um tempo, Kathrine e eu no reboque empilhando os fardos que os outros nos jogavam do chão. Falávamos e brincávamos, mas a conversa era mais tensa do que de costume. No campo aberto, tínhamos uma visão do território além de Kocho, e era impossível não ficarmos preocupados imaginando o que estava acontecendo lá fora, na escuridão. De repente, a estrada que nos conecta ao sul se iluminou com faróis de muitos veículos. Paramos o que estávamos fazendo para observar as luzes que se tornavam cada vez mais brilhantes e as silhuetas dos carros que se definiam no horizonte. Era uma fileira de grandes blindados, o tipo de veículo que os militares costumam usar.

– É melhor irmos embora – sussurrou Kathrine.

Ela e eu éramos as mais assustadas. Mas Adkee se recusou a fugir.

– Precisamos continuar trabalhando – disse ela, abastecendo a enfardadora com braçadas cheias de feno. – Não podemos ficar assustados o tempo inteiro.

Khairy estava em casa de licença de seu emprego como patrulheiro de fronteira, cargo que tinha há nove anos, e sabia melhor do que todos nós o que estava acontecendo fora de Kocho. Ele tinha um olhar investigativo para esse tipo de coisa. Olhando para os faróis, baixou sua braçada de feno e usou a mão como viseira para proteger os olhos das luzes.

– É um comboio do Estado Islâmico – constatou. – Parece que está indo em direção à fronteira com a Síria.

Era estranho, comentou ele, que estivessem tão perto.

Capítulo 6

O EI chegou à periferia de Kocho na aurora de 3 de agosto de 2014, antes de o sol nascer. Eu estava deitada num colchão entre Adkee e Dimal em nosso telhado quando as primeiras picapes chegaram. O ar do verão iraquiano é quente e saturado de poeira, mas eu sempre preferi dormir ao relento, assim como preferia ir na traseira da picape em vez de encapsulada na cabine. Colocamos divisórias no telhado para dar privacidade aos casais e suas pequenas famílias, mas conseguíamos sussurrar entre as divisórias e falar de um telhado a outro. Em geral, eu caía no sono bem fácil com a fala de meus vizinhos comentando suas rotinas ou orando baixinho. De uns tempos para cá, com a violência varrendo o Iraque, ficar nos telhados tinha outra vantagem. Dali conseguíamos avistar quem se aproximava, e, assim, sentíamo-nos menos vulneráveis.

Naquela noite, ninguém dormiu direito. Horas antes, o EI havia desferido ataques traiçoeiros em várias aldeias vizinhas, desalojando milhares de iazidis que, em pânico, fugiram rumo ao Monte Sinjar em uma massa vertiginosa, que logo se diluiu em débil marcha. Nas aldeias deixadas para trás, os extremistas matavam toda e qualquer pessoa que estivesse relutante demais ou desnorteada demais para fugir e se recusasse a se converter ao Islã. No encalço dos fugitivos, executavam a tiros ou degolavam os mais vagarosos. As picapes, ao se aproximarem de Kocho, soaram como granadas no pacato ambiente rural. Encolhidos de medo nos aproximamos uns dos outros.

O EI conquistou Sinjar com facilidade. A única resistência foi ensaiada por centenas de iazidis, que lutaram para defender suas aldeias com armamento próprio, mas logo ficaram sem munição. Em pouco tempo ficamos sabendo que muitos de nossos vizinhos árabes sunitas acolheram os extremistas e até se incorporaram a eles, bloqueando estradas para impedir que os iazidis alcançassem um local seguro, permitindo que os terroristas capturassem todos os não sunitas que não haviam conseguido escapar das aldeias mais próximas de Kocho, e depois, lado a lado com os terroristas, saqueando as aldeias iazidis abandonadas. Ficamos ainda mais chocados, porém, com os curdos que juraram nos proteger. Na calada da noite, sem qualquer aviso e após meses nos garantindo que lutariam até o fim para nos defender, os *peshmergas* tinham fugido de Sinjar, lotando suas picapes e acelerando rumo à segurança antes que os extremistas do Estado Islâmico conseguissem alcançá-los.

Mais tarde, o governo curdo declarou ter sido uma "retirada estratégica". Não havia tropas suficientes para manter a região, explicaram eles, e seus comandantes avaliaram que ficar seria suicídio; sua luta seria mais útil em outras partes do Iraque, onde eles teriam alguma chance. Tentamos direcionar a nossa raiva aos líderes do Curdistão que tomaram a decisão em vez de aos soldados individuais. Porém, não conseguíamos entender por que tinham ido embora sem nos avisar ou sem nos levar com eles ou sem nos ajudar a alcançar um local seguro. Se soubéssemos que eles estavam partindo, nós teríamos ido ao Curdistão. Tenho quase certeza de que Kocho estaria uma aldeia fantasma quando o EI chegasse.

Os aldeões chamaram aquilo de traição. Aqueles que moravam perto dos postos deles viram os *peshmergas* indo embora e lhes imploraram, sem sucesso, para ao menos deixarem suas armas para os aldeões as usarem. A notícia correu na aldeia como um rastilho de pólvora, mas demorou um tempo para absorvermos a realidade. Os *peshmergas* tinham sido tão reverenciados, e muitas de nós estavam tão certas de que eles iriam voltar e cumprir o seu dever, que na primeira vez que ouvimos as rajadas de tiros do Estado Islâmico em Kocho, algumas mulheres sussurraram umas às outras:

— Talvez os *peshmergas* tenham voltado para nos salvar.

Com a retirada dos *peshmergas*, agilmente os extremistas dominaram as bases militares e os postos de controle abandonados, nos encurralando em nossa aldeia. Não tínhamos um plano de fuga, e o EI logo bloqueou a estrada que ligava as aldeias ao sul de Sinjar, como Kocho, à montanha, aonde muitas famílias já estavam indo na tentativa de se esconder. As poucas famílias de Kocho que tentaram escapar foram capturadas em fuga e mortas ou sequestradas. O sobrinho de minha mãe tentou escapar com sua família. Os membros do EI fizeram o carro parar e mataram os homens ali mesmo.

– Não sei o que aconteceu com as mulheres – contou minha mãe após receber o telefonema, e por isso ficamos imaginando o pior. Relatos semelhantes fizeram o medo tomar conta de nossas casas.

Hezni e Saoud estavam fora de Kocho a trabalho quando o EI chegou, Hezni na cidade de Sinjar e Saoud no Curdistão. Os dois ficaram ligando a noite toda, angustiados por estarem tão longe e em segurança. Eles nos contaram tudo o que sabiam sobre o que estava acontecendo na região de Sinjar. Os iazidis em fuga, dezenas de milhares, migravam com seus rebanhos ao longo da rodovia de pista simples, rumo à montanha. Os mais sortudos tinham embarcado em carros ou em picapes lotadas, dependurados perigosamente nas laterais das caçambas, acelerando o mais rápido possível em meio à multidão. Alguns transportavam os idosos em carrinhos de mão ou os carregavam nas costas, curvados com o peso. O sol do meio-dia era traiçoeiramente escaldante, e alguns dos mais idosos e doentes pereciam ao lado da estrada, os corpos frágeis se misturando à areia, como ramos caídos. As pessoas que passavam por eles estavam tão empenhadas em chegar à montanha, e tão assustadas com a possibilidade de serem capturadas pelos terroristas, que mal pareciam notar.

Durante a retirada dos iazidis rumo à montanha, eles foram largando a maior parte da bagagem no caminho. Um carrinho de neném, um casaco, uma panela – na hora de abandonar suas casas parecia impossível deixar aquilo para trás. Como iriam cozinhar sem uma panela? O que aconteceria quando seus músculos começassem a doer com o neném nos braços? Será que voltariam para casa antes do inverno? Mas, no fim das contas, à medida que a jornada foi se tornando mais extenuante, e a distância para a montanha parecia aumentar a cada passo, todas essas coisas se tornaram peso morto e foram deixadas ao lado da estrada como se fosse lixo. As crianças arrastavam os pés até a sola dos sapatos arrebentarem. Chegando à montanha, algumas pessoas correram direto às escarpas íngremes enquanto outras se esconderam em cavernas, templos ou aldeias da montanha. Os carros aceleravam pelas estradas sinuosas, alguns despencando pela ribanceira quando os motoristas, apressados, perdiam o controle. Os platôs da montanha ficaram repletos de iazidis deslocados à força.

No topo da montanha, dificilmente encontravam alívio. Alguns iazidis logo foram à procura de comida e água ou de parentes desaparecidos, implorando ajuda às pessoas que moravam nas aldeias. Outros se sentavam ali, paralisados. Talvez estivessem cansados. Ou, talvez, no primeiro momento de calma após a invasão do EI a Sinjar, em relativa segurança, eles estivessem começando a pensar no que acontecera com eles. Suas aldeias estavam ocupadas, e tudo o que tinham agora pertencia a outras pessoas. Enquanto invadiam a região, os extremistas do EI destruíram os pequenos templos erguidos no sopé da montanha. Um cemitério perto da montanha, normalmente reservado para crianças, agora estava apinhado de corpos de todas as idades, gente que havia sido morta pelo EI ou que havia morrido tentando chegar à montanha. Centenas de homens foram executados. Meninos e moças foram sequestrados e mais tarde levados a Mossul ou à Síria. Mulheres mais velhas, com a idade de minha mãe, foram reunidas, exterminadas e enterradas em valas comuns.

Os iazidis na montanha pensaram nas decisões tomadas na fuga. Alguns cortaram a frente de outro carro para conseguir chegar à montanha primeiro. Outros não se deram ao trabalho de oferecer carona aos que estavam andando. Por que não deram um jeito de levar seus animais com eles? Por que não esperaram só mais um instante para salvar outra pessoa? O sobrinho de minha mãe nascera com uma deficiência que dificultava a sua locomoção. Quando o EI chegou, o rapaz insistiu para que seus entes queridos fugissem sem ele, sabendo que não conseguiria chegar à montanha a pé. Será que ele iria sobreviver? Agora os sobreviventes estavam no alto da montanha, presos na armadilha do calor extenuante, com o EI em seu encalço e nem sinal de resgate.

Recebemos essas notícias sentindo que o nosso próprio futuro não seria melhor, e rezamos. Telefonamos a todos os nossos conhecidos nas aldeias árabes sunitas e no Curdistão, mas ninguém tinha uma palavra de esperança. Os terroristas do EI não atacaram Kocho naquela noite ou naquela manhã, mas deixaram bem claro que, se tentássemos escapar, eles nos matariam. Aqueles que moravam nas beiradas da aldeia nos contaram como eles eram. Alguns tapavam o rosto com lenços. Em sua maioria ostentavam barbas compridas. Portavam armas americanas, fornecidas ao exército iraquiano quando os americanos foram embora e, depois, saqueadas dos postos que o exército abandonara. Os extremistas aparentavam ser exatamente como na tevê e nos vídeos de doutrinamento *on-line*. Eu não conseguia enxergá-los como pessoas. Como os fuzis que portavam e os tanques que pilotavam, os próprios homens eram apenas armas para mim, com as miras voltadas contra a minha aldeia.

***

No primeiro dia, 3 de agosto, um dos líderes do Estado Islâmico veio a Kocho, e Ahmed Jasso chamou os homens para o *jevat*. Como Elias era o mais velho, ele foi ver o que estava acontecendo. Esperamos por ele em nosso pátio, sentados em pequenas faixas de sombra, ao lado de nossas ovelhas, que havíamos recolhido por segurança. Elas baliam mansamente, alheias ao que estava acontecendo.

Sentada ao meu lado, Kathrine parecia miúda e assustada. Embora eu fosse um pouco mais velha, cursávamos o mesmo ano escolar e éramos inseparáveis. Em nossa adolescência, nós duas ficamos obcecadas por maquiagem, cortes de cabelo e penteados, e praticávamos uma na outra, estreando nossos novos estilos e técnicas nas festas de casamento da aldeia. As noivas nos inspiravam; elas nunca investiriam mais tempo e dinheiro na aparência do que naquele dia, e todas pareciam fotos de uma revista. Eu as escrutinava detalhadamente. *O que ela fez no cabelo para conseguir aquele efeito? Que cor de batom ela está usando?* Então eu pedia à noiva uma fotografia, e a adicionava à coleção que eu guardava num grosso álbum de capa verde. Eu imaginava que, quando eu abrisse o meu salão, as clientes folheariam o álbum, em busca do penteado perfeito. Quando o EI chegou, eu já tinha mais de duzentas fotografias. Minha favorita era a de uma noiva de cabelos morenos, enrolados em cachos soltos em cima da cabeça e cravejados com florezinhas brancas.

Em geral, Kathrine e eu cuidávamos de nossas cabeleiras, condicionando-as com azeite de oliva e colorindo-as com hena, mas naquele dia nem nos preocupamos em nos pentear. Minha sobrinha estava pálida e calada, e súbito eu me senti muito, mas muito mais velha do que ela. Queria que ela se sentisse melhor.

– Não se preocupe – eu disse a ela, pegando a mão dela. – Vai ficar tudo bem.

Era o que minha mãe me dizia, e embora eu não acreditasse nela, a missão dela era mostrar-se esperançosa para seus filhos, assim como agora a minha missão era mostrar esperança para Kathrine.

Elias entrou no pátio, e todos os olhares se voltaram a ele. Estava ofegante, como se tivesse corrido do *jevat* até em casa, e tentou se acalmar antes de começar a falar.

– O *Daesh* fez um cerco ao redor de Kocho – explicou ele. – É impossível sair.

O líder do Estado Islâmico advertiu os homens no *jevat* de que, se tentassem escapar, seriam castigados.

– Ele disse que quatro famílias já tentaram – relatou Elias. – Elas foram detidas. Os homens se recusaram a se converter. Foram mortos. As mulheres se agarraram a seus filhos. Os terroristas os separaram. Levaram os carros e as filhas deles.

– Com certeza os *peshmergas* vão retornar – sussurrou a minha mãe do lugar onde estava sentada. – Temos que orar. Deus nos salvará.

– Alguém vai ter que nos ajudar – falou Massoud. Ele estava indignado. – Não podem simplesmente nos abandonar aqui.

– O líder terrorista falou que devemos ligar para nossos parentes no Monte Sinjar e dizer que eles devem retornar e se entregar – continuou Elias. – Mandaram dizer que se abandonarem a montanha vão ser poupados.

Ficamos emudecidos, absorvendo as notícias. Apesar de todas as dificuldades no topo da montanha, pelo menos os iazidis que conseguiram chegar lá estavam longe do EI. Confiávamos que a montanha nos protegeria da perseguição. De geração em geração, os iazidis fugiram para a segurança de suas cavernas, beberam de seus córregos e sobreviveram comendo figos e romãs colhidos de suas árvores. Os nossos templos e xeques a rodeavam, e acreditávamos que Deus devia estar vigiando a montanha com atenção especial. Hezni conseguiu fugir da cidade de Sinjar para a montanha e nos ligou. Durante a conversa, ele nos repreendeu por estarmos preocupados com ele.

– Vocês choram por nós, mas nós choramos por vocês – disse ele. – Já estamos salvos.

Fazíamos o que os extremistas nos mandavam fazer. Quando vieram de porta em porta recolher as armas dos aldeões, entregamos todas, à exceção de uma, que enterramos em nossa lavoura de madrugada, quando achamos que eles não nos conseguiriam ver. Tentar fugir não era uma opção. Todos os dias, Elias ou outro irmão iam ao *jevat* para receber as ordens do líder do Estado Islâmico e depois voltavam para casa para nos contar as novidades. Ficávamos quietinhos, dentro de casa. Aquela arma enterrada, no fim das contas, permaneceria enterrada. Mas não importa as promessas que o EI fizesse, preferiríamos a morte a tentar convencer Hezni ou qualquer outra pessoa a deixar o Monte Sinjar. Todos nós sabíamos o que aconteceria aos iazidis se eles descessem da montanha.

Capítulo 7

O cerco de Kocho durou quase duas semanas. Alguns dias se passaram como se fossem um grande borrão, cada momento igualzinho ao outro, enquanto em outros dias cada instante parecia um tormento. De manhã, a chamada islâmica para a oração ecoava dos postos de controle do Estado Islâmico, sonoridade que, embora incomum em Kocho, me era familiar por estudar o Islã na escola e pelas viagens à cidade de Sinjar. Lá, os iazidis mais antigos se queixavam ao ouvir a chamada para a oração.

– Sinjar deixou de ser uma cidade iazidi – suspiravam eles, convencidos de que, logo, logo, todos nós estaríamos confinados a nossas pequenas aldeias e cidades, enquanto as partes mais cobiçadas do território iazidi seriam deixadas aos árabes e curdos mais ricos e mais bem conectados. Mesmo assim, eu nunca fiquei realmente incomodada com as chamadas para a oração, pelo menos até a invasão do EI em Sinjar. Com eles nos cercando, o som se tornava ameaçador.

Um por um, parentes começaram a aparecer em nossa casa. Jilan, a esposa de Hezni, abandonou a casa deles, recém-construída na saída da aldeia, para ficar conosco. Primos e meios-irmãos vieram de toda a aldeia, trazendo maletas, comida e fórmula láctea para os nenéns. Shireen, esposa de Saoud, acabara de dar à luz, e, quando ela nos trouxe seu bem corado recém-nascido berrando, as mulheres rodearam o neném numa imagem de esperança. Nossos poucos cômodos logo se encheram de roupas e cobertores, fotografias e preciosidades, tudo o que eles podiam carregar. Durante o dia, nos aglomerávamos diante da televisão, procurando histórias sobre o massacre dos iazidis em Sinjar. Parecia um pesadelo. As aeronaves não conseguiam voar baixo o bastante para distribuir ajuda adequada, e a colossal montanha parecia engolir os pacotes de alimento e de água que eram largados.

Os iazidis freneticamente abordavam os helicópteros do exército iraquiano que pousavam nas estradas que subiam em zigue-zague ao topo da montanha, tentando embarcar nenéns e idosos, mas os soldados os repeliam, gritando que não havia espaço suficiente.

– O helicóptero não consegue decolar com tanta gente! – gritavam eles, uma lógica que parecia não importar em meio ao frenesi no alto da montanha.

Ouvimos falar de uma mulher que, determinada a subir num helicóptero que decolava, agarrou-se ao esqui do trem de pouso, balançou por uns instantes, até perder as forças e cair. Relataram que o corpo dela atingiu as rochas lá embaixo e se espatifou como uma melancia.

Hezni contou que chegou à montanha após escapar por um triz do EI, que invadiu a cidade de Sinjar. A delegacia em que ele trabalhava foi evacuada, e ele partiu andando com outro policial rumo à montanha. Para não deixar armas aos terroristas que invadiam a cidade, cada membro em sua unidade levou junto um fuzil e pistolas enfiadas na cintura. No trajeto quente e empoeirado, a dupla caminhou assustada, sem saber onde os extremistas estavam escondidos ou de onde surgiriam. A uns 800 metros de Zainab, os dois avistaram uma picape do Estado Islâmico passar rumo à mesquita xiita da cidade e, em seguida, a mesquita explodiu pelos ares. Mudaram de rumo na rodovia e por um triz não foram descobertos por três picapes repletas de extremistas do Estado Islâmico que, minutos depois, fuzilaram os migrantes que caminhavam um pouco para trás de Hezni e seu colega. Mais tarde Hezni contou:

– Eu me salvei por um milagre.

No topo da montanha, os dias eram brutalmente quentes e as noites, congelantes. Os deslocados não tinham comida e alguns estavam morrendo de desidratação. No primeiro dia, os iazidis deslocados abateram as ovelhas que conseguiram reunir nas encostas da montanha, e todos comeram uma pequena porção de carne. No segundo dia, Hezni e alguns outros desceram a pé a encosta oriental da montanha e alcançaram um vilarejo que o EI ainda não tinha invadido. Lá encheram uma carreta agrícola com grãos de trigo, que eles ferveram lá na montanha, dando um copo a cada deslocado, o suficiente apenas para enganar o estômago. Um dia, alguns guerrilheiros do YPG – o braço sírio do Partido dos Trabalhadores do Curdistão (PKK), exército de guerrilha curdo com base na Turquia – trouxeram pão e comida da Síria.

Por fim, o YPG, com a ajuda de ataques aéreos dos EUA, abriu um caminho para os iazidis de Sinjar rumo às partes curdas da Síria, que tinham sido mantidas relativamente seguras desde o início da guerra civil síria. Lá, curdos alinhados com o PKK tentavam estabelecer uma região autônoma. O EI disparou contra os iazidis enquanto eles fugiam, mas dezenas de milhares conseguiram escapar da montanha e alcançar uma relativa segurança. Hezni fugiu da montanha para a casa de nossa tia, perto de Zakho. Quando os iazidis chegavam ao Iraque curdo e à Síria, os curdos que moravam lá, a maioria dos quais são sunitas, iam ao encontro deles em seus veículos e ofereciam comida, água e roupas. Outros abriam suas casas, lojas e escolas para os iazidis em fuga. Foi uma demonstração de solidariedade que até hoje nos comove.

Antes dos massacres, eu nunca havia prestado atenção ao PKK. Eles não tinham uma presença forte em Sinjar, e embora eu já tivesse visto suas imagens na televisão curda (homens e mulheres em uniformes cinzentos e folgados, ajoelhados ao lado de seus fuzis Kalashnikov em algum ponto das montanhas Qandil, na fronteira com o Irã), nem eles, tampouco a luta deles contra o governo turco, pareciam conectados à minha vida. Mas após salvarem os iazidis presos na montanha, os membros do PKK tornaram-se heróis em Sinjar, substituindo os *peshmergas* nas mentes de muitos nós como os protetores dos iazidis. O envolvimento do PKK acabaria por inflamar as tensões entre eles o partido de Barzani, o KDP, que continuava almejando ser a maior influência em Sinjar, tornando nosso lar vulnerável a um tipo diferente de guerra, uma guerra que começou a se desenrolar nos anos seguintes. Mas nessa época simplesmente ficamos gratos ao PKK por ajudar os iazidis a sair da montanha e por enviar centenas de soldados para combater nas linhas de frente contra o EI em Sinjar.

Porém, não havia nem sinal de ajuda para Kocho. Dia após dia, um de meus irmãos ia ao *jevat* e voltava para casa com as notícias, que nunca eram boas. Os aldeões de Kocho tentavam elaborar um plano, eles contaram, mas fora da aldeia ninguém estava disposto a ajudar.

– Talvez os americanos usem os seus aviões para nos libertar, como fizeram na montanha – disse a minha mãe.

O único momento em que os extremistas do Estado Islâmico que cercavam Kocho pareciam assustados era quando ouviam o som de aviões ou helicópteros.

– Ou talvez o PKK venha nos resgatar em seguida – continuou ela.

Mas meus irmãos, que mantinham contato com os iazidis que haviam trabalhado como intérpretes para o exército dos Estados Unidos e agora estavam nos EUA, logo perderam as esperanças de que algum resgate fosse acontecer.

Aviões e helicópteros sobrevoavam nossa aldeia, mas o seu destino era a montanha, não Kocho, e sabíamos que era improvável que o PKK viesse nos libertar. Os militantes do PKK eram corajosos e haviam sido treinados por um longo tempo – enfrentavam o exército turco há quase meio século –, mas eram especialistas em guerrilha de montanha e não seriam páreos para derrotar o EI nas planícies que nos conectavam ao Monte Sinjar. Além disso, agora Kocho estava em território inimigo, mais ao sul, distante o suficiente para ser considerada fora do alcance. Estávamos em lugar nenhum.

Por um bom tempo, contudo, nutrimos esperanças de que os americanos viessem desmantelar o cerco a Kocho. Jalo, o meu irmão que trabalhava no aeroporto de Tal Afar no período pós-ocupação dos EUA, tinha um amigo nos Estados Unidos chamado Haider Elias, um iazidi que recebera asilo em Houston, pois havia trabalhado como intérprete para os americanos. Eles se falavam todos os dias, em geral mais de uma vez por dia. Mas Haider advertiu Jalo para evitar entrar em contato – temia que, se o EI verificasse o celular de Jalo e identificasse ligações para os EUA, eles pudessem matá-lo na mesma hora.

Haider e um grupo de expatriados iazidis lutavam para ajudar os iazidis no Iraque, peticionando os governos em Washington, Erbil e Bagdá. A sede desse grupo era um quarto de hotel em Washington, D.C., mas, em relação a Kocho, não estavam fazendo nenhum progresso. Jalo atendia cada telefonema de Haider com ansiedade, mas sua esperança logo foi substituída por exasperação. Meu irmão estivera com os americanos quando eles invadiram casas à procura de insurgentes e sabia do que eles eram capazes em operações terrestres. Jalo tinha certeza de que se os Estados Unidos enviassem soldados para atacar os postos de controle do Estado Islâmico no entorno de Kocho, eles romperiam o cerco. Às vezes, os membros do Estado Islâmico reclamavam no *jevat* sobre as operações americanas em Sinjar para salvar os iazidis, chamando Obama de "cruzado". Ao saber disso, Jalo disse a Haider:

– Acho que estão perdendo o controle. É provável que nos liberem.

Dias antes, alguns extremistas do Estado Islâmico haviam levado Ahmed Jasso, que andava doente, para ser tratado numa cidade vizinha.

– Por que fariam isso a menos que planejassem nos manter vivos? – indagou Jalo.

Jalo amava os Estados Unidos. Antes do cerco, ele ligava a Haider no Texas para lhe indagar sobre sua vida nova longe do Iraque. Estava com inveja, pois Haider cursava faculdade nos EUA, enquanto Jalo não conseguira sequer começar o ensino médio.

– Encontre uma esposa americana para mim! – brincava Jalo. – Pode ser mais velha e não muito bonita, basta querer se casar comigo.

Haider não acreditava muito que os americanos viriam nos ajudar em Kocho. Ele achava que, na verdade, o EI podia fazer retaliações contra Kocho por causa dos ataques aéreos.

– Tenha cuidado – alertou ele para Jalo. – Talvez queiram que vocês pensem que eles estão mais fracos. Eles não vão liberar vocês.

Todos os envolvidos pareciam perplexos com o que estava acontecendo Iraque afora. A mídia nem sequer relatava o cerco a Kocho.

– Eles estão trocando de primeiro-ministro em Bagdá – contou Elias. – Não têm tempo para pensar em nós.

Por isso, esperamos. A aldeia estava tranquila, e as ruas, vazias. Todos ficavam no interior das casas. Paramos de comer, e eu presenciei meus irmãos emagrecerem, os rostos pálidos. Presumi que a mesma coisa estava acontecendo comigo, mas eu não queria olhar no espelho para conferir. Não tomávamos banho, e logo o fedor de todos os nossos corpos dominou a casa. Todas as noites, subíamos até o telhado – após escurecer, para que os extremistas não nos vissem – onde dormíamos lado a lado. Lá em cima, andávamos rastejando, tentando nos esconder atrás das muretas do telhado, e sussurrávamos baixinho para que não nos escutassem. Nossos corpos ficavam tensos quando o neném de Shireen, sem saber do que acontecia ao redor, começava a chorar. Nada disso importava, é claro. Afinal, o EI sabia muito bem que estávamos lá.

***

O EI nos mantinha cativos em nossas casas enquanto praticava o genocídio em outras áreas de Sinjar. Não tiveram tempo, ainda, para cuidar de nós. Estavam ocupados confiscando os lares dos iazidis e enchendo bolsas com nossas joias, chaves de carros e celulares; estavam ocupados se apossando dos bois e das ovelhas dos iazidis. Estavam distribuindo mulheres jovens entre os terroristas no Iraque e na Síria para serem usadas como escravas sexuais e exterminando os homens com idade suficiente para se defenderem. Milhares de iazidis já haviam sido mortos, os corpos jogados em valas comuns que o EI tentou – sem sucesso – manter em segredo.

Nossa última esperança por ajuda externa residia nas aldeias vizinhas, onde moravam nossos *kirivs* e amigos árabes sunitas. Ouvíamos histórias de árabes que davam guarida aos iazidis ou os conduziam a um local seguro. Mas também ouvíamos histórias mais numerosas sobre eles se voltarem contra os iazidis, os entregarem ao EI e inclusive se incorporarem ao grupo terrorista. Alguns relatos não passavam de boatos, outros vinham de pessoas próximas a nós, em quem confiávamos e, por isso, sabíamos que eram verdadeiros. Uma manhã, um de meus primos levou, desesperado, sua família à casa de seu *kiriv*, implorando ajuda. A família os acolheu e os fez se sentirem seguros.

– Esperem aqui – disseram eles. – Vamos ajudá-los.

Em seguida, delataram meu primo ao líder do Estado Islâmico, que enviou extremistas para capturá-lo e sua família.

Meus irmãos ligaram para todos em quem podiam pensar nessas aldeias, subindo no telhado onde o sinal do celular era melhor, e a maioria das pessoas com quem conseguiam falar parecia estar realmente preocupada conosco. Mas ninguém tinha qualquer resposta nem conseguia pensar em como ajudar. Sugeriam que ficássemos onde estávamos.

– Tenham paciência – aconselhavam.

Alguns de nossos vizinhos muçulmanos vieram nos visitar durante o cerco, trazendo comida à aldeia e nos dizendo que estavam sofrendo conosco. Com a mão no peito, prometiam:

– Não vamos abandoná-los.

Mas, dia após dia, todos pararam de nos ajudar.

Nossos vizinhos sunitas poderiam ter nos procurado e oferecido ajuda. Se eles soubessem o que aconteceria a nossas mulheres, poderiam nos ter vestido todas nós de preto e nos ter levado com eles. Poderiam simplesmente ter nos procurado e informado de modo direto:

– É isso que vai acontecer com vocês.

Assim, poderíamos parar de nutrir a fantasia de que seríamos resgatados. Mas não fizeram isso. Tomaram a decisão de não fazer nada, e suas traições foram como tiros antes de os tiros verdadeiros chegarem.

Um dia fui com Dimal, Khairy, Elias e Khaled – um de meus meios-irmãos – até a nossa área de terra, com o objetivo de apartar um cordeiro a fim de abatê-lo para o jantar. Ao contrário dos adultos, que não tinham apetite, as crianças choravam para comer algo substancioso, e, sem qualquer alimento entrando em Kocho, tínhamos que sacrificar os nossos cordeiros.

No campo havia um bom serviço de telefonia celular, e Elias levou o telefone dele para que pudéssemos continuar a fazer ligações e pedir ajuda enquanto apartávamos o cordeiro. Chegara-nos a notícia recente de que a minha sobrinha, Baso, havia sido capturada pelo EI. Partindo de Tal Kassab, onde estivera cuidando de um primo doente, ela tentou chegar à montanha, mas foi interceptada e levada a uma escola em Tal Afar. Disseram-nos que uma escola pintada de vermelho estava repleta de moças e mulheres iazidis. Eu me lembrei que um de meus professores, um sunita chamado Sr. Mohammed, morava em Tal Afar, e pensei que ele poderia ser capaz de nos ajudar a encontrar Baso.

Muitos de nossos professores eram árabes sunitas que vinham para Kocho de outros lugares, principalmente de Mossul. Nós os respeitávamos e os tratávamos como parte de nossa aldeia. Agora, com o EI nas cidades em que moravam, fiquei pensando na postura deles em relação ao que estava acontecendo. Nenhum deles havia nos telefonado para saber notícias de Kocho. No começo, isso me deixou preocupada. Eu não gostava nem de pensar em seria para eles ter que fugir do EI ou, pior ainda, viver sob o jugo dos terroristas. À medida que o cerco foi durando, porém, comecei a me perguntar se os professores estavam em silêncio não porque estavam com medo, mas porque estavam felizes com a invasão do EI. Talvez o tempo inteiro considerassem que os alunos deles, como eu, éramos *kuffar*. Esse mero pensamento embrulhava o meu estômago.

Eu anotara os números de todos os meus professores na contracapa de um dos meus livros didáticos, e usei o telefone de Elias para ligar ao Prof. Mohammed. O telefone tocou algumas vezes até ele atender.

– *Merhaba, Ustaz* Mohammed – falei, dirigindo-me a ele educadamente em árabe.

Pensei nos dias que eu passara nas aulas do Prof. Mohammed, tentando seguir seus ensinamentos, sabendo que, se eu fosse aprovada, eu passaria de ano, cada vez mais perto da formatura e do restante da minha vida. Eu confiava nele.

– Quem fala?

A voz de meu professor soou normal, e sua calma fez meu coração disparar.

– É a Nadia, *ustazi* – respondi. – De Kocho.
– Nadia, o que houve? – indagou ele.

Sua voz se acelerou um pouco. Ele soou frio e impaciente. Expliquei que Baso tinha sido capturada pelo EI e levada a Tal Afar.

– Disseram que a escola tem a fachada vermelha – expliquei a ele. – É tudo o que sabemos. Não podemos sair de Kocho, o *Daesh* cercou a aldeia e nos avisaram que vão matar qualquer pessoa que tentar sair. Pode nos ajudar a falar com Baso? Sabe onde fica essa escola?

Por um instante, o meu professor emudeceu. Talvez não tivesse conseguido me escutar. Talvez o *Daesh* tivesse cortado o sinal, ou talvez Elias estivesse sem créditos. Quando, enfim, o Prof. Mohammed falou, ele pareceu uma pessoa diferente do senhor que me dava aulas, há poucos meses. A voz dele soou distante e fria.

– Não posso falar contigo, Nadia – sussurrou ele. – Não se preocupe com sua sobrinha. Vão pedir que ela se converta, e alguém vai se casar com ela.

Ele desligou antes que eu pudesse responder. Olhei para o telefone em minha mão, um pedaço de plástico barato e inútil.

– Desgraçado – disse Elias, agarrando o cordeiro pelo pescoço e o direcionando ao caminho de casa. – A gente liga, liga, mas ninguém responde.

Naquele instante, algo mudou dentro de mim, talvez para sempre. Perdi as esperanças de que alguém nos ajudasse. Talvez meu professor fosse como nós: temeroso pela integridade física dele e da família dele, e fazendo o que fosse preciso para continuar vivo. Ou talvez ele tivesse dado boas-vindas ao EI e à oportunidade de viver no mundo imaginado pelo grupo terrorista, um mundo guiado por sua interpretação brutal do Islã – um mundo sem iazidis, ou qualquer povo que não acreditasse exatamente no que eles acreditavam. Eu não sabia. Mas naquele momento eu tinha certeza que o odiava.

Capítulo 8

A primeira vez que vi de perto um extremista do Estado Islâmico foi seis dias após o início do cerco. Tinha acabado nossa farinha e nossa água potável, então fui buscar víveres na casa de Jalo, em companhia de Adkee e duas de nossas sobrinhas, Rojian e Nisreen. A caminhada de nossa casa até a casa de Jalo durava só alguns minutos por uma viela estreita, e era raro avistar membros do Estado Islâmico nas ruas da aldeia. Eles ficavam na periferia da aldeia, operando os postos de controle para se certificar de que ninguém tentaria escapar.

Ainda assim, estávamos apavoradas por termos que sair de casa. Atravessar a soleira da porta da frente era como pisar em outro planeta. Nada em Kocho parecia familiar ou reconfortante. Em geral, as vielas e as ruas estariam repletas de gente, com crianças brincando, seus pais fazendo compras nas pequenas lojas de conveniência ou na farmácia, mas agora a aldeia estava quieta e vazia.

– Fique perto de mim – sussurrei para Adkee, a mais corajosa de nós, que ia na frente.

Saímos andando pela rua em grupo e com muita pressa. Eu estava com tanto medo, que parecia estar com alucinações. Corríamos de nossas próprias sombras.

A minha mãe que nos mandou ir.

– Vocês não precisam dos homens – disse ela, e nós concordamos.

Estávamos sentadas em casa sem fazer nada, além de assistir à tevê, chorar e, dia após dia, ficarmos cada vez mais magras e mais fracas. Os meus irmãos ao menos iam ao *jevat* e, voltando para casa, após relatarem as deliberações do *mukhtar* ou do líder do Estado Islâmico, digitavam números em seus celulares, ainda tentando encontrar alguém que nos ajudasse, até desmaiarem de fome e de cansaço. Meus irmãos eram guerreiros, como o nosso pai, e eu nunca os tinha visto tão desanimados. Era a minha vez de fazer algo para ajudar.

Kocho não era uma aldeia projetada; ninguém havia desenhado todas as casas e ruas durante a formação da aldeia para que no final tudo tivesse uma lógica. Se você tinha um terreno, podia construir nele o que quisesse e onde quisesse. Por isso, a aldeia é aleatória e podia ser meio labiríntica de percorrer. As casas se expandem de modo tão imprevisível, que até parecem ganhar vida, e as ruelas faziam zigue-zague ao redor dessas casas em um labirinto que confundiria qualquer um que não tivesse memorizado o leiaute da aldeia. E para memorizá-lo demorava uma vida inteira andando de casa em casa.

A casa de Jalo ficava bem na extremidade da aldeia, e tudo o que a separava do mundo exterior de Kocho era um muro de tijolos. Além daquele muro, a desértica região de Sinjar estendia-se até Mossul, agora a capital do Estado Islâmico no Iraque. Empurramos a porta metálica e entramos na cozinha. A casa estava vazia e arrumada, sem sinal de que Jalo e a família dele tivessem saído com pressa, mas eu estava com medo de ficar ali dentro. Parecia que a ausência dos moradores a deixava mal-assombrada. Encontramos um pouco de farinha, água e um pote de fórmula infantil e, o mais rápido possível, sem falar uma palavra, colocamos os suprimentos nas sacolas.

Ao sairmos, Rojian apontou para o muro do jardim. Um dos tijolos caíra, abrindo um buraco na altura da cintura. Nenhuma de nós tivera coragem suficiente para ficar observando por muito tempo os extremistas que avistávamos de nosso telhado, onde nos sentíamos muito expostas. O muro, porém, fornecia certa proteção e, por aquela brecha, poderíamos avistar um dos primeiros postos de controle na saída de Kocho.

– Será que o *Daesh* está lá fora? – ficou se perguntando Rojian, e entrou no jardim, acocorando-se ao lado do muro.

Nós três nos entreolhamos, largamos no chão as sacolas e nos aproximamos dela, encostando as cabeças no muro para ter uma boa visão do mundo lá fora.

A uns 180 metros, alguns extremistas cuidavam de um posto de controle que antigamente pertencia aos *peshmergas* e, antes deles, ao exército iraquiano. Trajavam calças pretas largas e camisas pretas e traziam as armas penduradas a tiracolo. Perscrutamos os movimentos deles como se guardassem um código – as botinas pisando na estrada de areia, as mãos gesticulando ao conversarem uns com os outros –, e cada gesto nos enchia de pavor.

Minutos antes, estávamos petrificadas com a possibilidade de topar com um extremista em nosso caminho, mas agora não conseguíamos parar de observá-los. Seria bom ouvir o que eles diziam. Talvez estivessem planejando algo e, se conseguíssemos entender melhor o que estava nos esperando, traríamos novidades para ajudar nossos irmãos a lutar. Talvez estivessem se vangloriando pela conquista de Sinjar; se ouvíssemos isso, a nossa indignação seria tão grande, que partiríamos ao contra-ataque.

– Sobre o que será que estão falando? – sussurrou Rojian.

– Coisa boa, não é – opinou Adkee, e isso nos fez voltarmos à realidade. – Vamos andando. Prometemos à mãe que logo entregaríamos essas coisas.

Voltamos para casa em um estado de incredulidade. Nisreen rompeu o silêncio.

– É esse mesmo pessoal que mantém Baso cativa – disse ela. – Ela deve estar tão assustada.

A ruela pareceu ainda mais estreita, e nós a percorremos o mais rápido possível, tentando manter a calma. Mas ao chegarmos em casa e contarmos para minha mãe o que tínhamos visto – o quão perto eles estavam da casa em que os filhos de Jalo tinham dormido há poucos dias –, Nisreen e eu não conseguimos mais nos conter. Começamos a chorar. Eu queria ser esperançosa e forte, mas eu precisava que a minha mãe entendesse o quanto eu estava assustada, para que ela pudesse me consolar.

– Eles estão muito perto – eu falei. – Estamos nas mãos deles. Podem fazer alguma maldade contra nós, basta que queiram.

– Só nos resta esperar e orar – respondeu minha mãe. – Talvez alguém venha nos resgatar. Talvez não nos machuquem. Talvez alguém nos salve de alguma maneira.

Não passava um dia sem que ela dissesse algo assim.

***

Nossas roupas ficaram cinzentas de suor e poeira, mas nem pensávamos em trocá-las. Paramos de comer e bebíamos apenas um pouquinho de uma água tépida estocada em garrafas plásticas deixadas ao sol. A energia elétrica foi cortada e permaneceu cortada pelo restante do cerco. Acionávamos o gerador o suficiente apenas para carregar nossos celulares e para assistir à tevê quando o noticiário mostrava reportagens sobre a guerra contra o EI, e era quase só isso que passava. As manchetes nos deixavam ainda mais desesperançosos: em torno de quarenta crianças tinham morrido de fome e desidratação no alto do Monte Sinjar, e muitas outras haviam morrido durante a fuga. Bashiqa e Bahzani, duas grandes aldeias iazidis nos arredores de Mossul, tinham sido tomadas pelo EI, mas felizmente a maioria dos habitantes conseguira fugir ao Curdistão iraquiano. Milhares de moças e mulheres iazidis em toda a região de Sinjar haviam sido sequestradas; ouvimos dizer que o EI estava as utilizando como escravas sexuais.

Qaraqosh, cidade maioritariamente cristã em Nínive, caíra nas mãos do EI, e quase toda a sua população fugira ao Curdistão iraquiano, onde viviam como refugiados em shoppings inacabados e barracas improvisadas nos terrenos das igrejas. Turcos xiitas em Tal Afar também lutavam para escapar de um cerco. O EI quase havia chegado a Erbil, mas foram impedidos pelos americanos – para proteger o consulado dos EUA, eles disseram, mas também para dar cobertura aos iazidis encurralados no Monte Sinjar, com a ajuda de ataques aéreos. Bagdá estava um caos. O presidente americano, Obama, classificou o que estava acontecendo com os iazidis de um "genocídio em potencial". Mas ninguém falava no cerco de Kocho.

Vivíamos num mundo novo. A vida em Kocho parou, e as pessoas ficavam no interior de suas casas com medo de serem vistas pelo EI. Era bizarro deixar de conviver com as outras famílias da aldeia. Estávamos acostumados a receber visitas até tarde na noite, a fazer refeições com os amigos e a falar de um telhado para outro antes de dormir. Com o EI cercando Kocho, até mesmo sussurrar com a pessoa deitada ao seu lado à noite parecia perigoso. Tentávamos passar despercebidos, como se o EI pudesse se esquecer de que estávamos lá. Até mesmo o fato de emagrecermos parecia uma maneira de nos proteger, como se, deixando de comer, fôssemos nos tornar invisíveis. As pessoas só se aventuravam a sair de casa para ver se estava tudo bem com os parentes, conseguir mais víveres ou ajudar se alguém estivesse doente. Mesmo assim, caminhavam rápido e sempre procurando abrigo, como insetos fugindo de uma vassoura.

Uma noite, porém, apesar do EI, fizemos uma reunião da aldeia para comemorar o Batzmi, feriado observado principalmente pelas famílias iazidis de origem turca. Em geral acontece em dezembro, mas um aldeão chamado Khalaf, cuja família celebra o feriado, achou que precisávamos da cerimônia naquele momento, pois o medo estava nos afastando e estávamos quase perdendo as esperanças. O Batzmi é uma ocasião para orar a Tawusi Melek. Porém, mais importante que isso para nós durante o cerco, também é uma ocasião para lembrar que os iazidis foram obrigados a deixar sua pátria, iazidis como os antepassados de Khalaf, que antigamente moravam na Turquia, até serem expulsos pelos otomanos.

Todos os moradores de Kocho foram convidados à casa de Khalaf. Lá, quatro homens solteiros (e, por isso, considerados de almas puras) assariam o pão sagrado do Batzmi. Esperamos o sol se pôr, e então as pessoas começaram a sair de suas casas rumo à morada de Khalaf. No caminho, recomendamos uns aos outros para não chamar a atenção ao que estávamos fazendo.

– Não façam barulho – murmuramos ao caminhar pelas ruas da aldeia.

Eu estava ao lado de Adkee, e nós duas estávamos apavoradas. Se o EI nos pegasse em flagrante, eu sabia, Khalaf seria castigado por conspirar para realizar um ritual infiel, mas eu não sabia o que mais os extremistas poderiam fazer. Eu só torcia para que não fosse tarde demais para expormos as nossas angústias perante Deus.

As luzes estavam acesas no interior da casa de Khalaf, e o pessoal se aglomerava em torno do pão que assava, o qual é colocado para crescer numa cúpula especial antes de ser abençoado pelo dono da casa. Se o pão ficar inteiro, traz boa sorte. Se ele rachar, algo de ruim pode acontecer com a família. O pão era simples, pois estávamos sob cerco (normalmente é cravejado de nozes e passas), mas era resistente, arredondado e não mostrava nenhuma rachadura.

Exceto pelo som de suaves lamentos e do crepitar ocasional da lenha no forno, a casa de Khalaf estava quieta. O cheirinho familiar da fumaça do forno me abraçou como um cobertor. Não olhei ao redor para ver se Walaa ou outras amigas da escola, que eu não via desde que o cerco começou, estavam lá. Eu queria me concentrar no ritual. Khalaf começou a orar.

– Que o Deus deste pão sagrado leve a minha alma como sacrifício para toda a aldeia – e os lamentos aumentaram de volume.

Alguns homens tentaram acalmar suas esposas, mas pensei que era bravura, não fraqueza, chorar ali na casa de Khalaf, onde o som poderia alcançar os postos de controle.

Mais tarde, Adkee e eu andamos para casa em silêncio, refazendo os nossos passos pela porta da frente e telhado acima, onde os que tinham ficado para trás para cuidar da casa se empertigaram nos colchões, aliviados ao nos verem de volta, sãos e salvos. Todas as mulheres dormiam num lado do telhado, e os homens, do outro. Meus irmãos não largavam seus telefones, e queríamos poupá-los de nossos lamentos. Sabíamos que isso só iria piorar as coisas para eles. Naquela noite eu dormi um pouquinho e despertei minutos antes do amanhecer, quando a minha mãe nos cutucou.

— É hora de descer — sussurrou ela, e eu, pé ante pé, desci a escada até o pátio escuro, rezando para que ninguém nos visse.

***

Em minha família, era Hajii, um de meus meios-irmãos, quem mais defendia que os aldeões precisavam se rebelar contra o EI. Os extremistas ainda falavam aos homens no *jevat* que, caso não nos convertêssemos ao Islã, seríamos levados ao Monte Sinjar, mas Hajji tinha certeza de que estavam mentindo.

— Eles só querem nos manter calmos — insistia ele. — Querem ter a certeza de que não vamos contra-atacar.

De vez em quando, eu via Hajji sussurrando por cima do muro de nosso jardim com nossos vizinhos, e parecia que estavam tramando algo. Eles observaram atentamente um comboio do Estado Islâmico que passava pela aldeia.

— Acabam de voltar de um massacre — informou Hajji, virando a cabeça para olhar os veículos cruzando, rápidos.

Às vezes, ele ficava a noite toda assistindo à tevê, deixando-se dominar pela raiva até o sol estar bem alto na manhã seguinte.

Hajji não era o único na aldeia que pensava em modos de se rebelar. Muitas famílias, como a nossa, escondiam armas do EI, e o pessoal debatia como pegá-las e atacar os postos de controle. Os homens tinham sido treinados para o combate e queriam provar a si mesmos a sua capacidade. Porém, sabiam que, independentemente de quantos membros do Estado Islâmico eles conseguissem matar com suas facas ou fuzis AK-47 enterrados, sempre haveria mais terroristas pela frente. E, no fim das contas, independentemente do que eles fizessem, muita gente da aldeia acabaria morta se eles tentassem lutar. Mesmo se todos nós nos uníssemos e matássemos os terroristas que estavam acampados ao redor da aldeia, não teríamos para onde ir. Eles controlavam todas as estradas no entorno de Kocho. Tinham carros, picapes e todas as armas apreendidas dos iazidis e do exército iraquiano. A revolta não era um plano; era uma fantasia. Mas para homens como Hajji, a ideia de reagir era tudo o que mantinha sua sanidade mental enquanto esperávamos.

Todos os dias, os aldeões se reuniam no *jevat* para tentar bolar um plano. Se não podíamos escapar, sem luta ou com luta, será que poderíamos enganar os extremistas? Talvez, se declarássemos que nos converteríamos ao Islã, eles nos dessem mais tempo. Ficou decidido que se um extremista ameaçasse ou tocasse numa das moças ou das mulheres de Kocho, então, e somente então, adotaríamos a manobra evasiva de fingir que iríamos nos converter. Mas o plano nunca foi colocado em prática.

Quando as mulheres confabulavam, era para tentar vislumbrar maneiras de esconder os homens se o EI viesse matá-los. Havia um bom número de esconderijos em Kocho que os extremistas não saberiam onde procurar – poços úmidos e profundos, porões com alçapões ocultos. Até mesmo fardos de feno e sacas para ração animal poderiam manter os homens seguros por tempo bastante de evitar a morte iminente. Mas os homens se recusavam a pensar em se esconder.

– Preferiríamos sermos mortos a deixá-las sozinhas com o *Daesh* – afirmaram.

E assim, enquanto esperávamos para descobrir o nosso destino nas mãos do EI e perdíamos as esperanças de que alguém viesse nos salvar, tentei encarar todos os possíveis desdobramentos daquela situação, para mim e para minha família. Comecei a pensar na morte.

Antes da chegada do EI, não estávamos acostumados com a morte de gente jovem, e eu não gostava nem de falar no assunto. Só de pensar na morte eu ficava assustada. Então, no início de 2014, dois jovens de Kocho morreram de repente. Primeiro, um policial de fronteira chamado Ismail foi morto num ataque terrorista. Ele trabalhava ao sul de Kocho, na zona de influência da Al-Qaeda, onde o EI já estava se enraizando. Tímido e devoto, Ismail tinha a mesma a idade de Hezni. Foi a primeira vez que alguém de Kocho foi morto pelo EI, e todos começaram a temer pelos familiares que tinham empregos no governo.

Hezni estava na delegacia de polícia em Sinjar quando trouxeram o corpo de Ismail. Assim, fomos informados sobre a morte de nosso amigo antes da maioria das pessoas na aldeia, antes mesmo de sua própria esposa e família. Eles eram pobres, como também éramos, e Ismail entrou no exército pelo dinheiro, como meus irmãos tinham entrado. Naquela manhã, percorri o longo caminho até a escola evitando passar na frente da casa dele. Eu não suportaria passar por ali, sabendo que Ismail estava morto, enquanto a família lá dentro ainda não havia sido informada. À medida que a notícia foi se espalhando pela aldeia, os homens começaram a disparar seus rifles para o ar em sinal de luto, e todas as meninas gritaram na sala de aula ao ouvir a salva de tiros.

Os iazidis consideram uma bênção preparar o corpo para o enterro, às vezes, velando o falecido durante horas até o raiar do sol. Meu irmão Hezni preparou Ismail. Lavou o corpo dele, fez tranças nos cabelos e o vestiu de branco. Quando a viúva lhe trouxe o cobertor nupcial, em que o casal havia dormido sua primeira noite, Hezni envolveu o marido dela no cobertor. Uma longa fila de aldeões seguiu o corpo até o limite da cidade, antes de ser carregado num furgão para ser levado ao cemitério.

Meses depois, minha amiga Shireen levou um tiro acidental do sobrinho dela, enquanto ele brincava com um rifle de caça na propriedade rural da família deles. Estive com Shireen na noite da véspera de sua morte. Conversamos sobre os testes na escola e os dois irmãos encrenqueiros dela, que haviam sido presos por se meterem em brigas. Shireen falou em Ismail. Ela me contou que sonhara com ele na noite antes de ele morrer.

– No sonho algo realmente importante aconteceu em Kocho. Todo mundo estava chorando – disse ela.

Então, soando um pouco culpada, ela confessou:

– Eu acho que tinha a ver com a morte de Ismail.

Hoje, eu tenho a certeza de que o sonho de Shireen tinha a ver com a sua própria morte, também; ou com o sobrinho dela, que, após o acidente, se recusou a sair de casa; ou até mesmo com a vinda do EI para Kocho.

Minha mãe preparou Shireen. As mãos de minha amiga foram coloridas com hena castanho-avermelhada, entrelaçadas e suavemente envoltas com um lenço branco. Como ela era solteira, seu cabelo foi arrumado numa trança única e comprida. Se ela tivesse algo de ouro, seria enterrado com ela.

– Se os seres humanos podem ser enterrados, então o ouro também pode ser enterrado – diziam os iazidis.

Como Ismail, Shireen foi lavada e envolta em branco, e o corpo dela foi conduzido em marcha fúnebre diante de uma grande e pesarosa multidão até a beira do vilarejo, onde uma picape esperava para conduzi-la no restante do trajeto.

Esses rituais são importantes, pois a vida após a morte, conforme o iazidismo, é um lugar exigente, onde os mortos podem sofrer como os vivos. Confiam em nós para cuidarmos deles, mostrando-nos, por meio de sonhos, se estão precisando de algo. Muitas vezes, alguém se depara no sonho com um ente querido que lhes conta que está com fome ou que, eles percebem, está vestindo roupas esfarrapadas. Ao acordarem, dão comida ou roupa aos pobres, e em troca, Deus, na vida após a morte, dá comida e roupas a seus parentes. Consideramos essas boas ações essenciais para sermos iazidis piedosos, em parte porque acreditamos na reencarnação. Se, em vida, você for uma boa pessoa e um iazidi fiel, sua alma nascerá de novo, e você se juntará à comunidade que o pranteou. Antes que isso possa acontecer, você tem que provar a Deus e aos anjos divinos que você merece voltar à terra, para uma vida que talvez seja ainda melhor do que a antiga.

Enquanto nossas almas percorrem a vida após a morte, à espera de reencarnar, o que acontece com os nossos corpos, a nossa carne, após perderem a utilidade para nossas almas, é bem mais simples. Somos lavados, envoltos em tecido e depois enterrados, e o túmulo é marcado com um anel de pedras. Pouca coisa deve nos separar da terra para que, assim, possamos devolver mais facilmente nossos corpos, limpos e inteiros, ao pó que nos fez. É importante que os iazidis sejam enterrados adequadamente e recebam orações. Sem esses rituais, nossas almas talvez nunca consigam renascer. E nossos corpos talvez nunca retornem ao lar a que pertencem.

Capítulo 9

Em 12 de agosto, um líder do Estado Islâmico visitou o *jevat* com um ultimato: ou nos convertíamos ao Islã e nos tornávamos parte do califado, ou sofreríamos as consequências.

– Temos três dias para decidir – revelou Elias, em pé no pátio de nossa casa, o olhar faiscando com uma energia ensandecida. – Primeiro, disseram que, se não nos convertermos, vamos ter que pagar uma multa.

Eu estava no chuveiro quando Elias voltou com as notícias e, por uma fresta na porta do cubículo, eu o enxerguei falando com nossa mãe. Os dois começaram a chorar. Sem enxaguar o sabão do cabelo, peguei a primeira roupa que vi, um vestido da minha mãe que caiu em meu corpo esguio como se fosse uma barraca, e corri para me juntar à minha família no pátio.

– E o que vai acontecer se não pagarmos a multa? – indagou a minha mãe.

– Por enquanto, continuam dizendo que vão nos levar à montanha e depois vão morar em Kocho – contou Elias.

Sua camiseta branca, feita à mão, usada por homens da fé iazidi, estava cinza de terra e suor. Sua voz estava firme, e ele havia parado de chorar, mas eu podia notar que ele estava em pânico. Nenhum iazidi em Sinjar tivera a opção de pagar multa em vez de se converter, como os cristãos iraquianos tiveram. Elias estava convicto de que os extremistas estavam mentindo quando afirmavam que teríamos essa escolha, talvez apenas para zombar de nós. Ele respirava devagar; deve ter dito a si mesmo para aparentar calma, enquanto ensaiava o que iria dizer, no caminho do *jevat* até a nossa casa. Era um ótimo irmão. Mas não conseguiu se conter ao murmurar em seguida, de si para si:

– Isso não vai dar boa coisa. – E logo repetiu: – Isso não vai dar boa coisa.

Minha mãe resolveu agir logo.

– Cada um de vocês, arrume uma sacola – disse ela entrando em casa apressada.

Juntamos tudo o que pensávamos que poderia ser necessário – uma muda de roupa, fraldas, fórmula infantil e nossas identidades iraquianas, onde está claramente declarado que somos iazidis. Pegamos todo e qualquer item de valor que tínhamos, embora não fosse muita coisa. Minha mãe também colocou na sacola o cartão do bolsa-alimentação, que ela recebeu do governo quando meu pai morreu, e meus irmãos enfiaram baterias de celular extras e os carregadores de bateria em suas sacolas. Jilan, com saudades de Hezni, colocou uma roupa dele – a camisa preta com botões na frente, que ela guardara com carinho durante todo o cerco.

Abri a gaveta da cômoda no quarto que eu dividia com minhas irmãs e Kathrine e peguei meu pertence mais valioso – um comprido colar de prata encravado de zircônias cúbicas e uma pulseira combinando. Minha mãe comprara essas joias para mim na cidade de Sinjar, em 2013, enquanto eu jazia inconsciente no hospital. Um cabo conectado ao nosso trator arrebentou quando eu estava carregando feno no reboque atrás dele. O cabo me atingiu nas costas com a força de um coice de cavalo, quase me matando. A minha mãe correu ao bazar e me comprou as joias, enquanto eu estava no hospital.

– Quando sair daqui, vou comprar brincos para combinar – sussurrou ela, apertando a minha mão.

Foi a maneira dela de apostar em minha sobrevivência.

Escondi o colar e a pulseira no interior de absorventes, abrindo a costura e depois enfiando as camadas de volta. Então eu as coloquei por cima de roupas extras numa sacolinha preta e fechei o zíper. A seguir, a minha mãe começou a retirar as fotografias das paredes. A nossa casa estava cheia de fotos da família – Hezni e Jilan em seu casamento; Jalo,

Dimal e Adkee sentadas no campo, nos arredores de Kocho; o Monte Sinjar na primavera, em cores tão brilhantes, que pareciam quase artificiais. Essas fotos contavam a história de nossa família, desde quando éramos paupérrimos e vivíamos amontoados num casebre atrás da casa de meu pai, em vários anos de tribulações, até as nossas vidas recentes, mais felizes. Agora tudo o que restava eram as tênues marcas dos retângulos nas paredes onde antes as fotos estavam penduradas.

— Encontre os álbuns, Nadia — disse ela, notando que eu estava ali, parada. — Traga tudo ao pátio, para o tandur.

Obedeci. Empilhei os álbuns de fotos nos braços e fui para o pátio. Ajoelhada em frente ao tandur, a minha mãe estendia as mãos, pegava as fotos que meus irmãos tiravam das molduras e, em seguida, metodicamente as arremessava na ampla boca do tandur. O forno era o centro de nossa casa, e todos os pães, não só os pães assados no feriado do Batzmi, são sagrados para os iazidis. Minha mãe fazia pão extra para dar aos mais pobres de Kocho, o que era uma bênção para nossa família. Quando éramos pobres, o pão daquele forno nos manteve vivos, e, eu me lembro, cada refeição incluía uma pilha bem alta de pães redondos, cheios de bolhas.

Agora, à medida que as fotos viravam cinzas, o tandur soltava uma fumaça química negra. Uma das fotos mostrava Kathrine neném em Lalish, sendo batizada no Córrego Branco, que nasce no vale de Lalish e corre sob o antigo templo de pedra. Outra era do meu primeiro dia na escola, quando chorei com a perspectiva de ser separada de minha mãe. Tinha também o casamento de Khairy com Mona, o cabelo da noiva engrinaldado de flores. *O nosso passado virou cinzas*, eu pensei. Um por um, os retratos foram consumidos pelo fogo, e, no final, a minha mãe pegou uma pilha de suas roupas brancas, todas, à exceção da que ela vestia, e as jogou nas labaredas crepitantes.

— Não vou deixar que eles saibam quem nós éramos — disse ela, observando o tecido branco se enrugando e escurecendo. — Agora eles não podem tocá-las.

Não consegui assistir à queima das fotos. Voltei ao interior da casa, fui ao quartinho em que eu dormia com as outras meninas e abri o armário.

Olhei em volta para me certificar de que não havia ninguém por perto, puxei o meu grosso álbum de capa verde e o abri devagarinho, admirando as noivas. As noivas de Kocho se preparavam ao longo de vários dias para seus casamentos, e isso dava para notar pelas fotos. Cabelos trançados ou cacheados, com luzes loiras ou tingidos de hena vermelha, eram fixados com spray no topo da cabeça das noivas. E os olhos delas, realçados por uma espessa camada de delineador, eram sombreados de azul-brilhante ou cor-de-rosa. Às vezes, a noiva entremeava pequenas miçangas nos cabelos, noutras dava o toque final com uma reluzente tiara.

Quando a noiva estava pronta, ela era apresentada aos aldeões, que a cercavam de cuidados, e então todos dançavam e bebiam até o sol nascer e os convidados perceberem que a noiva e o noivo tinham, conforme esperado, escapulido para sua noite de núpcias. Assim que pudessem, as amigas visitavam a noiva para saber, tim-tim por tim-tim, o que havia acontecido naquela primeira noite. Elas davam risada, examinando os lençóis com a discreta e reveladora mancha de sangue. Para mim, os casamentos definiam Kocho. As mulheres se maquiavam cuidadosamente, enquanto os homens regavam faixas do terreno para que no dia seguinte o solo não estivesse muito empoeirado para servir como pista de dança. Éramos conhecidos em toda a região de Sinjar por promover festas bem organizadas. Inclusive a beleza de nossas mulheres era elogiada por muita gente, e eu pensava que cada noiva em meu álbum parecia uma obra de arte. Quando eu abrisse o meu salão de beleza, o álbum seria a primeira coisa que eu colocaria nele.

Entendi por que a minha mãe nos pediu para queimar as fotos da família. Também me dava náuseas só de pensar nos extremistas olhando para elas e tocando nelas. Imaginei que caçoariam de nós, a pobre família iazidi que achava que merecia ser feliz no Iraque, que achava que podia ir à escola e se casar e viver para sempre no país onde haviam nascido. A ideia me deixava furiosa. Mas, em vez de levar o álbum de capa verde para ser queimado no pátio, eu o coloquei de volta no armário. Em seguida, fechei suas portas e, após um tempo, passei a chave.

Se minha mãe soubesse que eu estava escondendo o álbum, ela teria me falado que não era bonito queimar as nossas próprias fotos para impedir o EI de encontrá-las, e, ao mesmo tempo, guardar as fotos de outras pessoas, e eu sei que ela estaria certa. O armário não era mesmo um lugar seguro para esconder o álbum; os extremistas poderiam arrombá-lo com facilidade, e, quando o abrissem, o álbum verde seria a primeira coisa que veriam. Se a minha mãe descobrisse e me perguntasse por que eu salvei as fotos, eu não saberia o que dizer a ela. Ainda não sei exatamente por que significavam tanto para mim. Mas eu não suportava ver as fotos destruídas apenas porque tínhamos medo de terroristas.

Naquela noite, após subirmos ao telhado, Khairy recebeu um telefonema. Era um amigo iazidi que permanecera na montanha mesmo após o PKK ter aberto uma passagem segura para a Síria. Muitos iazidis decidiram não deixar a montanha, embora a vida lá em cima fosse dificílima. Ficaram porque se sentiam mais seguros lá no alto, com a encosta íngreme e rochosa entre eles e o EI, ou porque sua devoção religiosa significava que prefeririam morrer a deixar Sinjar. Por fim, acabaram construindo um grande acampamento de refugiados, estendendo-se de leste a oeste no platô, protegido por soldados afiliados ao PKK, muitos deles, bravos iazidis que tinham defendido Sinjar pelo máximo de tempo possível.

– Olhem a lua – o amigo de Khairy falou para ele.

Os iazidis acreditam que o sol e a lua são sagrados, dois dos sete anjos de Deus, e a lua naquela noite era brilhante e grande, o tipo de lua que iluminava a nossa lavoura para trabalharmos à noite e nos impedia de tropeçar em nosso retorno para casa.

– Estamos todos rezando para ela agora. Diga ao povo de Kocho para se juntar a nós.

Um por um, Khairy acordou todos os nossos familiares que estavam dormindo.

– Olhem a lua – disse ele.

Em vez de se agachar para que o EI não pudesse nos ver no telhado, ele nos disse que, ao menos desta vez, podíamos orar em pé, como faríamos normalmente.

– Que importância tem se eles nos avistarem? Deus vai nos proteger.
– Apenas um grupo de cada vez – minha mãe advertiu.

Em pequenos grupos, nos levantamos. O luar iluminou nossos rostos e fez brilhar o vestido branco de minha mãe. Rezei com a minha cunhada, que estava deitada no colchão ao meu lado. Beijei o bracelete vermelho e branco que eu ainda uso em torno do pulso e me limitei a sussurrar:

– Não nos deixe cair nas mãos deles – antes de nos deitarmos calmamente de novo sob aquela lua colossal.

***

No dia seguinte, Ahmed Jasso, ainda tentando ser diplomata, convidou cinco líderes de uma tribo sunita vizinha – a mesma tribo cujos membros haviam sequestrado Dishan – para o *jevat*, na hora do almoço. As mulheres na aldeia prepararam uma refeição especial para os líderes tribais, cozinhando arroz, picando hortaliças e colocando nas taças transparentes em formato de tulipa um dedo de açúcar, na expectativa do chá doce que beberiam após a refeição. Os homens mataram três ovelhas para os convidados comerem, o que era uma grande honra para líderes tribais visitantes.

Durante o almoço, nosso *mukhtar* tentou persuadir os líderes sunitas a nos ajudar. De todos os nossos vizinhos, essa tribo era a mais conservadora sob o prisma religioso e a mais provável de exercer influência sobre o EI.

– Deve haver algo que vocês possam dizer a eles – argumentou Ahmed Jasso. – Digam-lhes quem somos, que não queremos fazer mal.

Os líderes balançaram as cabeças, respondendo a Ahmed Jasso:
– Queremos ajudá-los. Mas não podemos fazer nada. O *Daesh* não dá ouvidos a ninguém, nem mesmo a nós.

Após os líderes tribais partirem, uma nuvem pairava sobre nosso *mukhtar*. Naif Jasso, irmão de Ahmed, ligou de Istambul, para onde ele havia levado a esposa doente ao hospital.

– Na sexta-feira, eles vão matar vocês – contou ele ao irmão.

– Não, não – insistiu nosso *mukhtar*. – Disseram que vão nos levar à montanha, e é isso que vão fazer.

Até o fim, ele manteve as esperanças de que haveria uma solução, embora ninguém em Bagdá ou Erbil estivesse disposto a intervir. E as autoridades em Washington disseram a Haider, amigo de Jalo, que não podiam desferir ataques aéreos em Kocho porque o risco de morte de civis era muito grande. Avaliaram que se bombardeassem os arredores de Kocho, todos nós morreríamos com o EI.

Dois dias depois, os extremistas do Estado Islâmico entraram na aldeia de Kocho, distribuindo gelo. Era algo bem-vindo nos dias tórridos de agosto, após duas semanas bebendo água que estivera escaldando ao sol. Ahmed Jasso ligou para Naif para lhe dizer o que estava acontecendo.

– Eles juram que nada de ruim vai acontecer conosco enquanto fizermos o que eles nos dizem – contou ele ao irmão. – Por que nos dariam gelo se planejam nos matar?

Naif não ficou convencido. No quarto do hospital em Istambul, ele ficou andando para lá e para cá, esperando o telefone tocar com novas informações. Quarenta e cinco minutos depois, Ahmed ligou para Naif outra vez.

– Mandaram todos os habitantes se reunirem na escola – disse ele. – De lá, vão nos levar à montanha.

– Não vão – disse Naif ao irmão dele. – Vão matar todos vocês.

– Tem muita gente para ser morta de uma só vez! – insistiu Ahmed Jasso. – É impossível.

E assim, como o restante de nós, ele fez o que EI mandou e começou a andar em direção à escola.

Estávamos cozinhando quando nos chegou a notícia. Inconscientes de qualquer coisa além da própria fome, as crianças choravam por uma refeição, e bem cedinho naquela manhã, abatemos algumas de nossas frangas para o almoço. Em geral, deixávamos as frangas crescerem até elas começarem a botar ovos e só mais tarde as comíamos, mas não havia mais nada para fornecer às crianças.

As frangas ainda estavam na panela quando minha mãe nos avisou para nos prepararmos para ir à escola.

– Vistam quantas camadas puderem – aconselhou ela. – Talvez eles tirem as sacolas de nós.

Apagamos a chama embaixo da panela com o caldo gorduroso e a obedecemos. Coloquei quatro calças *legging*, um vestido, duas camisas e uma jaqueta rosa – o máximo de roupa que eu conseguiria aguentar naquele calor. O suor logo começou a brotar e a escorrer pelas minhas costas.

– Não usem roupa muito justa e não mostrem a pele – avisou a minha mãe. – Não deixem dúvidas de que aparentam ser mulheres decentes.

Em seguida, enfiei mais um lenço branco na sacola, junto com dois vestidos – um vestido de algodão de Kathrine e um amarelo-ouro que a própria Dimal ajudara a fabricar com tecido comprado na cidade de Sinjar, e que estava praticamente novo. Quando eu era pequena, usávamos nossas roupas até elas se esfarraparem. Agora tínhamos dinheiro para comprar um vestido novo por ano, e eu não suportava a ideia de deixar para trás as roupas mais novas. Então, por impulso, coloquei meu estojo de maquiagem no armário com o álbum de fotos de noiva e o tranquei de novo.

Um fluxo lento de pessoas já tinha começado a andar rumo à escola. Eu podia vê-las pela janela, carregando suas próprias sacolas. Mães carregavam nenéns, as cabecinhas dependuradas molemente em seus braços, e as crianças pequenas arrastavam os pés, exaustas. Alguns idosos tinham que ser empurrados em carrinhos de mão; eles já pareciam mortos. Estava perigosamente quente. O suor ensopava as camisas dos homens e os vestidos das mulheres, manchando suas costas. Pálidos, os aldeões tinham perdido peso. Escutei-os gemendo, mas não conseguia entender uma palavra sequer.

Hezni ligou da casa da nossa tia. Angustiados como estávamos, ele soou como um animal selvagem, gritando que ele queria voltar para Kocho.

— Se algo ruim vai acontecer com todos vocês, eu também preciso estar aí! — gritou ele.

Jilan estremeceu ao falar com ele, tentando reconfortá-lo. Há pouco tempo os dois tinham decidido ter filhos, e um dia esperavam ter a grande família que ambos queriam. Quando o EI veio a Sinjar, eles tinham acabado de erguer o telhado em sua nova casa de concreto. A minha mãe nos falou para memorizar os números de celular de Hezni e de Saoud.

— Talvez vocês precisem ligar a eles — ela nos disse, e até hoje eu sei os dois números na ponta da língua.

Atravessei nossa casa rumo à porta lateral. Ainda mais do que de costume, cada cômodo parecia repleto de memórias. Passei na sala de estar, onde meus irmãos se sentavam nas longas noites de verão, bebendo o chá forte e doce com outros homens da aldeia; na cozinha, onde minhas irmãs me mimavam cozinhando quiabo com tomate, minha refeição favorita; em meu quarto, onde Kathrine e eu passávamos óleo de oliva nos cabelos, dormíamos com as cabeças envoltas em plástico e acordávamos com o cheiro picante do óleo morno. Pensei nas refeições que fazíamos no pátio, a família sentada em torno do tapete, beliscando bocados de arroz com manteiga entre fatias de pão fresco. Era uma casa simples e, às vezes, parecia superlotada. Elias sempre ameaçava sair com a família para nos dar mais espaço, mas sempre acabava ficando.

Eu podia ouvir nossas ovelhas, todas reunidas no pátio. A lã engrossava e seus corpos encolhiam de fome. Eu não suportava pensar nelas morrendo ou sendo abatidas para alimentar os extremistas. Elas eram tudo o que tínhamos. Oxalá eu tivesse memorizado cada um desses detalhes de minha casa — as cores vivas das almofadas da sala, as especiarias que perfumavam a cozinha, até mesmo o som da água pingando no chuveiro –, mas eu não imaginava estar deixando o nosso lar para sempre. Parei na cozinha ao lado de uma pilha de pães. Era o pão que as crianças comeriam com o frango, mas estava intocado. Peguei um montinho de pães redondos, que já estavam frios e um pouco amanhecidos, e os guardei numa sacola de plástico para levar comigo. Parecia ser a coisa certa a fazer. Talvez nos desse fome enquanto esperávamos seja lá o que estivesse por vir, ou talvez a comida sagrada nos protegesse do EI.

– Que o Deus que criou este pão nos ajude – sussurrei, e segui Elias rua afora.

Capítulo 10

Pela primeira vez desde 3 de agosto, as estradas e as ruas de Kocho estavam cheias de pessoas, mas eram fantasmas de si mesmas. Ninguém cumprimentava ninguém nem se beijava no rosto ou em cima da cabeça, como de costume. Ninguém sorria. O fedor de todos os nossos corpos, há vários dias sem tomar banho e encharcados de suor, perturbava minhas narinas. Os únicos sons eram de pessoas gemendo no calor e os gritos dos terroristas do Estado Islâmico que haviam se posicionado ao longo da rota e sobre os telhados, para nos vigiar e nos pressionar rumo à escola. Com os rostos tapados até os olhos, observavam a nossa lenta e árdua caminhada.

Eu ia ao lado de Dimal e Elias. Não me agarrei a eles, mas tê-los por perto me fazia sentir menos sozinha. Enquanto eu estivesse com a minha família e todos estivéssemos indo para o mesmo lugar, eu sabia que ao menos teríamos o mesmo destino, seja lá qual fosse. Mesmo assim, deixar minha casa, sem nenhum motivo além do medo, foi a coisa mais difícil que eu já fizera em minha vida.

Durante a caminhada não trocamos uma palavra sequer. Na ruela de nossa casa, um amigo de Elias, chamado Amr, correu em nossa direção. Era pai de um recém-nascido, e estava em pânico.

– Eu me esqueci do leite em pó do neném! – gritou ele. – Preciso voltar para casa!

Nervoso, ele estava prestes a sair correndo contra a maré das pessoas. Elias pôs a mão no ombro de Amr.

– É impossível – disse ele. – Sua casa fica muito longe. Basta ir à escola... Lá as pessoas vão ter leite em pó para seu neném.

Amr fez que sim com a cabeça e voltou a se misturar na multidão que se movia em direção à escola.

Avistamos mais terroristas onde as vielas desembocavam na rua principal. Eles nos vigiavam, segurando as armas de prontidão. Ficamos apavorados só de olhar para eles. As mulheres vestiam lenços na cabeça, como se os lenços fossem protegê-las dos olhares dos terroristas, e avançavam cabisbaixas, observando os sapatos a cada passada erguerem pequenos sopros de poeira seca. Rápido troquei de lado com Elias, interpondo meu irmão mais velho entre mim e o EI. As pessoas andavam como se não tivessem controle sobre seus movimentos ou sua rota. Pareciam corpos sem almas.

Todas as casas ao longo daquele trajeto nos pareciam familiares. A filha do médico da aldeia morava no caminho, assim como duas colegas de minha turma na escola. Uma delas tinha sido capturada em 3 de agosto, quando o EI chegara pela primeira vez em Sinjar, e a família dela tentou escapar. Fiquei me perguntando o que poderia ter acontecido com ela.

Algumas das casas eram compridas e feitas de tijolos de barro, como a nossa, enquanto outras eram de concreto, como a de Hezni. A maioria era acinzentada ou caiada de branco, mas outras eram pintadas com cores vivas ou decoradas com cerâmicas vistosas. Famílias levavam uma ou duas gerações para construir e pagar por aquelas casas, e, após morrerem, seus proprietários esperavam que seus filhos e seus netos vivessem lá por muito tempo para, então, dar a casa a seus próprios filhos e netos. As casas de Kocho sempre estavam cheias de gente, ruidosas e felizes. Agora pareciam vazias e tristes, observando a nossa caminhada. O gado pastava distraidamente nos pátios, e os cães pastores latiam impotentes por trás dos portões.

Perto de nós, dois idosos andavam com esforço, e o casal parou à beira da estrada para descansar. Imediatamente um terrorista vociferou para eles:

– Mexam-se! Não parem! – Mas o ancião, exausto demais para ouvir, deixou-se cair sob uma árvore, o corpo minguado na pequena faixa de sombra.

– Não vou conseguir chegar à montanha – disse ele à esposa, que lhe implorou para se levantar. – Pode me deixar aqui nesta sombra. Quero morrer aqui.

– Não, você tem que continuar.

A sua esposa o amparou no ombro dela, e ele se apoiou nela enquanto os dois continuaram andando, como se o corpo dela fosse uma muleta.

– Estamos quase lá.

A visão do casal de idosos andando devagar para a escola me deixou tão indignada, que súbito todo o meu medo se esvaiu. Disparando no meio da multidão, corri até uma casa onde um terrorista fazia guarda no telhado, joguei a cabeça para trás e cuspi na direção dele com toda a força. Na cultura iazidi, cuspir é inaceitável, e, na minha família, era uma das piores coisas que você poderia fazer. Embora eu estivesse muito longe do terrorista para que a minha cusparada o atingisse, eu queria que ele soubesse o quanto eu o odiava.

– Cadela! – o terrorista girou em seus calcanhares e começou a me insultar. Parecia que ele queria pular do telhado e me agarrar. – Estamos aqui para ajudá-los!

Senti a mão de Elias no meu cotovelo, me puxando de volta para o meio da multidão.

– Continue andando – avisou Dimal num murmúrio forte e aterrorizado. – Por que fez isso? Vão nos matar.

Meu irmão e minha irmã estavam furiosos, e Elias me segurou firme bem perto dele, tentando me esconder do terrorista, que continuava nos desaforando.

– Sinto muito – sussurrei, mas eu estava mentindo. A única coisa pela qual eu sentia muito era de não estar perto o suficiente para ter cuspido bem na cara dele.

Ao longe, avistamos a montanha. Comprida, estreita e ressequida no verão, era a nossa única fonte de esperança. A própria existência do Monte Sinjar me parecia algo divino. Toda a região de Sinjar era plana, praticamente um deserto na maior parte do ano, mas lá no meio erguia-se o Monte Sinjar, com seus terraços agrícolas verdejantes de tabaco, seus platôs perfeitos para um piquenique e seus picos suficientemente altos para alcançarem as nuvens e ficarem cobertos de neve no inverno. No cume, empoleirado à beira de um penhasco amedrontador, ficava um pequeno templo branco, surgindo acima das nuvens. Se conseguíssemos chegar lá, poderíamos orar naquele templo e nos esconder nas aldeias da montanha, talvez até mesmo levar nossas ovelhas para pastarem naqueles prados. Apesar de meu medo, eu ainda acreditava que chegaríamos ao Monte Sinjar. Era como se a montanha existisse no Iraque somente para ajudar o povo iazidi. Eu não conseguia pensar em outro motivo.

Eu desconhecia muitas coisas enquanto caminhava com a minha aldeia para a escola. Eu não sabia que Lalish tinha sido completamente evacuada, à exceção de nossos sacerdotes mais sagrados, e estava sendo protegida pelos servos do templo, homens e meninos que iam lá esfregar o chão e acender as lâmpadas de azeite. Agora eles estavam defendendo o templo usando toda e qualquer arma à disposição. Eu não sabia que, em Istambul, Naif Jasso ligava em frenesi para amigos árabes para descobrir o que estava acontecendo. Eu não sabia que, nos Estados Unidos, os iazidis ainda estavam articulando seus pleitos com os líderes em Washington e Bagdá. Gente do mundo inteiro estava tentando nos ajudar e estava fracassando.

Eu não sabia ainda que, a 240 km de distância, em Zakho, Hezni soube do que estava acontecendo em Kocho e surtou. Saiu em disparada da casa de nossa tia em direção a um poço, onde os membros da nossa família tiveram que agarrá-lo para impedir que se afogasse. Meu irmão continuaria fazendo ligações constantes para Elias durante dois dias seguidos, deixando tocar, tocar, até que um dia o celular simplesmente ficou mudo.

Eu não sabia o quanto o EI nos odiava e do que eles eram capazes. Por mais assustados que todos nós estivéssemos, penso que nenhum de nós nessa caminhada poderia ter previsto a crueldade com que seríamos tratados. Mas enquanto caminhávamos, eles já tinham começado a executar o genocídio planejado. Fora de nossas aldeias, ao norte de Sinjar, uma senhora iazidi morava num galpãozinho feito de tijolos de barro, ao lado da rodovia. Ela não era muito velha, mas parecia que existia há séculos, pois havia passado a maior parte de sua vida adulta em profunda tristeza. Com a pele translúcida de quem raramente sai de casa, a viúva tinha olheiras profundas e os olhos opacos por anos de choro.

Décadas antes, todos os filhos dela, além do marido, tinham morrido em combate na Guerra Irã-Iraque, e depois ela não encontrou motivos para tentar viver a sua vida antiga. Foi embora da casa dela e se mudou para o galpãozinho de tijolos de barro e não deixava ninguém entrar por muito tempo. Todos os dias um aldeão aparecia para levar comida ou roupa. Ninguém conseguia se aproximar dela, mas ela deve ter consumido a comida porque ficou viva, e as roupas desapareceram, também. Ela era sozinha e ela era solitária, e a cada momento pensava na família que havia perdido, mas ao menos ela estava viva. Quando o EI chegou a Sinjar e a encontrou fora do perímetro da aldeia e sem vontade de se deslocar, invadiram o quarto da idosa e a queimaram viva.

PARTE II

Capítulo I

Eu só fui notar o quanto a minha aldeia era pequena após ver que todas as pessoas de Kocho cabiam no pátio da escola. Ficamos aglomerados na grama seca. Alguns trocaram sussurros, imaginando o que iria acontecer. Outros ficaram em silêncio, em choque. Ninguém entendia direito o que estava acontecendo. A partir desse instante, cada pensamento que eu tive e cada passo que eu dei foi um apelo a Deus. Os terroristas apontavam suas armas para nós.

Mulheres e crianças, no segundo andar – gritaram. – Homens, fiquem aqui embaixo.

Eles ainda tentavam nos manter calmos.

– Se não quiserem se converter, nós vamos deixar vocês irem à montanha – afirmavam eles.

E assim obedecemos e subimos ao segundo andar, sem nos despedirmos adequadamente dos homens que ficaram no pátio. Acho que se soubéssemos a verdade do que estava por acontecer com os homens, nenhuma mãe teria se separado dos filhos ou do marido.

Lá em cima, as mulheres se amontoaram em grupos no piso do salão. A escola onde passei tantos anos aprendendo e fazendo amizades agora parecia um lugar diferente. Os lamentos preenchiam o ambiente, mas se alguém gritasse ou indagasse o que estava acontecendo, um terrorista do Estado Islâmico gritava para calarmos a boca, e a sala imergia de novo num silêncio apavorado. Todos, exceto os bem velhinhos ou bem pequenos, estavam em pé. Estava quente e difícil de respirar.

Janelas gradeadas estavam abertas para deixar o ar entrar, e por elas era possível avistar um pouco além dos muros da escola. Corremos às janelas e tentamos ver o que acontecia lá fora; eu me esforcei para abrir um espacinho em meio a uma fileira de mulheres. Ninguém olhava para o povoado; todos tentavam localizar filhos, irmãos ou maridos na multidão lá embaixo e ver o que estava acontecendo com eles. Alguns homens estavam sentados no jardim, com o olhar tristonho, e ficamos com pena de seu desalento. Quando uma fila de picapes chegou ao portão da escola, reunindo-se caoticamente com os motores ainda funcionando, começamos a entrar em pânico, mas os extremistas nos mandaram ficar em silêncio, por isso não conseguimos chamar os nomes de nossos familiares ou gritar como gostaríamos.

Alguns extremistas começaram a andar pela sala com sacos bem grandes, exigindo que entregássemos celulares, joias e dinheiro. Aterrorizadas, as mulheres foram pegando os pertences em suas sacolas e os largando nos sacos abertos. Escondemos o que foi possível. Vi mulheres ocultando identidades e brincos sob os vestidos e os sutiãs. Outras empurraram os itens para o fundo das sacolas quando os terroristas não estavam olhando. Estávamos assustadas, mas não entregávamos os pontos. Até mesmo se nos levassem à montanha, suspeitávamos de que primeiro tentariam nos roubar, e nos recusávamos a entregar alguns itens.

Mesmo assim, os extremistas encheram três sacos grandes com nossos objetos de valor, incluindo dinheiro, celulares, anéis de noivado, relógios, identidades iraquianas e cartões do bolsa-alimentação. Até as crianças pequenas foram revistadas para ver se portavam algo valioso. Um extremista apontou a arma para uma menina que usava brincos.

– Tire os brincos e coloque no saco – ordenou ele.

Ela ficou petrificada, e a mãe dela sussurrou:

– Dê os brincos ao homem para que possamos chegar à montanha.
– E a menina tirou os brincos e os largou no saco aberto.

Minha mãe entregou seu anel de noivado, seu bem mais valioso.

Pela janela, avistei um aldeão de trinta e poucos anos, sentado na grama seca perto do muro do pátio, ao lado duma árvore fininha e frágil. Eu o reconheci da aldeia, é claro – eu reconhecia todo mundo –, e sabia que, como todos os iazidis, ele se orgulhava de sua bravura e se considerava um lutador. Não parecia ser alguém que desiste fácil. Mas quando um extremista se aproximou e fez um gesto para ele estender o pulso, o aldeão ficou calado e não fez nada para resistir, só esticou o braço e desviou o olhar. O extremista segurou o braço dele, deu um puxão, largou o relógio de pulso no saco e soltou o braço, que caiu inerte em seu flanco. Naquele momento entendi como o EI era perigoso. Chegou ao ponto de fazer os nossos homens perderem as esperanças.

— Entregue as suas joias, Nadia — ordenou minha mãe em voz baixa.

Eu a encontrei num canto, com um grupo de parentes, todas agarradas umas às outras, petrificadas.

— Se eles as procurarem e as encontrarem, é certo que vão matá-la.

— Não consigo — sussurrei.

Eu me agarrei firme na sacola onde minhas joias estavam escondidas no meio dos absorventes. Cheguei a empurrar os pães até o fundo, preocupada que os extremistas me obrigassem a entregá-los.

— Nadia! — minha mãe tentou discutir, mas só por um segundo. Ela não queria chamar a atenção para nós.

Lá embaixo, Ahmed Jasso continuava ao telefone com seu irmão Naif, que ainda acompanhava a esposa no hospital de Istambul. Mais tarde, ele contou tudo a Hezni sobre esses horríveis telefonemas.

— Estão pegando nossos objetos de valor — contou Ahmed ao irmão dele. — Avisaram que depois vão nos levar à montanha. Já tem umas picapes esperando no portão da frente.

— Talvez, Ahmed, talvez — disse Naif.

Se esta for a nossa última conversa ao telefone, pensou ele, *que seja a mais feliz possível*. Mas Naif, após falar com Ahmed, ligou para um amigo árabe de uma aldeia vizinha.

— Se escutar tiros, me ligue — ele pediu ao homem, e depois desligou o telefone e esperou.

Enfim, os terroristas exigiram que o nosso *mukhtar* entregasse o seu telefone celular. Perguntaram:

— O senhor representa a aldeia. O que vocês decidiram? Vão se converter?

Ahmed Jasso passou a vida inteira servindo a Kocho. Quando havia uma disputa entre os moradores, ele convocava os homens ao *jevat* para tentar resolvê-la. Quando a tensão aumentava entre nós e uma aldeia vizinha, Ahmed Jasso se encarregava de tentar amenizar as coisas. A família dele enchia Kocho de orgulho, e nós confiávamos nele. Agora ele estava sendo obrigado a decidir o destino de toda a aldeia.

– Leve-nos à montanha – disse ele.

***

Houve uma comoção perto das janelas abertas, e eu tentei forçar caminho outra vez para enxergar algo. Lá fora, os terroristas tinham mandado os homens embarcarem nas picapes estacionadas fora da escola, e eles estavam sendo empurrados em filas até as picapes, lotando-as com o máximo de homens que cabia em cada uma. As mulheres murmuravam entre si enquanto assistiam, com medo de que, se erguessem as vozes, um terrorista poderia fechar a janela, bloqueando a visão delas. Adolescentes, alguns com apenas 13 anos de idade, estavam sendo colocados nas picapes com os homens, e todos pareciam descoroçoados.

Escrutinei as picapes e o pátio, à procura de meus irmãos. Vi Massoud em pé na segunda picape, olhando fixo à frente junto dos outros homens, evitando olhar para as pessoas na janela ou para trás, na direção da aldeia. Com seu gêmeo Saoud são e salvo no Curdistão, Massoud mal havia trocado conosco uma dezena de palavras durante o cerco. Sempre foi o mais estoico de meus irmãos. Gostava do silêncio e da solidão, e seu trabalho como mecânico lhe caía como uma luva. Um dos amigos mais chegados de Massoud fora assassinado ao tentar fugir de Kocho com a família rumo à montanha, mas Massoud nunca tocou no assunto nem comentou sobre Saoud ou qualquer um dos outros. Durante o cerco, ele ficava assistindo a reportagens na tevê sobre o Monte Sinjar, como todos nós, e à noite subia ao telhado para dormir. Mas não comia, não falava e, ao contrário de Hezni e Khairy, que sempre foram mais emotivos, nunca chorava.

Em seguida eu vi Elias, andando devagar na fila para a mesma picape. Após a morte de nosso pai, ele fora um pai para todos nós. Agora, parecia totalmente derrotado. Corri o olhar entre as mulheres ao meu redor e fiquei aliviada ao ver que Kathrine não estava na janela; eu não queria que ela visse o pai dela assim. Eu não conseguia desviar os meus olhos. Tudo ao meu redor desapareceu – o choro das mulheres, os passos ruidosos dos terroristas, o sol inclemente da tarde, até mesmo o calor pareceu sumir enquanto eu assistia a meus irmãos sendo embarcados nas picapes, Massoud perto da cabine e Elias mais para trás. Em seguida, as portas foram fechadas, e as picapes se afastaram para trás da escola. Um momento depois ouvimos tiros.

Afastei-me da janela, e irrompeu uma gritaria.

– Eles os mataram! – bradaram as mulheres, e os terroristas nos mandaram calar a boca.

Naquele momento, a minha mãe estava sentada no chão, imóvel e silenciosa, e eu corri até ela. Durante a minha vida inteira, sempre que eu sentia medo, eu recorria à minha mãe em busca de conforto.

– Está tudo bem, Nadia – ela me dizia, acariciando o meu cabelo após eu despertar de um pesadelo ou quando eu ficava chateada por ter brigado com um dos meus irmãos. – Vai ficar tudo bem.

Sempre acreditei nela. Minha mãe passou por tanta coisa e nunca reclamou.

Agora ela estava sentada no chão com a cabeça entre as mãos.

– Eles mataram meus filhos – soluçava ela.

– Chega de gritaria – ordenou um terrorista, andando para lá e para cá no ambiente lotado. – Se não pararem de chorar, vamos matar vocês.

Os soluços se transformaram em sons estrangulados, as mulheres se esforçando para estancar o choro. Rezei para que minha mãe não tivesse visto seus filhos sendo embarcados nas picapes, como eu tinha.

***

O amigo árabe de Naif ligou de sua aldeia.

– Ouvi tiros – contou ele, chorando, e, logo depois, ao longe, avistou o vulto de um homem se aproximando. – Alguém está correndo em direção à nossa aldeia – relatou ao irmão de nosso *mukhtar*. – É o seu primo.

Quando o primo de Naif chegou à aldeia, ele desabou, ofegante.

– Mataram todos – contou ele. – Eles nos enfileiraram e nos fizeram descer nas valas. – Eram trincheiras rasas que, nos meses mais úmidos, coletam a água da chuva para irrigação. – Ergueram os braços dos meninos para ver se tinham pelos nas axilas e, se não tivessem, eram levados de volta às picapes. Depois fuzilaram os demais.

Quase todos os homens tinham sido mortos ali, seus corpos caindo uns sobre os outros como árvores todas fulminadas pelo mesmo relâmpago.

Homens às centenas foram levados para trás da escola naquele dia, e pouquíssimos sobreviveram ao pelotão de fuzilamento. Meu irmão Saeed foi baleado na perna e no ombro, e após cair, fechou os olhos e tentou sossegar o coração e cessar de respirar alto. Um corpo caiu em cima dele. Pertencia a um senhor corpulento que ficou ainda mais pesado depois de morto, e Saeed teve de morder a língua para não gemer sob o peso esmagador. *Ao menos este corpo vai me esconder dos terroristas*, pensou ele, fechando os olhos. A vala cheirava a sangue. Ao lado dele, outro homem que ainda não tinha morrido gemia e chorava de dor, implorando que alguém o ajudasse. Saeed ouviu os passos dos terroristas voltando na direção do homem. Um dos terroristas falou:

– Este cachorro ainda está vivo. – E ato contínuo disparou outra rajada ensurdecedora.

Uma das balas atingiu Saeed no pescoço, e ele precisou de toda a sua força para não gritar. Só quando os terroristas se afastaram – deixando para trás a fileira de centenas de homens –, Saeed se atreveu a levar a mão ao pescoço para tentar estancar o sangue. Perto dele, um professor chamado Ali também estava ferido, mas vivo. Ele murmurou para Saeed:

— Aqui perto tem o celeiro de um agricultor. Acho que eles estão longe o bastante para a gente conseguir chegar lá sem nos verem.

Meu irmão fez que sim, com dor no semblante.

Minutos depois, Saeed e Ali removeram os corpos que estavam em cima deles e rastejaram devagar para fora da vala, olhando para os dois lados para se assegurarem de que não havia terroristas por perto. Depois foram até o celeiro o mais rápido que puderam. Meu irmão tinha sido baleado seis vezes, e quase todas as balas atingiram as pernas; por sorte, nenhum projétil perfurou ossos ou órgãos. Ali, o outro sobrevivente, foi atingido nas costas. Conseguia andar, mas, com o medo e a perda de sangue, começou a delirar.

— Deixei meus óculos para trás – não parava de falar para Saeed. – Não consigo enxergar sem eles. Temos que voltar para buscá-los.

— Não, Ali, meu amigo, não podemos – disse Saeed. – Vão nos matar se fizermos isso.

— Certo – disse Ali, suspirando e se apoiando na parede do celeiro. Mas, um minuto depois, virou-se de novo para Saeed e suplicou: – Meu amigo, eu não estou enxergando nada.

E isso continuou enquanto os dois esperavam, com Ali implorando para voltar e pegar os óculos, e Saeed ponderando gentilmente que não podiam fazer isso.

Meu irmão raspou o chão do celeiro e pressionou o solo nos ferimentos de ambos, tentando estancar o sangramento. Temia que a perda de sangue os matasse. Atordoado e ainda tremendo de medo, escutou os sons da escola e do campo atrás dele, imaginando o que estava acontecendo com as mulheres e se o EI havia começado a enterrar os corpos dos homens. Súbito, o som de uma escavadeira ressoou no celeiro, e ele supôs que deveriam estar usando a máquina para tapar a vala de terra.

Khaled, meu meio-irmão, foi levado ao lado oposto da aldeia, onde os homens também estavam sendo enfileirados e fuzilados. Como Saeed, ele sobreviveu fingindo-se de morto e, depois, tentando alcançar um local seguro. Com um braço dependurado e inerte, estraçalhado por uma bala no cotovelo, ao menos suas pernas funcionavam, e ele fugiu o mais rápido possível. Ao vê-lo sair, um senhor caído nas proximidades gemeu, pedindo socorro.

– Meu carro está na aldeia – contou o homem a Khaled. – Fui baleado, e não consigo me mexer. Por favor, pegue meu carro e venha me resgatar. Podemos ir até a montanha. Por favor.

Khaled parou e fitou o homem. As pernas do aldeão estavam retalhadas de tiros. Não havia como movimentá-lo sem chamar atenção a ambos, e o homem iria morrer se não chegasse a um hospital. Khaled queria dizer que voltaria, mas não encontrou palavras para mentir. Então apenas o encarou brevemente e disse:

– Sinto muito. – E saiu correndo.

Enquanto ele corria, os terroristas do EI atiraram em Khaled do telhado da escola de Kocho, e Khaled viu três aldeões de Kocho se erguerem da vala e saírem correndo rumo à montanha, com uma picape do Estado Islâmico no encalço deles. Quando os terroristas em cima da picape começaram a disparar, Khaled se jogou entre dois fardos redondos de feno que estavam espalhados no campo e ficou ali até o sol se pôr, tremendo e quase desmaiando de dor, o tempo inteiro orando para que um pé de vento não mexesse os fardos de feno, expondo-o. Assim, na escuridão da noite, atravessou solitário as lavouras até o Monte Sinjar.

Saeed e Ali permaneceram no celeiro até o sol se pôr. Enquanto esperava, Saeed ficou observando a escola por uma janelinha.

– Enxerga o que está acontecendo com as mulheres e as crianças? – indagou Ali do canto onde estava sentado.

– Ainda não – disse o meu irmão. – Não está acontecendo nada ainda.

– Se eles também fossem matá-las, já não teriam feito isso a esta altura? – perguntou-se Ali.

Saeed ficou quieto. Ele não sabia o que iria acontecer conosco.

Quando estava quase escuro, as picapes voltaram à aldeia e estacionaram na frente da escola. Nesse meio-tempo, as mulheres e as crianças foram empurradas para fora do prédio, com os terroristas ordenando para que subíssemos nas picapes. Saeed esticou o pescoço, tentando nos localizar na multidão. Ao reconhecer o lenço de Dimal se movendo em fila rumo a um dos veículos, ele começou a chorar.

– O que está acontecendo? – indagou Ali.

Saeed não sabia.

– Agora estão embarcando as mulheres nas picapes – contou ele. – Não sei por quê.

Depois de ficarem lotadas, as picapes começaram a rodar para longe da aldeia.

Saeed sussurrou consigo mesmo:

– Se eu sobreviver, eu juro por Deus que vou me tornar um combatente e resgatar minhas irmãs e minha mãe.

E quando o sol descambou por completo, Saeed e Ali começaram a andar, o mais rápido que seus corpos feridos permitiam, rumo à montanha.

Capítulo 2

Na escola, ouvimos os tiros que mataram os homens. Eles vieram em rajadas barulhentas e duraram uma hora. Algumas das mulheres que estavam na janela disseram que conseguiram ver lufadas de terra subindo atrás da escola. Quando tudo se aquietou, os extremistas voltaram sua atenção para nós. Tudo o que restava de Kocho eram mulheres e crianças. Estávamos em pânico, mas tentávamos não fazer qualquer ruído, para não irritar os extremistas que nos vigiavam.

– A casa de meu pai foi destruída – sussurrou a minha mãe de onde ela estava sentada.

É um ditado que só utilizamos nos momentos de maior desespero; significa que perdemos tudo. Minha mãe aparentava ter perdido completamente as esperanças. *Talvez ela tivesse visto Elias e Massoud subir nas picapes,* eu pensei.

Um extremista nos mandou descer, e nós o seguimos até o térreo. Lá os únicos homens eram os extremistas do Estado Islâmico. Um menino de 12 anos chamado Nuri, que era alto para sua idade, tinha sido levado com Amin, seu irmão mais velho, para a vala. Amin foi baleado com os homens, mas Nuri fora devolvido à escola após os extremistas pedirem ao menino que erguesse os braços e descobrirem que ele ainda não tinha pelos nas axilas.

– É uma criança... Leve-o de volta – disse o líder.

Na escola, o menino foi cercado por tias apreensivas.

Na escada, eu vi Kathrine se abaixar e pegar um maço de dólares, talvez centenas, que deveria ter caído de um dos sacos. Ela ficou olhando o dinheiro na mão dela.

– Guarde – eu disse a ela. – Esconda logo. Já demos a eles o resto que tínhamos.

Mas Kathrine estava muito assustada para guardar o dinheiro, e pensou que se eles percebessem o quanto ela era cooperativa, teriam piedade dela e da família dela.

– Se eu devolver o dinheiro a eles, talvez não façam nada conosco – disse ela, e entregou o maço ao primeiro extremista que apareceu, e o homem pegou o dinheiro sem dizer nada.

Quando vimos que as picapes tinham retornado aos portões da escola, paramos de chorar pelos homens e começamos a gritar por nós mesmas. Os extremistas foram nos empurrando em pequenos grupos, mas foi um caos. Ninguém queria largar a sua irmã ou sua mãe, e não parávamos de indagar:

– O que vocês fizeram com nossos homens? Para onde vão nos levar?

Os extremistas nos ignoravam, nos puxando pelos braços em direção às caçambas das picapes.

Tentei me abraçar com Kathrine, mas fomos separadas. Dimal e eu, junto das outras 16 ou 17 jovens, fomos carregadas no primeiro veículo, uma picape vermelha com a caçamba descoberta, igualzinha àquelas em que eu adorava passear. Na hora de embarcar, outras moças ficaram entre mim e minha irmã. Fiquei na parte de trás, e Dimal foi empurrada a um canto da frente, onde se sentou ao lado de outras mulheres e crianças, mirando o assoalho da caçamba. Começamos a rodar antes de eu ver o que havia acontecido com todas as outras.

O motorista acelerou e deixou Kocho para trás, dirigindo rápido pela estrada estreita e acidentada. Ele conduzia o veículo como se estivesse com raiva e com pressa, e a cada solavanco nos chocávamos umas com as outras e contra as laterais metálicas com tanta força, que eu pensei que as minhas costas iam se partir. Meia hora depois, todas nós gememos de alívio quando ele reduziu, e entramos nos arredores da cidade de Sinjar.

Somente os muçulmanos sunitas tinham permanecido na cidade de Sinjar, e fiquei espantada ao ver que a vida continuava com a rotina de sempre. Esposas compravam comida nos mercados enquanto seus maridos fumavam cigarros nas lojas de chá. Motoristas de táxi esquadrinhavam as calçadas em busca de passageiros, e os agricultores levavam seus rebanhos de ovelhas para as pastagens. Carros civis enchiam a estrada à nossa frente e atrás de nós, e os motoristas fingiam nem olhar para as picapes lotadas de mulheres e crianças. Não havia nada de normal em nossa aparência, lotando as caçambas dos veículos, chorando e nos abraçando umas às outras. Então por que ninguém nos ajudava?

Tentei manter as esperanças. A cidade permanecia familiar, e isso me confortava. Reconheci algumas das ruas, forradas de mercadinhos agitados e restaurantes que vendiam sanduíches perfumados, as calçadas lambuzadas de óleo das oficinas, as barraquinhas da feira com suas frutas coloridas. Talvez estivéssemos indo à montanha, afinal. Talvez os extremistas não estivessem mentindo e só quisessem se livrar de nós, nos largar no sopé do Monte Sinjar e nos deixar fugir para as penosas condições lá no topo. Talvez pensassem que isso equivalia a uma sentença de morte. Eu torcia para que pensassem. Nossas casas já estavam invadidas e nossos homens provavelmente estavam mortos, mas ao menos lá no topo da montanha estaríamos em meio a outros iazidis. Poderíamos encontrar Hezni e começar a prantear as pessoas que havíamos perdido. Um tempo depois, começaríamos a reunir o que havia restado de nossa comunidade.

No horizonte, eu conseguia distinguir os contornos da montanha, alta e plana no topo, e eu queria que o nosso motorista seguisse em linha reta em direção a ela. Mas a picape deu uma guinada a leste e começou a se afastar do Monte Sinjar. Não falei nada, embora o vento zunisse tão alto pelas laterais da picape, que eu poderia ter gritado sem ninguém notar.

Quando ficou claro que não estávamos sendo levadas à montanha, enfiei a mão na sacola, procurando os pães que eu tinha trazido comigo de casa. Eu estava furiosa. Por que ninguém nos ajudava? O que havia acontecido com meus irmãos? A esta altura, os pães estavam duros, amanhecidos e cobertos de poeira e fiapos. Supostamente, o pão deveria ter protegido a mim e à minha família, mas não havia protegido. À medida que a cidade de Sinjar ficava para trás, peguei os pães da sacola e os joguei sobre a lateral da picape. Eles ricochetearam na estrada e caíram numa pilha de lixo.

***

Chegamos a Solagh um pouco antes do pôr do sol e estacionamos na frente do Instituto Solagh, escola situada na periferia da cidade. O grande prédio estava silencioso e escuro. Dimal e eu fomos das primeiras a desembarcar das picapes e a nos sentarmos, exaustas, no pátio, observando mulheres e crianças cambalearem para fora das outras picapes, à medida que os veículos iam parando. Quando as nossas parentes eram descarregadas das picapes, elas atravessavam os portões e caminhavam em nossa direção, em transe. Nisreen não parava de chorar.

– Só nos resta esperar – eu disse a ela. – Não sabemos o que vai acontecer.

Solagh era famosa em Kocho por suas vassouras caseiras, e uma vez por ano minha mãe ou alguém de minha família viajava até lá para comprar uma nova. Fui junto uma vez, pouco antes de o EI chegar. Naquela viagem conheci uma cidade bonita, verde e luxuriante, e eu me senti especial por ter participado da viagem. Agora, parecia outro país.

Minha mãe estava numa das últimas picapes. Nunca vou me esquecer da aparência dela. Com o vento, o lenço branco havia corrido para trás da cabeça, e seus cabelos escuros, em geral separados ao meio, estavam desgrenhados e confusos. O lenço do rosto só tapava a boca e o nariz. As roupas brancas estavam empoeiradas, e ela cambaleou ao ser puxada para o chão.

– Anda logo – gritou um terrorista para ela, empurrando-a ao pátio, caçoando dela e de outras senhoras mais velhas que não conseguiam se movimentar rapidamente.

Ela atravessou os portões e veio em nossa direção, transida. Sem dizer uma única palavra, ela se sentou e repousou a cabeça em meu colo. Minha mãe nunca se deitava na frente de homens.

Um extremista forçou a porta trancada do Instituto até arrombá-la. Em seguida, nos mandou entrar.

– Primeiro, tirem os lenços das cabeças – mandou ele. – Larguem os lenços aqui ao lado da porta.

Fizemos o que ele disse. Com os nossos cabelos destapados, os extremistas nos escrutinaram mais atentamente e nos mandaram entrar.

À medida que as mulheres chegavam nas picapes lotadas ao portão do Instituto – com as crianças agarradas às saias das mães e as jovens esposas de olhos vermelhos de tanto chorar pelos maridos perdidos –, o montinho de lenços de cabeça foi crescendo, e o tradicional tecido branco diáfano foi se mesclando aos lenços coloridos, preferidos pelas jovens iazidis. No fim da tarde, com o sol quase posto, estacionou a última picape, e um extremista, que também usava um lenço branco para cobrir parcialmente os cabelos compridos, enfiou o cano do fuzil no monte de lenços de cabeça.

– Vou vender estes lenços de volta a vocês por 250 dinares – ele nos falou com uma risada, sabendo que o valor era irrisório (cerca de 20 centavos de dólar) e que também não tínhamos dinheiro algum.

Todas nós fomos socadas numa sala insuportavelmente quente. Fiquei me perguntando se eu estava com febre. Mulheres grávidas gemiam e esticavam as pernas, apoiando as costas na parede e fechando os olhos, como se tentassem apagar o ambiente. Afora isso, o único som era o roçar das roupas e o abafar dos soluços. De repente, uma mulher um pouco mais nova que a minha mãe começou a gritar com toda a força de seus pulmões.

– Vocês mataram nossos homens! – gritava ela, cada vez mais forte, e sua raiva se alastrou na multidão.

Mais e mais mulheres começaram a chorar e a gritar, exigindo respostas ou só uivando, como se o desabafo da outra tivesse extravasado seu próprio pesar.

O barulho deixou os extremistas zangados.

— Parem de choramingar, ou vou matá-las aqui — disse um dos terroristas, apontando a arma para a mulher e acertando um tabefe na testa dela.

Mas ela parecia estar possuída; não conseguia parar. Algumas mulheres foram confortá-la, posicionando-se na frente do terrorista e da arma dele.

— Não pense no que aconteceu com os homens — falou uma delas. — Agora temos que ajudar a nós mesmas.

Eles nos deram um pouco de comida: batatas chips, arroz e garrafas d'água. Quase nenhuma de nós comera ou bebera após sair de casa naquela manhã, mas não tínhamos apetite e estávamos muito assustadas para comer o que nos deram. Ao ver que ignorávamos os pacotes, eles os colocaram em nossas mãos e avisaram:

— Comam! — parecendo insultados por nossa recusa.

Em seguida, entregaram sacos plásticos a alguns dos meninos mais velhos e os mandaram percorrer a sala para coletar o lixo.

Era tarde e estávamos exaustas. A cabeça de minha mãe ainda repousava em meu colo. Emudecida desde a chegada, ela permaneceu desperta, com os olhos abertos. Presumi que passaríamos a noite amontoadas no Instituto e fiquei me perguntando se eu iria conseguir dormir. Ensaiei indagar à minha mãe em que ela estava pensando, mas era muito difícil articular as palavras. Oxalá eu tivesse dito alguma coisa. Após comermos, os extremistas começaram a nos separar em grupos menores e a ordenar que a maioria de nós descesse e fosse a extremidades opostas do pátio.

— Mulheres casadas, aqui com seus filhos, mas só os bem pequenos — gritaram, apontando um canto da sala. — As senhoras mais velhas e as moças, lá para fora.

Começamos a entrar em pânico, sem saber o que isso significava. As mães se agarraram aos filhos mais velhos, recusando-se a abandoná-los. Caminhando pela sala, os terroristas separavam as famílias à força, empurrando as jovens solteiras em direção à porta. Lá no jardim, Kathrine e eu nos abraçamos bem forte com minha mãe, que se sentou de novo no chão; Kathrine estava ainda mais apavorada do que eu com a perspectiva de deixá-la, e afundou a cabeça no braço da minha mãe. Um terrorista veio em nossa direção.

– Você! – esbravejou ele, apontando para minha mãe e depois para o lado sul do jardim. – Vá para lá.

Balancei a cabeça e me inclinei para mais perto de minha mãe. O terrorista se abaixou e puxou meu suéter.

– Vamos logo – disse ele, mas não respondi.

Ele me puxou com mais força, e eu desviei o olhar. Ele me agarrou pelas axilas e me ergueu do chão, me afastando de minha mãe e me empurrando para o muro do jardim. Soltei um grito. Em seguida ele fez o mesmo com Kathrine, que parecia estar grudada à minha mãe e não queria largar a mão dela. Kathrine implorou para que o homem não as separasse.

– Deixe-me ficar com ela! – rogou ela. – Ela não está se sentindo bem.

Não deram ouvidos a ela. Afastaram Kathrine de minha mãe em meio aos nossos lamentos.

– Não consigo me mexer, acho que vou morrer – ouvi minha mãe dizer ao terrorista.

– Anda logo – falou ele sem paciência. – Vamos levá-la a um lugar com ar-condicionado.

Então a minha mãe se ergueu do chão e o seguiu devagarinho, para longe de nós.

Para salvar a si mesmas, algumas das solteiras mais velhas começaram a mentir, dizendo aos terroristas que eram casadas ou se abraçando a crianças que elas conheciam e alegando que eram seus filhos. Não sabíamos o que iria acontecer conosco, mas aparentemente os terroristas estavam menos interessados nas mães e nas mulheres casadas. Dimal e Adkee puxaram dois de nossos sobrinhos para perto delas.

– Estes são os nossos filhos – disseram aos terroristas, que os fitaram por um momento, e, em seguida, passaram adiante.

Dimal não via os seus filhos desde o divórcio, mas ela convencia no papel de mãe, e até mesmo Adkee, que nunca havia sido casada e era menos maternal, encarnou bem o papel. Foi uma decisão tomada numa fração de segundo, uma questão de sobrevivência. Não tive nem tempo de me despedir de minhas irmãs enquanto elas foram arrebanhadas lá para cima com os meninos ainda grudados nelas.

A triagem das mulheres demorou uma hora. Sentei-me lá fora com Kathrine, Rojian e Nisreen; esperamos e nos abraçamos umas às outras. Outra vez, os extremistas nos ofereceram batatas chips e água, e embora estivéssemos muito assustadas para comer, tomei um ou dois goles d'água. Eu nem tinha percebido o quanto eu estava sedenta. Pensei em minha mãe e em minhas irmãs lá em cima e fiquei me perguntando se o EI teria piedade delas, e em como essa piedade se manifestaria. Os rostos das moças aglomeradas ao meu redor estavam vermelhos de tanto chorar. Fios de cabelo escapavam das tranças e dos rabos de cavalo; muitas jovens estavam de mãos dadas. Eu estava tão cansada, que parecia que a minha cabeça iria afundar para dentro do corpo e a qualquer momento o mundo iria escurecer. Mas não perdi todas as esperanças até eu ver três ônibus estacionarem na frente da escola. Eram enormes, do tipo usado para transportar turistas e peregrinos religiosos pelo Iraque e em direção à Meca, e logo notamos que eram para nós.

– Para onde vão nos levar? – gemeu Kathrine.

Ela não verbalizou, mas todas nós estávamos aterrorizadas com a possibilidade de sermos levadas à Síria. Tudo era possível, e eu tinha certeza de que morreríamos na Síria.

Segurei minha sacola junto ao corpo. Estava um pouco mais leve sem os pães, e agora eu me arrependia de tê-los jogado fora. Era pecado desperdiçar pão. Deus não julga os iazidis pela frequência com que oramos ou fazemos peregrinações. Não temos que construir catedrais sofisticadas nem frequentar anos de catequese para sermos bons iazidis. Rituais, como o batismo, são realizados apenas quando a família tem dinheiro ou tempo suficiente para fazer a viagem.

A nossa fé reside em nossos atos. Acolhemos estranhos em nossos lares, damos dinheiro e comida a quem não tem nada e velamos o corpo de um ente querido antes do enterro. Até mesmo ser uma boa aluna, ou gentil com o cônjuge, são atos equivalentes à oração. Um singelo pão, que nos mantém vivo e permite que pobres ajudem ao próximo, é algo sagrado.

Mas cometer erros é inerente ao ser humano. Por isso, tínhamos irmãos e irmãs do além-mundo, membros da casta dos xeques iazidis, eleitos para nos ensinar sobre nossa religião e nos ajudar na vida após a morte. Minha irmã do além-mundo era um pouco mais velha do que eu, bonita e conhecedora do iazidismo. Casou-se, mas se divorciou e, quando voltou a viver com a família, dedicou-se a Deus e sua religião. Conseguiu fugir antes de o EI chegar perto de sua casa, e agora estava a salvo na Alemanha. O trabalho mais importante que esses irmãos e irmãs fazem é sentar-se com Deus e Tawusi Melek e nos defender após a nossa morte.

– Eu conhecia essa pessoa quando ela estava viva – dirá nosso irmão ou irmã. – Ela merece que sua alma retorne à terra. Ela é uma boa pessoa.

Quando eu morresse, eu sabia que a minha irmã do além-mundo me defenderia por alguns dos pecados que eu cometera em vida – furtar doces da loja de Kocho, por exemplo, ou deixar de acompanhar meus irmãos na lavoura, por pura preguiça. Agora ela teria que me defender por muito mais, e eu esperava que primeiro ela pudesse me perdoar – por desafiar a minha mãe ao salvar o álbum das noivas, por perder a fé e jogar fora o pão, e agora por embarcar no ônibus e tudo o que viria depois.

Capítulo 3

As moças como eu foram embarcadas em dois dos ônibus. Os meninos, incluindo adolescentes como Nuri e meu sobrinho Malik, que haviam sido poupados em Kocho porque eram muito jovens, entraram no terceiro. Estavam tão aterrorizados como nós. Jipes blindados cheios de extremistas do Estado Islâmico esperavam para escoltar os ônibus como se estivéssemos indo à guerra, coisa que talvez fosse verdade.

Enquanto eu esperava na multidão, um extremista veio em minha direção. Era o mesmo homem que antes havia cutucado os lenços com seu fuzil, e ele ainda segurava a arma.

– Vai se converter? – interpelou-me. Como ele fizera antes ao zombar de nossos lenços, estava sorrindo, debochando de nós. Fiz que não com a cabeça. – Se você se converter, pode ficar aqui – disse ele, mostrando com um gesto o Instituto em que minha mãe e minhas irmãs estavam. – Pode ficar com sua mãe e irmãs e convencê-las a se converter, também.

Mais uma vez, eu balancei a cabeça. Estava muito amedrontada para falar alguma coisa.

– Você que sabe. – Ele parou de sorrir e fez uma cara feia. – Então vai entrar no ônibus com todas as outras.

O ônibus era enorme, com pelo menos quarenta fileiras de seis assentos separadas por um comprido corredor iluminado e cercado de janelas com cortinas fechadas. À medida que fomos ocupando os assentos, o ar logo foi se tornando pesado e difícil de respirar, mas quando tentamos abrir as janelas, ou apenas as cortinas para conseguir enxergar lá fora, um extremista gritou para que parássemos quietas. Eu estava na parte frontal e pude ouvir o motorista falando ao celular. Fiquei me perguntando se ele iria revelar para onde estávamos indo. Mas ele falava turco, e eu não o entendia. De meu assento no corredor, eu enxergava o motorista e a estrada pelo grande para-brisa. Estava escuro quando nos afastamos do Instituto, então tudo o que eu conseguia ver quando ele acendeu os faróis era uma estreita faixa de asfalto preto e uma árvore ou arbusto ocasional. Não pude ver o que ficou para trás, então não observei o Instituto Solagh se afastando ao fundo, com a minha mãe e as minhas irmãs em seu interior.

Os ônibus aceleravam velozmente, dois lotados de moças na frente e o dos meninos por último, com jipes brancos na vanguarda e na retaguarda de nossa caravana. O nosso ônibus estava sinistramente quieto. Tudo o que eu conseguia ouvir eram os passos de um extremista andando para lá e para cá no corredor e o som do motor. Comecei a ficar enjoada e tentei fechar os olhos. O cheiro de suor e de odor corporal tomou conta do ônibus. Uma moça sentada no fundo vomitou nas mãos dela, primeiro em golfadas, e, em seguida, quando um extremista berrou para ela parar, tão silenciosamente quanto conseguia. O vômito dela exalou um fedor azedo que se alastrou pelo ônibus e se tornou quase insuportável, e outras moças perto dela também começaram a vomitar. Ninguém conseguiu confortá-las. Não éramos autorizadas a nos tocar nem a conversar umas com as outras.

O terrorista que patrulhava o corredor era alto, tinha uns 35 anos e se chamava Abu Batat. Parecia gostar de sua tarefa, parando em certas fileiras para encarar as meninas, dando atenção especial às que se encolhiam ou fingiam estar dormindo. Por fim, começou a arrancar certas moças dos assentos e as mandar ao fundo do ônibus, onde as obrigava a ficar em pé, contra a parede.

– Sorria! – ordenava ele, antes de tirar uma foto no celular, rindo enquanto fazia isso, como se divertisse com o pânico que oprimia cada moça escolhida por ele.

Quando a moça baixava o olhar, amedrontada, ele gritava:

— Levante a cabeça! — E a cada moça, ele foi ficando cada vez mais abusado.

Fechei os olhos e tentei bloquear o que estava acontecendo.

Embora eu estivesse muito apavorada, meu corpo estava tão exausto, que logo adormeci. Mas não consegui descansar: cada vez que o sono batia, a minha cabeça se erguia num sobressalto, eu abria os olhos, assustada, e ficava ali sentada, olhando o para-brisa e lembrando, num átimo, de onde eu estava.

Eu não poderia afirmar ao certo, mas parecia que estávamos na estrada para Mossul, que servia como a capital do Estado Islâmico no Iraque. Conquistar a cidade foi uma enorme vitória para o EI, e vídeos *on-line* mostravam as comemorações após eles terem invadido as ruas e os edifícios municipais e bloqueado as estradas no entorno de Mossul. As forças curdas e do Iraque central, porém, juraram retomar a cidade dos terroristas do Estado Islâmico, mesmo que isso levasse vários anos. *Não temos vários anos*, pensei, e voltei a adormecer.

Súbito senti um toque no ombro esquerdo e abri os olhos para me deparar com Abu Batat em cima de mim, os olhos verdes faiscando e a boca se retorcendo num sorriso. Meu rosto estava quase nivelado com a pistola que ele guardava no coldre, e eu me senti uma rocha ali parada, incapaz de me mover ou falar. Fechei os olhos de novo, rezando para ele ir embora, e então senti a mão dele roçar lentamente em meu ombro, deslizar em meu pescoço, até alcançar a frente de meu vestido e colher o meu seio esquerdo. Parecia fogo; eu nunca tinha sido tocada assim antes. Abri os olhos, mas não olhei para ele, eu só olhava reto para frente. Abu Batat enfiou a mão em meu vestido e agarrou meu seio com força, como se quisesse me machucar, e depois se afastou.

Cada minuto com o EI fazia parte de uma morte lenta e dolorosa – do corpo e da alma – e aquele instante no ônibus com Abu Batat foi quando eu comecei a morrer. Eu era de uma aldeia e fui criada em uma boa família. Sempre que eu saía de casa, não importava para onde fosse, minha mãe me examinava.

— Abotoe a camisa, Nadia – aconselhava. – Seja uma boa menina.

Agora aquele estranho me tocava de modo selvagem, e eu não podia fazer nada. Abu Batat andava para lá e para cá no ônibus, apalpando as moças sentadas perto do corredor, nos tocando como se não fôssemos humanas, como se ele não temesse que fôssemos nos mexer ou ficarmos bravas. Quando ele veio de novo para o meu lado, eu agarrei a mão dele, tentando impedi-lo de enfiá-la embaixo de meu vestido. Eu estava muito assustada para falar. Comecei a chorar, e minhas lágrimas escorreram pela mão dele, mas isso não o fez parar. *Estas coisas só acontecem entre os amantes quando eles se casam*, pensei. A vida inteira eu cultivei essa visão do mundo, e do amor, desde que alcancei idade suficiente para saber o que era o casamento, vendo todos os namoros e celebrações em Kocho, até a hora em que Abu Batat me tocou e trucidou esse conceito.

– Ele está fazendo isso com todas as moças sentadas no corredor – sussurrou a moça sentada no banco do meio, a meu lado. – Ele está tocando todas elas.

– Troque de lugar comigo, por favor – implorei a ela. – Não quero que ele me toque de novo.

– Não consigo – respondeu. – Estou muito assustada.

Abu Batat continuou andando pelo corredor, parando na frente das moças de que mais gostava. Eu cerrava os olhos e escutava o roçar de suas calças brancas largas e o arrastar de suas sandálias. De vez em quando, uma voz em árabe soava no rádio dele, mas tinha muita estática para se entender exatamente o que estavam dizendo.

Cada vez que passava por mim, ele deslizava a mão em meu ombro e no seio esquerdo e depois se afastava. Eu estava tão encharcada de suor, que parecia ter tomado uma ducha. Notei que ele evitava as moças que tinham vomitado antes, então enfiei o dedo na garganta para forçar a náusea, torcendo para cobrir meu vestido inteiro de vômito e afastar as suas garras de mim, mas foi inútil. Eu me engasguei, dolorida, mas não saiu nada.

O ônibus parou em Tal Afar, cidade de maioria turca, a uns 50 km da cidade de Sinjar, e os terroristas começaram a falar em seus celulares e rádios, tentando descobrir quais eram as ordens de seus superiores.

– Disseram para largar os meninos aqui – falou o motorista a Abu Batat, e ambos deixaram o ônibus.

Através do para-brisa, avistei Abu Batat conversando com outros extremistas, e fiquei me perguntando o que estavam falando. Uns 75% dos moradores de Tal Afar eram turcos sunitas e, meses antes da vinda do EI a Sinjar, os xiitas da cidade fugiram, deixando-a livre para os extremistas.

O lado esquerdo de meu corpo doía onde Abu Batat me tocara. Rezei para que ele não voltasse ao ônibus, mas minutos depois ele voltou, e seguimos viagem. Enquanto nos afastávamos, notei pelo para-brisa que um dos ônibus ficara para trás. Mais tarde, fiquei sabendo que era o ônibus dos meninos, inclusive meu sobrinho, Malik, em quem o EI tentaria fazer lavagem cerebral para transformá-los em combatentes terroristas. Com o andar do tempo e o avanço da guerra, usariam os garotos como escudos humanos e bombardeiros suicidas.

De volta ao ônibus, Abu Batat logo recomeçou a nos molestar. Ele escolhera suas favoritas, abordava-nos com mais frequência e esfregava a mão em nós por mais tempo, apertando com tanta força, que parecia querer estraçalhar os nossos corpos. Uns dez minutos após deixarmos Tal Afar, não aguentei mais. Ao sentir a mão dele em meu ombro de novo, dei um grito. Rompeu-se o silêncio. Logo outras moças também começaram a gritar, até o interior do ônibus soar o cenário de um massacre. Abu Batat ficou mortificado e gritou:

– Calem a boca, todas vocês! – Mas ninguém se calou.

Se ele me matar, eu não me importo, pensei. *Eu quero morrer.* O turco parou o ônibus de supetão, me fazendo pular no assento. Gritou algo ao telefone. Um momento depois, um dos jipes brancos que estavam à nossa frente parou, também, e um homem saiu do banco do carona e começou a andar em direção ao nosso ônibus.

Reconheci o extremista, um líder chamado Nafah, de Solagh. Lá no Instituto, ele se revelou muito cruel e severo, gritando conosco sem um pingo de humanidade. Pensei que ele parecia uma máquina. O motorista abriu a porta para o líder, e Nafah entrou com raiva no ônibus.

– Quem é que começou isso? – indagou ele a Abu Batat, e meu atormentador apontou para mim.

– Foi ela – disse ele, e Nafah veio em minha direção.

Antes que ele pudesse fazer algo, eu comecei a falar. Nafah era um terrorista, mas o EI não tinha regras sobre como as mulheres deviam ser tratadas? Com certeza, se eles se consideravam bons muçulmanos, teriam de se opor à maneira que Abu Batat estava nos abusando.

– Vocês nos trouxeram para cá, neste ônibus. Vocês nos obrigaram, não tivemos escolha, e este homem – apontei para Abu Batat com a mão trêmula de medo – fica passando a mão em nossos seios o tempo todo. Ele fica nos apalpando e não nos deixa em paz!

Nafah ficou quieto após me ouvir. Por um átimo, tive a esperança de que ele fosse punir Abu Batat, mas essa esperança se esvaiu quando Abu Batat começou a falar.

– Por que motivo vocês acham que estão aqui? – disparou ele, com a voz alta o suficiente para todas no ônibus o escutarem. – É sério que não sabem?

Abu Batat deu um passo à frente até ficar ao lado de Nafah. Agarrou o meu pescoço, empurrou minha cabeça contra o assento e apontou o fuzil na minha testa. As moças ao meu redor gritaram, mas eu estava muito assustada para dar um pio.

– Se fechar os olhos, vou atirar em você – ameaçou.

Nafah recuou até a porta do ônibus. Antes de sair, virou-se para nós.

– Ainda não se deram conta do motivo pelo qual pegamos vocês? – interpelou. – Mas vocês não têm escolha. Estão aqui para serem *sabaya*, e vão fazer tudo o que dissermos. E se uma de vocês gritar de novo, podem acreditar, a coisa pode ficar ainda pior.

Então, com Abu Batat ainda apontando sua arma para mim, Nafah saiu do ônibus.

Foi a primeira vez que ouvi aquela palavra árabe aplicada a mim. Quando o EI conquistou Sinjar e começou a raptar as iazidis, eles chamaram seus despojos humanos de *sabaya* (singular, *sabiyya*), referindo-se às moças que eles compravam e vendiam como escravas sexuais. Isso fazia parte do plano deles para nós, fruto de uma interpretação do Alcorão há muito tempo banida pelas comunidades muçulmanas do mundo, e escrito nas fátuas e nos panfletos que o EI oficializou antes de atacar Sinjar. As moças iazidis eram consideradas infiéis e, de acordo com a interpretação do Alcorão por esses extremistas, estuprar uma escrava não é pecado. Atrairíamos novos recrutas a se alistarem nas fileiras dos extremistas e seríamos passadas de mão em mão como recompensa pela lealdade e pelo bom comportamento. Era esse o destino de todas naqueles ônibus. Já não éramos seres humanos – éramos *sabaya*.

Abu Batat largou o meu pescoço e afastou o fuzil, mas daquele momento até chegarmos a Mossul, cerca de uma hora depois, eu virei o seu principal alvo. Ele ainda tocou outras moças, mas se concentrou em mim, parando ao lado de meu assento com mais frequência e apertando o meu seio com tanta força, que eu tinha certeza de que ficaria machucada. O lado esquerdo do meu corpo ficou entorpecido. Fiquei calada, acreditando piamente que Abu Batat me mataria se eu reagisse de novo, mas dentro de minha cabeça nunca parei de gritar.

A noite estava límpida, e pelo vidro frontal eu conseguia ver o céu estrelado. O céu me lembrou de "Layla e Majnun", antiga história de amor árabe que a minha mãe costumava nos contar. Na história, um rapaz chamado Qays se apaixona perdidamente pela bonita Layla, e é tão sincero em seus sentimentos, escrevendo poemas e mais poemas de amor a ela, que as pessoas lhe dão o apelido de *Majnun*, que significa "possuído" ou "louco" em árabe. Quando Majnun pede a mão de Layla em casamento, o pai dela não aceita o pedido, alegando que o rapaz é muito instável para ser um bom marido.

É uma história trágica. Layla é forçada a se casar com outro homem e depois morre com o coração partido. Majnun deixa a aldeia e vagueia solitário pelo deserto, falando sozinho e escrevendo poemas na areia, até que um dia se depara com a lápide de Layla. Fica ao lado do túmulo até morrer também. Eu adorava ouvir a minha mãe contar essa história, embora eu chorasse pelo destino dos namorados. O céu escuro que sempre me assustava tornou-se romântico. *Layla* significa "noite" em árabe, e a minha mãe costumava terminar a história apontando para duas estrelas no céu.

– Já que os dois não puderam ficar juntos em vida, rezaram para ficarem juntos após a morte – contava ela. – E assim Deus os transformou em estrelas.

No ônibus, comecei a rezar, também.

– Por favor, Deus, me transforme numa estrela para que eu possa estar lá no céu em cima deste ônibus – sussurrei. – Se fez isso uma vez, pode fazer de novo.

Mas só continuamos a trafegar em direção a Mossul.

Capítulo 4

Abu Batat não parou de nos tocar até chegarmos a Mossul. O relógio digital no alto do para-brisa marcava duas da madrugada. Súbito, paramos diante de uma grande residência que, pensei, deveria ter pertencido a uma família riquíssima. Os jipes entraram na garagem, e os ônibus estacionaram na frente da casa, abrindo as portas para nós.

– Vamos indo! Saiam! – gritou Abu Batat, e devagarinho começamos a nos erguer dos assentos.

Poucas de nós tínhamos dormido, e estávamos todas machucadas e doloridas da viagem. Meu corpo doía onde Abu Batat me tocara, e pensei que, com o ônibus parado, ele me deixaria em paz. Mas eu estava redondamente enganada. Fizemos uma fila para sair, levando nossos pertences, e ele esperou na porta, com as mãos livres para bolinar as moças que saíam do ônibus. Passou as mãos em meu corpo, da cabeça aos pés.

Entramos na garagem. Eu nunca tinha visto uma casa tão bonita. Era enorme, com salas e quartos espaçosos e mobília suficiente, eu pensei, para meia dúzia de famílias. Ninguém em Kocho, nem mesmo Ahmed Jasso, morava numa casa como aquela. Os quartos ainda estavam cheios de relógios e tapetes que, eu presumia, tinham pertencido à família que antes morava ali, e notei que um dos extremistas estava bebendo de uma caneca decorada com uma foto da família sorrindo. Fiquei me perguntando o que acontecera com eles.

Havia terroristas do Estado Islâmico por todos os lugares, trajando uniformes, com rádios portáteis que chiavam constantemente. Sob seus olhares vigilantes, fomos divididas em três quartos, e cada qual dava para um pequeno patamar. De onde eu estava sentada com Kathrine e outras moças, eu conseguia ver o interior dos outros quartos, onde mulheres e moças circulavam, transidas, à procura de familiares de quem tinham se separado nos ônibus. O quarto estava apinhado de moças, e nos sentamos no chão, escorando-se umas nas outras. Era quase impossível não adormecer.

As duas janelinhas do quarto estavam fechadas e as cortinas também, mas felizmente alguém havia ligado um resfriador evaporativo (os parentes desengonçados dos aparelhos de ar-condicionado, comuns em todo o Iraque) que renovava o ar e o tornava mais fácil de respirar. Não havia móveis em nosso quarto, além de colchões empilhados junto às paredes. Um fedor horrível vinha do banheiro do corredor.

– Uma moça tinha um celular, e quando foram revistá-la, ela jogou no vaso sanitário e deu a descarga – alguém sussurrou. – Quando chegamos eu ouvi comentários sobre isso.

Na entrada do banheiro, eu podia ver uma pilha de lenços de cabeça como a que deixáramos em Solagh, caídos no piso de lajotas, como pétalas.

Quando os quartos ficaram lotados, um extremista apontou para onde eu estava sentada.

– Venha comigo – disse ele, e se virou em direção à porta.

– Não vá! – Kathrine me envolveu com seus braços pequeninos, tentando me impedir de me levantar.

Eu não sabia o que ele queria, mas desobedecer não era uma opção.

– Se eu não for, vão me obrigar a ir – expliquei a ela, e fui atrás dele.

Levou-me à garagem no térreo, onde Abu Batat e Nafah esperavam com um terceiro terrorista. Este falava curdo e fiquei chocada ao reconhecê-lo; era Suhaib, dono de uma das poucas lojas de telefonia móvel na cidade de Sinjar. Os iazidis sempre compravam na loja dele, e estou certa de que muitas de nós o consideravam amigo. Todos os três me olharam com raiva. Ainda queriam me castigar por minha crise no ônibus.

– Como você se chama? – indagou Nafah, e quando tentei recuar ele me puxou pelos cabelos e me empurrou contra a parede.

– Nadia.

– Em que ano você nasceu?

– 1993.

E continuou a fazer perguntas.

– Está aqui com alguém de sua família?

Fiz uma pausa. Eu não sabia se eles queriam punir Kathrine e as outras apenas por terem parentesco comigo; por isso, eu menti.

– Estou aqui com outras moças – eu disse. – Não sei o que aconteceu com a minha família.

– Por que você gritou?

Nafah puxou o meu cabelo com mais força. Fiquei aterrorizada. Senti o meu corpo, que sempre fora pequeno e magro, praticamente sumir nas mãos dele. Prometi a mim mesma dizer o que eles queriam ouvir para me deixarem voltar lá em cima com a Kathrine.

– Fiquei com medo – expliquei em tom honesto. – Este moço na frente de você – fiz um gesto em direção a Abu Batat – me tocou. A viagem inteira, desde Solagh, ele ficou nos tocando.

– Por que motivo você acha que está aqui? – Nafah repetiu o que dissera no ônibus. – Você é uma infiel, uma *sabiyya*, e agora pertence ao Estado Islâmico, então vá se acostumando.

E cuspiu na minha cara. Abu Batat puxou um cigarro, que acendeu e passou a Nafah. Fiquei surpresa; eu pensava que fumar era contra as leis do Estado Islâmico. Mas não queriam tragar o cigarro. *Não queime o meu rosto, por favor*, pensei, na época ainda preocupada em ser bonita. Nafah pressionou o cigarro aceso em meu ombro, furando o tecido de vestidos e camisas que eu vestira naquela manhã, até tisnar a minha pele. O cheiro da roupa e da pele queimadas era horrível, mas tentei não gritar de dor. Gritar só nos criava mais problemas.

Quando ele acendeu outro cigarro e apertou a brasa em minha barriga, não aguentei; dei um grito de dor.

— Hoje ela grita, será que vai gritar amanhã? — falou Abu Batat para os outros. Se dependesse dele, eles seriam ainda mais rigorosos comigo. — Ela precisa entender o que ela é e por que ela está aqui.

— Me deixem em paz, e eu não vou fazer isso de novo — prometi.

Nafah me esbofeteou com força, duas vezes, e depois me soltou.

— Volte para as outras *sabaya* — mandou ele. — E nunca mais faça barulho.

Lá em cima, o quarto estava escuro e abarrotado. Deixei os cabelos caírem sobre o ombro e coloquei as mãos na barriga para esconder de minhas sobrinhas as queimaduras, e então encontrei Kathrine, sentada ao lado de uma mulher de uns 30 anos, mais ou menos. A mulher não era de Kocho; devia ter chegado ao local antes de nós. Trazia dois filhos pequenos com ela. O menor ainda mamava no peito, e ela estava grávida. Acalentava o neném junto ao peito, embalando-o um pouco para mantê-lo quieto, e me perguntou o que havia acontecido lá embaixo. Só balancei a cabeça.

— Está com dor? — quis saber a mulher.

Embora eu não a conhecesse, apoiei o meu dorso no dela. Eu me sentia tão fraca. Assenti com a cabeça.

Depois contei tudo a ela, sobre deixar Kocho e ser separada de minha mãe e de minhas irmãs, sobre ver os meus irmãos serem levados embora nas picapes. Contei a ela sobre o ônibus e Abu Batat. E acrescentei:

— Eles me bateram — mostrando as queimaduras de cigarro no ombro e no ventre, em carne viva e doloridas.

— Venha cá — disse ela, enfiando a mão na bolsa e me entregando uma pomada. — É um creme contra assaduras, mas pode aliviar a sua pele queimada.

Agradeci e levei o creme ao banheiro, onde apliquei no ombro e na barriga. Amenizou um pouco as queimaduras. Então passei um pouco nas partes de meu corpo em que Abu Batat me tocara. Notei que eu tinha menstruado, e pedi absorventes a um extremista. Ele me entregou sem olhar para mim.

De volta ao quarto, sentei-me e perguntei à mulher:

– O que está havendo aqui? O que fizeram com você?

– Quer saber mesmo? – indagou ela, e eu assenti. – No primeiro dia, 3 de agosto, cerca de 400 mulheres e crianças iazidis foram trazidas para cá – começou ela. – É uma base do Estado Islâmico, onde os extremistas moram e trabalham. É por isso que existem tantos deles aqui. – Fez uma pausa e me encarou. – Mas é também onde somos vendidas e entregues.

– Por que você não foi vendida? – perguntei.

– Como sou casada, eles vão esperar 40 dias antes de me dar a um terrorista para eu ser a *sabiyya* dele – explicou ela. – Essa é uma das regras do EI. Não sei quando vão buscar vocês. Se não a escolherem hoje, vão escolher amanhã. Cada vez que eles vêm, levam algumas das mulheres. Eles as estupram e depois as trazem de volta, ou, às vezes, eu acho que ficam com elas. Às vezes, eles as estupram aqui, num quarto da casa, e só as trazem de volta quando terminam.

Fiquei sentada em silêncio. A dor de minhas queimaduras aumentava devagar, como a água de uma chaleira que ia fervendo aos poucos, e eu estremeci.

– Quer um comprimido para a dor? – perguntou ela, mas eu balancei a cabeça.

– Não gosto de tomar remédios – respondi.

– Beba algo, então – falou ela.

Agradecida, aceitei a garrafa que ela ofereceu e bebi uns goles de água morna. O neném dela se acalmara e estava quase dormindo. Ela continuou com a voz macia:

– Não vai demorar muito tempo. Vão chegar, vão te levar, também, e te estuprar. Tem moça que esfrega cinzas ou terra na cara, ou desgrenha o cabelo, mas não importa, porque simplesmente te mandam tomar banho e ficar bonita de novo. Algumas moças cometeram suicídio, ou tentaram, cortando os pulsos ali mesmo. – Ela fez um gesto para o banheiro. – Dá para ver o sangue no alto da parede onde as faxineiras não perceberam.

Ela não disse para eu não me preocupar e que tudo iria ficar bem. Quando parou de falar, repousei a cabeça no ombro dela, pertinho do neném que acabara de dormir.

***

Naquela noite, eu fechava os olhos só por um instante. Eu estava exausta, mas muito apavorada para dormir. Era verão e, por isso, o sol raiou bem cedo, e quando a luz foi surgindo – fraca e difusa através das cortinas pesadas –, percebi que, como eu, a maioria das jovens não havia conseguido pregar o olho a noite toda. Estavam grogues, esfregando os olhos e bocejando nas mangas dos vestidos. Os extremistas trouxeram um pouco de sopa de arroz com tomate para o café da manhã, em pratos plásticos que descartaram depois, e eu estava tão faminta, que devorei a comida logo que a vi na minha frente.

Muitas garotas passaram a noite chorando, e o choro recomeçou pela manhã. Uma moça de Kocho com a idade de Dimal, mas que, ao contrário de Dimal, não conseguira convencer os extremistas de que era casada, sentou-se perto de mim.

– Onde estamos? – perguntou ela.

Ela não havia reconhecido nenhum prédio ou estrada por onde passamos.

– Não sei ao certo – eu disse a ela. – Algum lugar em Mossul.

– Mossul – repetiu ela num sussurro.

Tínhamos crescido tão perto da cidade, mas poucos de nós a conheciam.

Um xeque entrou na sala, e nos calamos. Era um senhor maduro, de cabelos brancos, vestido com largas calças pretas e sandálias populares entre os extremistas do EI, e embora suas calças fossem mais curtas do que o habitual e não lhe servissem direito, ele atravessou a sala e nos encarou com uma arrogância que me levou a pensar que ele deveria ser alguém muito importante.

– Quantos anos ela tem? – apontou para uma jovem de Kocho, encolhida no canto.

A menina tinha uns 13 anos.

– Bem novinha – disse um extremista com orgulho.

Pelo sotaque, deu para notar que o xeque era de Mossul. Talvez tivesse ajudado os terroristas a tomar a cidade. Talvez fosse um magnata que ajudou o EI a crescer, talvez um líder religioso, ou alguém outrora importante quando Saddam estava no poder, só aguardando a hora de retomar a autoridade que os americanos e os xiitas tinham-lhe subtraído. Era possível, também, que acreditasse mesmo em toda a propaganda religiosa; era isso que todos nos diziam, quando indagávamos por que faziam parte do EI, mesmo os que não falavam árabe e não sabiam orar. Diziam-nos que tinham razão e que Deus estava ao lado deles.

O xeque apontava para nós como se já fosse dono de todas as moças na sala, e, minutos depois, escolheu três – todas de Kocho. Depois de entregar ao extremista um punhado de dólares, ele saiu da sala e as três meninas foram arrastadas atrás dele ao piso inferior, onde as compras do homem foram registradas e processadas.

O clima na sala mudou para o pânico absoluto. A essa altura, já sabíamos o que o EI havia planejado para nós, mas não tínhamos ideia de quando novos compradores chegariam e como seríamos tratadas por eles. A espera era uma tortura. Algumas moças sussurraram sobre tentar fugir, mas isso era impossível. Mesmo se conseguíssemos pular a janela, a casa, obviamente uma espécie de núcleo terrorista, estava repleta de membros do Estado Islâmico. Era impossível uma de nós escapar sem ser notada. Além disso, Mossul é uma cidade vasta e desconhecida. Se por acaso conseguíssemos escapulir da multidão de extremistas lá embaixo, nem saberíamos para que lado correr. Haviam nos trazido até ali à noite, com as janelas tapadas. Fariam qualquer coisa para garantir que não saíssemos com vida.

A conversa logo enveredou para suicídio. Admito que, no início, isso passou por minha cabeça. Qualquer coisa seria melhor do que o horror descrito pela mulher na véspera. Kathrine e eu fizemos um pacto com as outras.

— Preferimos morrer a sermos compradas e usadas pelo *Daesh* — dissemos.

Tirar a própria vida nos parecia mais honroso do que nos submetermos aos extremistas, e seria a nossa única maneira de reagir. Ainda assim, era impossível presenciar uma de nossas vizinhas tirando a própria vida. Uma menina envolveu o xale em torno do pescoço, dizendo que iria se estrangular, mas as outras arrancaram o xale das mãos dela. Algumas diziam:

— Não podemos escapar, mas se chegarmos ao telhado, podemos saltar.

A imagem de minha mãe não saía de minha cabeça. Para ela, nada justificava o suicídio. Quando algo de ruim acontecia comigo, ela sempre me dizia:

— Precisa acreditar que Deus vai cuidar de você.

Após meu acidente na lavoura, ela se sentou ao meu lado no hospital rezando para que eu sobrevivesse, e gastou muito dinheiro com as joias que me deu quando despertei. Ela queria muito que eu sobrevivesse. Agora eu não poderia tirar minha própria vida.

Rapidamente, revertemos o nosso pacto. Não nos mataríamos; ajudaríamos umas às outras, até onde estivesse a nosso alcance, e aproveitaríamos a primeira oportunidade para fugir. Enquanto esperávamos naquela casa, tornou-se claro o quão vasto era o comércio de escravas na Mossul dominada pelo EI. Milhares de moças iazidis haviam sido arrancadas de suas casas e estavam sendo compradas e negociadas, ou dadas como mimos a terroristas de alto escalão e xeques, e levadas a cidades de todo o Iraque e Síria. Não fazia diferença se uma jovem se matasse, ou até mesmo cem. Os membros do EI não dariam importância a nossas mortes e não mudariam seu modo de agir. Além disso, a essa altura, tendo perdido algumas escravas, os extremistas nos vigiavam para garantir que, mesmo se cortássemos os pulsos ou nos estrangulássemos com os lenços, não chegássemos a morrer pelos ferimentos autoinfligidos.

Um extremista entrou no quarto exigindo os documentos que ainda tivéssemos.

– Todos os documentos que afirmam que vocês são iazidis, podem nos entregar – falou ele, e foi jogando tudo num saco.

Lá embaixo, empilharam todos os documentos – identidades, cartões do bolsa-alimentação, certidões de nascimento – e os queimaram, transformando tudo num monte de cinzas. Era como se eles pensassem que, ao destruir nossos documentos, poderiam apagar a existência dos iazidis do Iraque. Entreguei tudo o que eu tinha, exceto o cartão do bolsa-alimentação de minha mãe, que enfiei no sutiã. Era tudo o que eu tinha dela.

No banheiro, enxaguei o rosto e os braços. Não tive coragem de me olhar no espelho pendurado sobre a pia. Baixei os olhos e não consegui me olhar. Eu suspeitava que já não reconheceria a moça naquele reflexo. Nos azulejos acima do chuveiro, vislumbrei as gotas avermelhadas de que a mulher havia falado na véspera. Os respingos de sangue no alto da parede eram tudo o que havia sobrado de algumas moças iazidis que tinham vindo antes de mim.

Depois disso, fomos separadas de novo, desta vez em dois grupos. Consegui ficar com Kathrine, e tivemos que fazer uma fila para reembarcar nos ônibus. Algumas outras – todas elas moças que eu conhecia de Kocho – ficaram para trás. Nem chegamos a nos despedir delas, e mais tarde ficamos sabendo que aquele grupo havia sido levado para além da fronteira, em direção a Raqqa, a capital do EI na Síria. Suspirei de alívio por ficar no Iraque. Não importava o que fosse acontecer, eu pensava que poderia sobreviver enquanto estivesse em meu país.

Embrenhei-me rápida ao fundo do ônibus para garantir um lugar na janela, onde eu pensava que seria mais difícil ser importunada por Abu Batat ou outro extremista. Era estranho sair em plena luz do dia, na forte luz do verão, após passarmos os últimos dias no interior de recintos com cortinas fechadas, ou sendo transportadas de cidade em cidade na escuridão. O ônibus partiu e espiei as ruas de Mossul por entre as cortinas. No início, pareciam bem normais, assim como na cidade de Sinjar, com o povo indo à feira e levando os filhos à escola. Mas, ao contrário de Sinjar, Mossul estava cheia de terroristas do Estado Islâmico. Operando postos de controle, patrulhando as ruas, empoleirados nas traseiras das picapes ou apenas vivendo suas novas vidas na cidade modificada, comprando hortifrútis e proseando com os vizinhos. Todas as mulheres vestiam abaias e nicabes pretos; o EI determinou que era ilegal uma mulher sair sozinha ou com a pele descoberta, então elas flutuavam pelas ruas, quase invisíveis.

Sentamo-nos quietas, zonzas e aterrorizadas. Agradeci a Deus por estar com Kathrine, Nisreen, Jilan e Rojian. A presença delas me dava o bocadinho de força de que eu precisava para não perder totalmente a razão. Nem todas tiveram a mesma sorte. Uma moça havia sido separada de todas suas amigas e parentes de Kocho, e começou a chorar copiosamente.

– Cada uma de vocês tem alguém, mas eu não tenho ninguém – disse ela, retorcendo as mãos em seu colo.

Queríamos confortá-la, mas ninguém teve a coragem suficiente para tentar.

Perto das dez da manhã, estacionamos diante de uma casa verde de dois pisos, um pouco menor do que a anterior, e fomos empurradas para dentro. No segundo andar, um cômodo já havia sido esvaziado da maioria dos pertences da família que costumava morar lá, embora uma Bíblia na prateleira e um pequeno crucifixo na parede deixassem claro que eles eram cristãos. Algumas moças já estavam lá quando chegamos. Eram de Tel Ezeir, e se amontoavam num canto. Colchonetes estavam empilhados ao longo das paredes, e as janelinhas tinham sido pintadas de preto ou cobertas com mantas pesadas, filtrando o sol do meio-dia em uma luz fraca e deprimente. O espaço inteiro cheirava a desinfetante, a mesma substância pastosa azul fluorescente que as mulheres utilizavam em Kocho para esterilizar nossas cozinhas e nossos banheiros.

Enquanto esperávamos ali sentadas, um extremista entrou na sala para se certificar de que as janelas estavam completamente tapadas e ninguém podia nos enxergar lá dentro, nem nós enxergarmos algo lá fora. Ao perceber a Bíblia e a cruz, ele resmungou para si mesmo, pegou um engradado de plástico, jogou os objetos nele e depois levou o engradado para fora da sala.

Na saída, aos gritos, nos mandou tomar banho.

– Todas vocês, iazidis, sempre fedem assim? – indagou com um olhar exagerado de asco em seu rosto.

Pensei em Saoud, voltando para casa do Curdistão e nos contando que as pessoas lá zombavam dos iazidis, dizendo que cheirávamos mal, e o quanto eu costumava me irritar ao ouvir isso. Mas com o EI, eu até queria cheirar mal. A sujeira era uma armadura que nos protegia das mãos de homens como Abu Batat. Eu queria que os extremistas ficassem tão desencorajados com o nosso fedor – após sentarmos em ônibus quentes, muitas de nós vomitando de medo –, que sequer ousariam nos tocar. Em vez disso, eles nos empurraram para o banheiro em grupos e ordenaram:

– Lavem esta sujeira de vocês! Chega de mau cheiro.

Obedecemos e nos lavamos nas pias, jogando água nos braços e nos rostos, relutantes a tirarmos a roupa e ficarmos desnudas tão perto daqueles homens.

Após o extremista sair, algumas moças sussurraram e apontaram para a mesa onda havia um laptop preto.

– Será que funciona? – indagou uma delas. – Talvez tenha internet! A gente pode entrar no Facebook e avisar alguém que estamos em Mossul.

Eu não tinha ideia de como mexer em laptops ou outro computador – aquele era o primeiro que eu já tinha visto de perto –, por isso, só fiquei observando quando duas moças se aproximaram da mesa, devagar. A ideia de se conectar ao Facebook nos dera uma esperança contagiante. Algumas jovens pararam de chorar. Outras se ergueram por conta própria pela primeira vez desde que saímos de Solagh. Meu coração acelerou um pouco. Eu queria tanto que o computador funcionasse.

Uma moça abriu o laptop, e a tela se iluminou. Arfamos, empolgadas, e ficamos vigiando se apareciam extremistas na porta. Ela começou a digitar suavemente, e depois, com mais vigor, frustrada. Logo fechou a tampa e se virou para nós, cabisbaixa.

– Não funciona – disse ela, quase chorando. – Sinto muito.

As amigas dela a rodearam, reconfortando-a. Todas nós ficamos muito decepcionadas.

– Tudo bem, você tentou – sussurraram para ela. – Além do mais, se o laptop estivesse funcionando, o *Daesh* não o teria deixado aqui.

Corri o olhar até a parede onde as moças de Tel Ezeir estavam sentadas. Desde a nossa chegada, elas não se mexeram nem nos dirigiram a palavra. Estavam tão grudadas, que era difícil dizer onde uma delas terminava e a outra começava. Ao nos fitarem, seus rostos eram máscaras de pura tristeza, e fiquei pensando que a minha aparência deveria ser a mesma.

Capítulo 5

O mercado de escravas abriu à noite. Ouvimos o tumulto lá embaixo, com os terroristas se inscrevendo e se organizando, e quando o primeiro homem entrou na sala, todas as moças começaram a gritar. Foi como o cenário de uma explosão. Soltamos gemidos como se estivéssemos feridas, nos curvando e vomitando no chão, mas nada disso impediu os extremistas. Andaram na sala, para lá e para cá, nos avaliando, em meio a nossos gritos e lamentos. Aquelas de nós que sabiam árabe imploravam em árabe, e as moças falantes de curdo gritavam o mais que podiam, mas os homens reagiam ao nosso pânico como se fôssemos crianças choramingando – irritantes, mas desmerecedoras de atenção.

Gravitaram primeiro em direção às moças mais bonitas, perguntando:
– Quantos anos você tem? – E examinando seus cabelos e suas bocas.
– São virgens, não é mesmo? – perguntaram a um guarda, que assentiu.
– Claro! – como um lojista orgulhoso de seu produto.

Algumas declararam que tinham sido examinadas por um médico para garantir que não estavam mentindo sobre a sua virgindade, enquanto outras, como eu, só tinham sido perguntadas. Outras insistiram que na verdade já não eram mais virgens, que não eram puras, pensando que isso as tornaria menos desejáveis, mas os extremistas sabiam que estavam mentindo.

– São iazidis bem novas – disseram. – Nenhuma moça iazidi faria sexo a menos que fosse casada.

Agora os extremistas nos tocavam, a seu bel-prazer, em qualquer parte de nossos corpos, passando as mãos em nossos seios e nossas pernas, como se fôssemos animais.

O caos reinou enquanto os extremistas passeavam na sala, sondando as moças e fazendo perguntas em árabe ou turco. Nafah, que chegara quando o mercado abriu, escolheu uma adolescente, fazendo os outros extremistas darem risada.

– Sabíamos que você a escolheria – eles brincaram com ele. – Me avisa quando você estiver enjoado dela... Depois a repasse para mim.

– Calma! – gritavam os extremistas para nós. – Fiquem quietas!

Mas as ordens deles só nos faziam gritar ainda mais alto. Um extremista mais velho apareceu na porta, um gorducho com uma pança enorme, chamado Hajji Shakir, que era um dos líderes em Mossul. (*Hajji* é tanto um nome comum quanto um título para homens honrados.) Ele trazia uma moça com ele. Ela vestia o nicabe e a abaia usados por todas as mulheres nas cidades do Estado Islâmico.

– Esta é a minha *sabiyya* – falou ele, empurrando-a para o interior da sala. – Ela vai contar a vocês o quanto está feliz, agora que é muçulmana.

A moça ergueu o nicabe. Embora fosse frágil, era extremamente bonita, com a pele escura e lisinha, e ao abrir a boca, um pequeno dente de ouro reluziu. Calculei que não deveria ter mais do que 16 anos.

– Ela é minha *sabiyya* desde 3 de agosto, quando libertamos Hardan dos infiéis – explicou Hajji Shakir. – Conte a elas como você se sente em paz agora, por estar comigo e por não ser mais *kafir* – voltou a pedir a ela, que permaneceu quieta. – Conte a elas!

Ela baixou o olhar para o tapete, mas não disse nada. Parecia fisicamente incapaz de falar. Logo o caos tomou conta do mercado e, quando olhei para trás, um momento depois, a moça havia saído porta afora. Hajji Shakir, nesse meio-tempo, abordara outra *sabiyya*, uma jovem que eu conhecia de Kocho.

Fiquei descontrolada. Podia ser inevitável que um extremista me levasse, mas eu não facilitaria as coisas para ele. Dei berros e uivos, estapeando os dedos que se estendiam para me apalpar. Outras moças me imitaram, se enrodilhando no chão ou se jogando sobre as irmãs e as amigas para tentar protegê-las. Não tínhamos mais medo de sermos espancadas, e muitas de nós (inclusive eu) aventamos a possibilidade de irritá-los a ponto de sermos mortas. Um extremista me esbofeteou e falou:

– Esta é a que nos causou todos os problemas de ontem.

Fiquei surpresa, pois a bofetada não me doeu quase nada. Foi bem mais dolorido o que ele fez depois, esfregando a mão em meus seios. Afastou-se, e desabei no chão, e Nisreen e Kathrine tentaram me consolar.

Nesse meio-tempo, outro extremista parou em nossa frente. Abracei meus joelhos até encostá-los na testa, e tudo o que eu podia ver eram as botinas dele, e um par de canelas, tão grossas como toras, saltando para fora delas. Tratava-se de Salwan, um extremista do alto escalão que viera com outra moça, mais uma iazidi de Hardan. Ele planejava deixar a moça na casa e comprar uma substituta. Ergui o olhar para ele. Era o homem mais corpulento que eu já tinha visto na vida, um gigante num *dishdasha* branco tão grande, que mais parecia uma barraca, fazendo uma carranca por trás de sua barba ruiva. Nisreen, Rojian e Kathrine tentaram me esconder, mas ele não foi embora.

– Levante-se – ordenou ele, mas não me levantei, e ele me chutou. – Você! A moça de jaqueta cor-de-rosa! Falei para se levantar!

Gritamos e nos amontoamos num bolinho mais apertado, mas isso só deixou Salwan ainda mais eriçado. Ele se inclinou e tentou nos separar, agarrando nossos ombros e nossos braços. Mesmo assim, nós nos abraçamos umas às outras como se fôssemos uma só pessoa. A nossa resistência o deixou furioso, e ele ralhou para que nos levantássemos, dando chutes em nossos ombros e nossas mãos. Por fim, a luta chamou a atenção de um guarda, que veio ajudá-lo. Com um cassetete, ele bateu em nossas mãos até a dor ser tão grande que fomos obrigadas a nos largar umas das outras. Após termos sido separadas, Salwan assomou sobre mim com um sorrisinho nos lábios e, pela primeira vez, eu vi o rosto dele com clareza. Seus olhos encovados se afundavam no rosto bolachudo, quase inteiramente coberto de barba. Não parecia humano – mais parecia um monstro.

Não conseguimos mais resistir.

– Vou com você – falei. – Mas você também tem que levar Kathrine, Rojian e Nisreen.

Nafah veio conferir o que é que estava acontecendo. Ao me ver, seu rosto ficou vermelho de raiva.

– É você de novo? – vociferou ele, e esbofeteou uma por uma de nós.

– Não vou sem elas! – bradei de volta, e Nafah começou a nos esbofetear mais rápido e mais forte, bofetadas e mais bofetadas, até entorpecer nossas bochechas e Rojian começar a sangrar na boca.

Em seguida, ele e Salwan escolheram a mim e a Rojian e nos arrancaram de perto de Kathrine e Nisreen, nos arrastando lá para baixo. Os passos de Salwan soaram pesados na escadaria. Não pude dizer adeus a Kathrine ou Nisreen, nem sequer olhar para trás enquanto me levavam embora.

***

Atacar Sinjar e se apoderar de moças para transformá-las em escravas sexuais não tinham sido decisões tomadas no campo de batalha por combatentes gananciosos. O EI premeditara tudo: como entrariam em nossas casas, o que aumentava ou diminuía o valor das moças, quais terroristas mereciam uma *sabiyya* como incentivo e quais deveriam pagar. Inclusive faziam propaganda sobre as *sabaya* em sua pomposa revista, a *Dabiq*, na ânsia de atrair novos recrutas. A partir de suas bases na Síria e de seus grupos infiltrados no Iraque, mapearam o comércio de escravas durante meses, definindo o que consideravam legal e ilegal sob o prisma islâmico, e escreveram um código para que todos os membros do EI obedecessem às mesmas regras brutais. Qualquer pessoa pode consultar esse documento – os detalhes do plano para as *sabaya* estão coligidos num panfleto emitido pelo Departamento de Pesquisas e Fátuas do EI.

E é repugnante, em parte pelo conteúdo e em parte pelo modo frio como o conteúdo é apresentado pelo EI, como se tratasse das leis de qualquer Estado, certos de que estão fazendo algo sancionado pelo Alcorão.

As *sabaya* podem ser dadas de presente e vendidas ao capricho do dono, "pois não passam de mera propriedade", diz o panfleto do EI. As mulheres não devem ser separadas dos filhos pequenos – por isso que Adkee e Dimal foram deixadas em Solagh –, mas filhos crescidos, como Malik, podem ser afastados das mães. Existem regras para quando a *sabiyya* engravida (ela não pode ser vendida) ou o dono dela morre (ela é distribuída como "parte de seu espólio"). O dono pode fazer sexo com uma escrava pré-púbere, diz o panfleto, se ela estiver "apta à relação sexual" e, se ela não estiver, "então basta desfrutá-la sem penetração".

Muitas coisas eles justificam com versos do Alcorão e leis islâmicas medievais, que o EI aplica seletivamente e espera que seus seguidores entendam ao pé da letra. É um documento horrível e chocante. Mas o EI não é tão original quanto os seus membros imaginam. O estupro tem sido usado ao longo da história como arma de guerra. Nunca pensei que eu teria algo em comum com as mulheres na Ruanda – antes de tudo isso, eu nem sabia da existência de um país chamado Ruanda –, e agora eu estava ligada a elas da pior maneira possível, como vítima de um crime de guerra sobre o qual é tão difícil falar que ninguém no mundo foi processado por cometê-lo até apenas 16 anos antes de o EI invadir a região de Sinjar.

No térreo, um escrivão anotava as transações num livro, registrando nossos nomes e os nomes dos extremistas que nos levavam. Comparado ao andar superior, o térreo era ordenado e calmo. Sentei-me num sofá com outras moças, mas Rojian e eu estávamos muito assustadas para falar com elas. Fiquei pensando em ser levada por Salwan, no quanto ele parecia forte e no quão facilmente poderia me esmigalhar com as próprias mãos. Não importasse o que ele fizesse, e não importasse o quanto eu resistisse, eu nunca seria capaz de o repelir. Ele cheirava a ovo podre e colônia.

Baixei o olhar para o chão e fiquei vendo pés e tornozelos dos extremistas e das moças que caminhavam por ali. Na multidão, avistei um par de sandálias masculinas e tornozelos magros, quase femininos, e antes que eu pudesse pensar no que eu estava fazendo, eu me atirei e me abracei nas canelas daquele homem. Comecei a implorar.

– Por favor, me leve com você – roguei. – Faça o que quiser comigo, eu simplesmente não posso ir com esse gigante.

Ainda me surpreende o tipo de decisão que todas nós tomamos, imaginando ser possível que uma escolha nos levaria à tortura, enquanto a outra nos salvaria, sem perceber que agora estávamos num mundo onde todas as rotas levavam ao mesmíssimo e tenebroso lugar.

Não sei por que o magricela concordou, mas me deu uma olhadela e se virou para Salwan, dizendo:

– Ela é minha.

Salwan não discutiu. O magricela era um juiz em Mossul, e ninguém o desobedecia. Ergui a cabeça e pensei ter aberto um sorrisinho para Salwan, achando que eu tinha vencido, mas então ele agarrou o meu cabelo e puxou a minha cabeça para trás com violência.

– Agora ele pode ficar com você – vaticinou Salwan. – Mas daqui a alguns dias você vai estar comigo.

Largou-me, e a minha cabeça pendeu para a frente.

Segui o magricela até a mesa.

– Qual é o seu nome? – ele me perguntou numa voz baixa, mas rude.

– Nadia – respondi, e ele se virou para o escrivão.

O escrivão pareceu reconhecer o extremista imediatamente e começou a tomar nota de nossas informações. Ele falou em voz alta ao registrar os nossos nomes: "Nadia, Hajji Salman". Ao pronunciar o nome de meu captor, a voz dele meio que fraquejou um pouco, como se estivesse com medo, e fiquei me perguntando se eu não havia cometido um erro e tanto.

Capítulo 6

Salwan se apossou de Rojian, que era tão jovem e tão inocente, e anos depois ainda penso nele com muita raiva. Meu sonho é um dia levar todos os terroristas ao banco dos réus, não apenas os líderes como Abu Bakr al-Baghdadi, mas todos os guardas e donos de escravas, cada homem que puxou um gatilho e empurrou os corpos de meus irmãos para dentro de uma vala comum, cada combatente que tentou fazer lavagem cerebral com meninos para eles odiarem as próprias mães por elas serem iazidis, cada iraquiano que acolheu os terroristas em suas cidades e os ajudou, pensando com seus botões, *Até que enfim vamos nos livrar desses infiéis.* Todos deveriam ser julgados perante o mundo inteiro, como os líderes nazistas após a Segunda Guerra Mundial, sem ter a chance de se esconder.

Em minha fantasia, Salwan é o primeiro a ser julgado, e todas as moças daquela segunda casa em Mossul estão no tribunal, testemunhando contra ele.

– Foi ele – eu digo, apontando para o monstro. – Foi este homenzarrão que aterrorizou a todas nós. Que ficou assistindo aos outros me espancarem.

Então, Rojian, se quisesse, contaria ao tribunal o que ele fez com ela. Se ela estivesse muito assustada ou traumatizada, eu falaria por ela.

– Salwan não apenas a comprou e abusou dela sem parar, como também a espancava sempre que podia – eu contaria ao tribunal. – Até mesmo naquela primeira noite, quando Rojian estava muito assustada e exausta para sequer pensar em reagir, Salwan a espancou ao descobrir que ela estava usando várias camadas de roupa, e a espancou e a culpou por minha fuga.

Quando Rojian conseguiu escapar, ele comprou a mãe dela e a escravizou, para se vingar. A mãe dela tinha um neném com 16 dias de idade, que Salwan tirou dela, embora suas próprias regras dissessem que não podiam separar a mãe de seus filhos. Ele a avisou que ela jamais veria o neném outra vez. (Muitas das regras do EI, eu descobriria, eram feitas para serem quebradas.) Eu contaria ao tribunal todos os detalhes do que ele fez a ela, e eu rezo a Deus para que, quando o EI for derrotado, Salwan seja capturado vivo.

Naquela noite, quando a justiça era um sonho distante e não havia nenhuma chance de sermos resgatadas, Hajji Salman e eu saímos da casa para o jardim, seguidos por Rojian e Salwan. Os gritos do mercado de escravas nos acompanharam, altos o suficiente para ecoar por toda a cidade. Pensei nas famílias que moravam nas casas daquelas ruas. Estavam jantando? Colocando os filhos na cama? Em hipótese alguma deixariam de ouvir o que estava acontecendo na casa. Música e televisão, que poderiam ter abafado os nossos gritos, estavam proibidas pelo EI. Talvez quisessem ouvir nossa angústia, que era evidência do poder da nova liderança do Estado Islâmico. O que achavam que aconteceria com eles no final, quando as forças iraquianas e curdas lutassem para reconquistar Mossul? Achavam que o EI os protegeria? Estremeci com esse pensamento.

Entramos num carro, Rojian e eu no banco de trás, os homens na frente, e nos afastamos da casa.

– Estamos indo para minha casa – avisou Hajji Salman em seu celular. – Tem oito moças aí agora. Livre-se delas.

Estacionamos diante de um grande salão, espécie de ambiente para casamentos, com uma porta de folha dupla entre colunas de concreto. Parecia que o local estava sendo usado como mesquita. Lá dentro, o espaço estava repleto de extremistas do Estado Islâmico, cerca de 300 deles, todos rezando. Nenhum deles prestou atenção em nós quando entramos, e fiquei perto da porta, enquanto Hajji Salman pegou dois pares de sandálias de uma grande pilha e nos entregou. Eram sandálias masculinas, feitas de couro, muito grandes, e parecia difícil andar com elas, mas os extremistas do EI tinham confiscado nossos sapatos e agora estávamos descalças. Tentamos não tropeçar ao passarmos pelos homens rezando e voltamos para o lado de fora.

Salwan esperava perto de outro carro, e ficou claro que desejavam separar Rojian de mim. Entrelaçamos nossas mãos e imploramos para não nos separassem.

– Por favor, não nos separem – rogamos, mas nem Salwan tampouco Hajji Salman nos deram ouvidos.

Salwan agarrou Rojian pelos ombros e a arrancou de mim. Parecia tão pequenina e tão jovem. Gritamos os nomes uma da outra, mas foi inútil. Rojian desapareceu num carro com Salwan, deixando-me sozinha com Hajji Salman, com a sensação de que eu podia morrer, bem ali, de desgosto.

Hajji Salman e eu entramos num carrinho branco, onde um motorista e um jovem guarda chamado Morteja esperavam por nós. Morteja me encarou quando me sentei ao lado dele, e fiquei pensando que, se Hajji Salman não estivesse lá, ele teria tentado me tocar como os homens no mercado de escravos. Eu me encolhi contra a janela e me sentei tão longe dele quanto pude.

A essa altura, as ruas estreitas estavam quase vazias e escuras como breu, iluminadas apenas com as luzes de casas energizadas por ruidosos geradores. O trajeto, que durou cerca de vinte minutos, foi feito em silêncio, numa escuridão tão espessa que parecia, que estávamos dirigindo na água, até que paramos.

– Saia do carro, Nadia – ordenou Hajji Salman.

Ele me puxou bruscamente pelo braço através de um portão que conduzia a um jardim. Levei um instante até perceber que estávamos de volta à primeira casa, a base do Estado Islâmico, onde os extremistas tinham separado um grupo de moças destinadas a atravessar a fronteira.

– Vão me levar para a Síria? – indaguei baixinho, e Hajji Salman não respondeu.

Lá do jardim, escutávamos moças gritando no interior da casa, e, minutos depois, oito moças vestindo abaias e nicabes foram puxadas por extremistas através da porta da frente. Enquanto caminhavam, elas viraram a cabeça para mim e ficaram me encarando. Talvez tivessem me reconhecido. Talvez fossem Nisreen e Kathrine, tão assustadas quanto eu para falar algo. Sejam lá quem fossem, seus rostos estavam ocultos atrás dos nicabes, e um momento depois foram empurradas a bordo de um micro-ônibus. Em seguida, as portas se fecharam, e o veículo se afastou.

Um guarda me conduziu a um quarto vazio. Não vi nem ouvi outras moças, mas, como nas outras casas, o EI deixara pilhas de lenços e roupas iazidis como prova de todas as moças que já haviam estado lá. Um montículo de cinzas era tudo o que restava dos documentos que tinham nos tirado. Só a identidade de uma moça de Kocho estava parcialmente intacta; ela emergia das cinzas como uma plântula minúscula.

Como o EI não se dera ao trabalho de retirar da casa os pertences dos antigos proprietários, fragmentos de suas vidas estavam em toda parte. Numa sala, usada como academia de fitness, as paredes estavam repletas de fotos emolduradas de um rapaz, que eu presumi ser o filho mais velho, erguendo halteres enormes. Outro ambiente servia como sala de jogos, como bilhar. Os mais tristes, porém, eram os quartos das crianças, ainda forrados de brinquedos e edredons coloridos, prontos para quando as crianças voltassem.

– A quem esta casa pertencia? – perguntei a Hajji Salman quando ele retornou.

– Um xiita – contou ele. – Um juiz.

– O que aconteceu com a família dele?

Eu torcia para que tivessem fugido e a essa altura já estivessem a salvo nas áreas curdas. Apesar de não serem iazidis, fiquei desolada por eles. Assim como em Kocho, o EI havia usurpado tudo desta família.

– Ele foi para o inferno – disse Hajji Salman, e eu parei de fazer perguntas.

Hajji Salman foi tomar banho. Voltou com as mesmas roupas de antes, e eu senti a vaga mistura de odores – o cheiro de suor das roupas, a colônia e o sabonete. Fechou a porta atrás de si e sentou-se no colchão ao meu lado. Sem demora, eu balbuciei:

– Estou menstruada –, e desviei o olhar, mas ele não respondeu.

– De onde você é? – quis saber ele, perto de mim.

– De Kocho – respondi.

Apavorada como eu estava, eu mal havia pensado em minha casa ou em minha família ou em qualquer outra coisa além do que estava para acontecer comigo aqui e agora. Era doloroso pronunciar o nome de minha aldeia. Isso reacendia memórias de casa e das pessoas que eu amava. A lembrança mais vívida era de minha mãe calmamente repousando sua cabeça descoberta em meu colo enquanto esperávamos em Solagh.

– O povo iazidi é infiel, você sabe – falou Hajji Salman. Ele falava baixinho, quase num sussurro, mas não havia nada de gentil nele. – Deus quer que vocês sejam convertidos, e se não conseguirmos, então podemos fazer o que quisermos com vocês.

Fez uma pausa.

– O que aconteceu com a sua família? – indagou.

– Quase todos nós conseguimos escapar – eu menti. – Só três de nós fomos capturadas.

– Fui a Sinjar em 3 de agosto, quando tudo começou – contou ele, relaxando na cama como se estivesse narrando uma história feliz. – Ao longo da estrada, avistei três iazidis em uniformes policiais. Estavam tentando escapar, mas consegui alcançá-los, e quando consegui, eu os matei.

Fitei o chão, incapaz de falar.

– Viemos a Sinjar para matar todos os homens – prosseguiu meu captor – e para sequestrar as mulheres e as crianças, todas elas. Infelizmente, algumas pessoas conseguiram fugir para a montanha.

Hajji Salman falou assim por quase uma hora, e fiquei ali, sentada na borda do colchão, tentando não ouvir o que ele dizia. Ele amaldiçoou a minha casa, a minha família e a minha religião. Contou que passara sete anos na penitenciária de Badush, em Mossul, e queria se vingar dos infiéis no Iraque. Os fatos acontecidos em Sinjar eram coisas boas, declarou ele. Eu deveria estar feliz com o plano do EI de exterminar o iazidismo do Iraque. Tentou me convencer a me converter, mas recusei. Não conseguia nem olhar para ele. As palavras dele perderam o sentido. Fez uma pausa em seu monólogo para atender a um telefonema da esposa, a quem chamou de Umm Sara.

Embora ele falasse coisas para me magoar, eu torcia para que ele não parasse de falar nunca. *Enquanto ele continuasse a falar, ele não me tocaria*, eu pensei. As regras iazidis para o convívio entre moças e rapazes não eram tão rigorosas quanto em outras comunidades no Iraque, e em Kocho eu tinha passeado de carro com amigos homens e tinha sido acompanhada à escola por colegas homens, sem me preocupar com o que as pessoas iriam falar. Mas esses rapazes nunca teriam me tocado ou me machucado, e antes de Hajji Salman, eu nunca tinha ficado assim, sozinha com um homem.

– Você é a minha quarta *sabiyya* – disse ele. – As outras três agora já são muçulmanas. Fiz isso por elas. As iazidis são infiéis... é por isso que estamos fazendo isso. Para ajudar vocês.

Após terminar sua fala, mandou que eu me despisse. Comecei a chorar.

– Estou menstruada – repeti.

– Prove – disse ele, enquanto se despia. – Foi isso que as minhas outras *sabaya* disseram, também.

Tirei a roupa. Como eu realmente estava menstruada, ele não me estuprou. O manual do Estado Islâmico não proíbe fazer sexo com *sabaya* que estiverem menstruadas, mas o captor deve primeiro esperar que sua escrava termine seu ciclo menstrual para depois fazer sexo com ela, para ter certeza de que ela não está grávida. Talvez tenha sido isso que impediu Hajji Salman naquela noite.

Ainda assim, ele não me deixou em paz. A noite toda ficamos deitados no colchão, nus, e ele não parou de me tocar. Eu me senti como eu me sentira no ônibus quando Abu Batat ficou enfiando a mão em meu vestido e apertando meus seios com força – o meu corpo ficou machucado e entorpecido em todas as partes tocadas por Hajji Salman. Eu estava muito assustada para lutar contra ele, e, além do mais, isso não fazia o menor sentido. Eu era pequenina, magra e fraca. Não comia uma refeição decente há dias, talvez ainda mais tempo se eu incluísse o cerco em Kocho, e nada o impediria de fazer o que quisesse.

***

Quando abri os olhos pela manhã, Hajji Salman já estava acordado. Comecei a me vestir, mas ele me impediu.

– Tome um banho, Nadia – ordenou ele. – Temos um longo dia pela frente.

Após a ducha, ele me entregou abaia e nicabe pretos, que eu coloquei por cima de meu vestido. Era a primeira vez que eu usava as roupas de uma muçulmana conservadora, e embora o tecido fosse leve, achei difícil de respirar. Lá fora, escondida atrás do meu nicabe, conheci o bairro à luz do dia pela primeira vez. Obviamente, o juiz xiita havia sido rico; morava numa parte opulenta de Mossul, onde casas elegantes eram construídas com grandes pátios frontais e cercadas por muros. A propaganda religiosa do Estado Islâmico exerce forte atração sobre jihadistas em potencial, mas adeptos do mundo inteiro também foram seduzidos com a promessa de dinheiro, e, ao entrarem em Mossul, primeiro ocupavam as melhores casas e saqueavam o resto de tudo o que quisessem. Moradores que não tinham abandonado a cidade foram informados de que receberiam de volta a autoridade perdida por eles após 2003, quando os Estados Unidos desmantelaram as instituições baathistas e redistribuíram o poder aos xiitas do Iraque, mas também receberam uma pesada carga de tributos do EI, que me parecia um grupo terrorista governado pela ganância.

O EI parecia se divertir pela maneira como dominava os edifícios mais importantes da cidade, içando sua bandeira preta e branca onde quer que fosse. O aeroporto local e o vasto campus da Universidade de Mossul, que outrora tivera algumas das melhores faculdades do Iraque, tornaram-se bases militares. Extremistas invadiram o Museu Mossul, o segundo maior em todo o Iraque, destruindo artefatos que afirmavam ser anti-islâmicos e vendendo outros num mercado negro planejado para financiar sua guerra. Até mesmo o Hotel Nineveh Oberoi, sofisticado hotel cinco estrelas construído nos anos 1980, no governo Saddam, foi ocupado por líderes do grupo terrorista. Os melhores quartos, o pessoal dizia, eram reservados aos bombardeiros suicidas.

Quando o EI veio em 2014, centenas de milhares de pessoas deixaram Mossul, esperando durante horas nos postos de controle do GRC para entrar no Curdistão, e os entulhos de sua fuga ainda estavam frescos ao longo das estradas que Hajji Salman e eu percorríamos. Carros abandonados haviam sido queimados até virarem esqueletos escuros; vergalhões saltavam para fora dos escombros de casas atoradas ao meio; farrapos de uniformes policiais iraquianos cobriam as estradas, deixadas por policiais que pensavam que teriam mais chances de ficar vivos se tirassem seus uniformes. Consulados, tribunais, escolas, delegacias e bases militares agora estavam sob controle do EI, e o grupo deixava a sua marca em todos os lugares, pendurando bandeiras, discursando a todo volume em alto-falantes nas mesquitas, até mesmo riscando os rostos das crianças num mural da parte externa duma escola de ensino fundamental, pois consideravam esses retratos *haram*, ou pecadores.

Prisioneiros da penitenciária de Badush haviam sido libertados e, em contrapartida, solicitados a jurar lealdade ao EI. Juntando-se aos extremistas, eles explodiram santuários e locais sagrados de cristãos, sufis e xiitas, prédios que faziam tão parte do Iraque quanto as montanhas. Ao menos a grande mesquita de Mossul ainda permanecia em pé na cidade velha, mas ela tornou-se menos bonita quando Baghdadi subiu em seu púlpito e declarou que a segunda cidade mais importante do Iraque era a capital do EI no Iraque e, por volta de 2017, já estava destruída como a maior parte da cidade.

Enfim paramos em frente ao Tribunal de Mossul, um grande prédio cor de areia na margem ocidental do Rio Tigre, com pináculos fininhos que me lembravam os de uma mesquita. Uma grande bandeira do Estado Islâmico tremulava no alto do tribunal. O edifício era crucial ao plano do Estado Islâmico para instituir uma nova ordem em Mossul, uma ordem conduzida não pelas leis do governo iraquiano central, mas pelas crenças fundamentalistas do Estado Islâmico. Os documentos de identidade do Estado Islâmico substituíram as nossas identidades iraquianas, e os carros já estavam sendo licenciados com novas placas do Estado Islâmico. Na Mossul controlada pelo EI, as mulheres tinham que andar o tempo inteiro cobertas – em nicabes e abaias – e escoltadas por homens se quisessem sair de casa. O EI proibiu televisão, rádios e até cigarros. Os civis que não se filiassem ao grupo terrorista tinham que pagar uma taxa se quisessem sair de Mossul, e só eram autorizados a se ausentar da cidade por um tempo limitado. Caso se ausentassem por muito tempo, seus familiares poderiam sofrer punições, e sua casa e propriedade poderiam ser confiscados por "abandonar o califado". Muitos dos julgamentos eram realizados neste tribunal.

Ali dentro, as multidões esperavam as audiências com oficiais e juízes. Uma fila de extremistas com mulheres trajadas de pretos, que presumi serem *sabaya* como eu, esperavam na frente de uma sala específica. Lá preencheríamos documentos que reconheciam oficialmente quais moças iazidis pertenciam a quais extremistas. Seríamos forçadas a nos converter ao Islã, e essa conversão também seria registrada. Então um juiz nos declararia propriedade do homem que nos trouxe. Era esse contrato de estupro que os extremistas, inclusive Hajji Salman, chamavam de "casamento".

Quando os extremistas que trabalhavam ali avistaram Hajji Salman, nos acenaram para furar a fila. Ouvindo uma conversa aqui, outra ali, fui entendendo melhor qual a função de meu captor para o EI. Hajji Salman era um magistrado, e o seu trabalho consistia em determinar se um réu que havia sido considerado culpado deveria receber a pena de morte.

Lá dentro, a sala estava vazia, à exceção de um juiz de barba grisalha sentado atrás de uma larga escrivaninha, cercado de papéis. Ao fundo, uma grande bandeira do Estado Islâmico tremulava ao vento do refrigerador de ar, e mais dois emblemas do EI ornavam os ombros de seu uniforme. Quando entramos, rezei intensamente para que Deus me perdoasse pelo que estava prestes a acontecer. *Sempre vou acreditar no Senhor*, eu rezei. *Sempre serei iazidi.*

O juiz, Husayn, era severo e eficiente.

– Levante o seu nicabe – ordenou ele, e eu o obedeci, mostrando meu rosto para ele.

– Conhece a *shahada*? – indagou ele.

– Sim – respondi.

Todos conheciam a singela oração islâmica, que demonstra o compromisso de um convertido com o Islã, a qual os muçulmanos recitam quando rezam. Quando terminei, o rosto do juiz Husayn se iluminou.

– Deus te abençoe – disse ele para mim. – Você está fazendo uma coisa maravilhosa.

Então pegou uma câmera em sua mesa e tirou uma foto de meu rosto descoberto. Em seguida se virou a Hajji Salman e falou:

– Agora ela é sua *sabiyya*. Faça com ela o que lhe aprouver – e procuramos a saída do tribunal.

Com esses "casamentos", o EI continuava seu lento assassínio de moças iazidis. Primeiro, nos arrancaram de nossas casas e mataram nossos homens. Em seguida nos separaram de nossas mães e nossas irmãs. Em qualquer lugar em que estivéssemos, eles nos lembravam de que não passávamos de mera propriedade, prontas para sermos tocadas e abusadas, da forma como Abu Batat apertara meu seio como se quisesse arrebentá-lo ou Nafah apagara cigarros em meu corpo. Todos esses crimes eram etapas no assassínio de nossas almas.

Arrancar de nós a nossa religião foi a mais cruel. Deixando o tribunal, sentia-me vazia. Quem eu era se eu não fosse uma iazidi? Eu esperava que Deus soubesse que recitei a *shahada* só da boca para fora. Contanto que a minha alma, exterminada pelo EI, pudesse estar na além-vida com Deus e Tawusi Melek, então o EI poderia ter meu corpo.

– A foto é para um documento de identidade? – perguntei a Hajji Salman.

– Não – respondeu ele. – Vão usar a foto para rastrear onde você está e com quem você está. – Apertou meu braço com mais força. – E se você tentar fugir, vão imprimir centenas de cópias dessas fotos com o meu nome e número de telefone ao lado dela e pendurá-las em cada posto de controle para se certificar de que você acabe sendo devolvida a mim. E você vai acabar sendo devolvida para mim.

Acreditei nele, é claro.

Capítulo 7

Saímos do tribunal, entramos no carro e fomos a uma nova casa onde Morteja, o guarda, morava com a família dele. Comparada com a residência de Hajji Salman, era modesta, de um só piso, mas bem maior do que a casa onde cresci. Como eu acabara de me converter, pensei que talvez Hajji Salman ficasse com pena de mim e me contasse o que acontecera com as minhas parentes, então perguntei a ele.

– Por favor, pode me levar para ver Kathrine, Nisreen e Rojian? – implorei. – Só quero ter certeza de que elas estão bem.

Para minha surpresa, ele disse que tentaria:

– Sei onde elas estão. Vou dar um telefonema. Talvez você possa vê-las um tempinho, mas agora temos que esperar aqui.

Entramos pela cozinha, e logo uma senhora encorpada veio nos receber, apresentando-se como a mãe de Morteja.

– Nadia era uma infiel, mas acabou de se converter – contou Morteja à mãe dele, e ela ergueu os braços roliços em parabéns entusiásticos a Hajji Salman.

– Você não tem culpa de ter nascido iazidi – ela me falou. – A culpa é de seus pais, e agora você vai ser feliz.

Eu não interagia com uma mulher não iazidi desde a minha chegada em Mossul, e procurei, na mãe de Morteja, por um vislumbre de compaixão. Afinal de contas, ela era mãe, e talvez isso significasse mais a ela do que o fato de uma de nós ser sunita e a outra, iazidi. Será que ela sabia o que Hajji Salman fizera comigo na noite anterior, e o que ele planejava fazer assim que terminasse a minha menstruação? Mesmo se não soubesse, com certeza sabia que eu estava ali à força, que fui separada da minha família e que os homens de Kocho haviam sido mortos. Ela não mostrou nenhum carinho ou solidariedade por mim, só alegria em descobrir que, por ter sido obrigada a me converter ao Islã, havia uma iazidi a menos no Iraque.

Eu a odiei, não só por ela ter deixado Mossul ser tomada pelo EI, mas por ter deixado a cidade ser tomada por *homens*. Sob o jugo do EI, as mulheres foram apagadas da vida pública. Os homens se alistavam por razões óbvias – queriam dinheiro, poder e sexo. Eram muito fracos, eu pensava, para descobrir como obter essas coisas sem usar a violência. Seja como for, os membros do Estado Islâmico que eu havia encontrado até agora pareciam sentir prazer em infligir dor nas pessoas. Aqueles homens se locupletavam com leis islâmicas medievais adotadas pelo EI, que lhes dava autoridade total sobre esposas e filhas.

Entretanto, eu não conseguia entender por que motivo uma mulher como a mãe de Morteja se associaria aos jihadistas e celebraria abertamente a escravização de moças. Qualquer mulher no Iraque, seja lá qual fosse a sua religião, tinha que lutar por tudo. Cadeiras no parlamento, controle de natalidade, cargos em universidades – tudo isso foi resultado de ferrenhas batalhas. Os homens detinham o poder, e estavam contentes assim. Por isso, o poder tinha de ser tomado deles por mulheres fortes. Até mesmo a insistência de Adkee em operar o nosso trator era um gesto de igualdade e um desafio para aqueles homens.

Mas quando o EI veio a Mossul, mulheres como a mãe de Morteja os acolheram e comemoraram as políticas cruéis que ocultariam mulheres como ela e explorariam mulheres como eu, além de terem apoiado os terroristas quando eles mataram ou expulsaram os cristãos e xiitas da cidade, gente com quem os sunitas coabitavam há mais de mil anos. Ela escolheu ficar ali, assistir a tudo e viver sob o jugo do EI.

Se algum dia eu presenciasse iazidis em Sinjar atacarem muçulmanos da maneira que o EI nos atacou, em hipótese alguma eu os apoiaria. Ninguém na minha família apoiaria, nem homens nem mulheres. Todos pensam que as mulheres iazidis são fracas, porque somos pobres e vivemos longe das cidades grandes, e eu ouvi falar que as combatentes mulheres do EI estão, a seu modo, provando a sua força no meio dos homens. Mas a força de nenhuma delas – nem da mãe de Morteja, tampouco de uma bombardeira suicida – chegava aos pés da força de minha mãe, que superou tantas dificuldades e que jamais deixaria outra mulher ser vendida e escravizada, seja qual fosse a religião dela.

Hoje eu sei que terroristas mulheres não são novidade. Em todo o mundo e ao longo da história, as mulheres participaram de organizações terroristas, às vezes, exercendo papéis importantes, mas suas ações ainda continuam a surpreender quem desconhece o assunto. O pessoal pressupõe que as mulheres são dóceis demais, em especial no Oriente Médio, para serem violentas. Mas existem muitas mulheres no EI e, como os homens, elas rejeitam todas as crenças, exceto a do Islã, e pensam que, ao se associarem com os terroristas, estão ajudando a causa maior de construir seu califado sunita. Como os homens, elas se consideram vítimas da opressão sectária e da invasão americana. Essas mulheres acreditaram no EI quando eles disseram que se as mulheres os apoiassem, suas famílias teriam mais dinheiro, seus maridos conseguiriam empregos melhores e seus filhos teriam o status que mereciam em seu país. Foram doutrinadas de que era seu dever religioso apoiar os homens, e elas aceitaram isso.

Escutei histórias sobre mulheres do EI que ajudaram as iazidis. Uma moça de Kocho ganhou um celular da esposa de seu captor, um combatente estrangeiro que trouxera a família inteira com ele na distante jornada de seu lar no Ocidente até a Síria. Primeiro, a esposa ficou seduzida pela propaganda do Estado Islâmico, mas logo se horrorizou com a escravidão das mulheres iazidis. Por mérito dessa mulher, as moças iazidis naquela casa conseguiram coordenar ações e serem contrabandeadas da Síria para locais seguros.

É mais comum, no entanto, ouvir histórias de mulheres que são ainda mais cruéis do que os homens. Elas espancam as *sabaya* de seus maridos e as deixam passar fome, por ciúme ou raiva, ou porque somos alvos fáceis. Talvez se considerem revolucionárias – até mesmo feministas – e fiquem dizendo a si mesmas, como muitos fizeram ao longo da história, que a violência em prol de um bem maior é aceitável. Já ouvi falar de tudo isso, e quando penso em levar o EI à justiça por genocídio, eu sinto certa compaixão pelas mulheres. Entendo que as pessoas podem enxergá-las como vítimas. Mas não entendo como alguém pode presenciar e apoiar enquanto milhares de iazidis são vendidas para a escravidão sexual e estupradas até seus corpos arrebentarem. Nada justifica esse tipo de crueldade, e nenhum bem maior pode resultar disso.

A mãe de Morteja continuou falando com Hajji Salman, tentando impressioná-lo.

– Além de Morteja, eu tenho uma filha de 12 anos – contou ela. – E um filho na Síria, lutando com o *Dawla* – usando uma abreviatura árabe para o EI. – Ela sorriu, pensando no filho. – Ele é tão lindo! – gabou-se ela. – Deus vai abençoá-lo.

Após o término das saudações, a mãe de Morteja me indicou um quartinho.

– Espere aqui por Hajji Salman – orientou ela. – Não tente sair e não toque em nada. – E fechou a porta.

Sentei-me na beira da cama e abracei meu corpo. Fiquei imaginando se Hajji Salman estava de fato tentando encontrar as minhas sobrinhas e se eu conseguiria revê-las. Não era incomum que as *sabaya* interagissem umas com as outras – muitas vezes, os homens viajavam com elas –, e era possível que ele me desse o que eu queria para me manter calma, para que mais tarde eu lutasse menos. Desde que eu pudesse ver que a Kathrine e as outras continuavam vivas, eu não me importava com o que viria depois.

Súbito, a porta se abriu, e Morteja entrou. Notei pela primeira vez o quanto ele era jovem, não mais do que um ano mais velho que eu, com a barba curta e desleixada. Estava na cara que ele pertencia ao baixo escalão dos extremistas, e eu não sabia ao certo se ele tinha uma *sabiyya*; se tivesse, não havia sinal de que ela morasse com ele. Sem Hajji Salman por perto, ele se aproximou de mim com mais autoridade, mas parecia afetado, como um menino calçando os sapatos do pai.

Fechou a porta atrás dele e sentou-se na cama perto de mim. Instintivamente encolhi as pernas junto ao meu peito e apoiei a testa nos joelhos, evitando olhar para ele. Apesar disso, ele começou a falar.

– Está feliz por estar aqui? Ou estaria mais feliz se pudesse escapar e ficar com sua família?

Estava zombando de mim; ele sabia como qualquer ser humano responderia àquela pergunta.

– Não sei de nada do que aconteceu com a minha família – eu disse. Implorei a Deus que ele fosse embora.

– O que você me daria se eu ajudasse você a fugir? – ele me perguntou.

– Não tenho nada para dar a você – respondi, sendo sincera, mesmo entendendo a insinuação. – Mas se me ajudar, vou ligar para o meu irmão, e ele vai lhe dar tudo o que você quiser.

Ele riu e perguntou:

– Está com medo? – E foi se aproximando de mim.

– Sim – respondi. – Claro que estou com medo.

– Deixe-me ver – disse ele, estendendo a mão ao meu peito. – Deixe-me ver se o seu coração está batendo mais rápido porque você está com medo.

Quando eu vi a mão dele vindo em minha direção, parei de falar com ele e gritei o mais alto que pude. Queria que o meu grito fizesse desabar as paredes à nossa volta, o teto caísse e nos matasse a todos.

A porta se abriu, e a mãe de Morteja apareceu. Ela encarou o filho com um olhar zangado e falou:

– Deixe a moça em paz. Ela não pertence a você. – E o jovem foi saindo da sala, cabisbaixo, como um garoto acabrunhado. – Ela é uma *kafir* – falou a mãe dele enquanto ele saía e concluiu, me olhando de cara feia. – E ela pertence a Hajji Salman.

Por um momento, eu me perguntei como ela agiria se ela e eu estivéssemos a sós. Ela era omissa e conivente, mas se ela apenas se sentasse ao meu lado e simplesmente se solidarizasse comigo, acho que eu a perdoaria. Ela regulava em idade com a minha mãe, e tinha o corpo macio e carnudo, como o da minha mãe. Se ela dissesse "Sei que trouxeram você aqui à força" ou se ela me perguntasse "Cadê a sua mãe e suas irmãs?", e não falasse nada além disso, eu já teria me sentido muito aliviada. Em minha mente, fantasiei uma cena em que ela esperava Morteja sair e, em seguida, sentava-se ao meu lado na cama, pegava a minha mão, me chamava de sua filha e sussurrava:

– Não se preocupe, vou ajudá-la a escapar. Sou mãe, eu sofro por você.

Para mim, essas palavras teriam sido como um pedaço de pão após semanas sem comer. Mas ela não disse nada. Saiu, e fiquei sozinha de novo naquele quartinho.

Minutos depois, Hajji Salman entrou.

– Agora podemos ir ver Kathrine – ele me disse, e meu coração se sentiu pleno e vazio ao mesmo tempo.

Era com a minha sobrinha que eu mais me preocupava.

***

Kathrine nasceu em 1998, a filha mais velha de Elias, e desde a hora em que nasceu, ela foi especial em nossa família. Foram os protestos chorosos de Kathrine que impediram Elias de se mudar com sua família para outra casa. Ela amava a minha mãe quase com a mesma intensidade do que eu, e ela me amava. Compartilhávamos tudo, até mesmo as roupas, e às vezes nos vestíamos iguais. No casamento de meu primo, nós duas usamos vermelho e, no casamento de um de meus irmãos, nós duas fomos de verde.

Embora eu fosse mais velha, eu estava atrasada uns anos na escola, e, por isso, estudávamos na mesma turma. Kathrine era inteligente, trabalhadeira e mais experiente do que a idade sugeria. Após terminar o sexto ano, abandonou a escola para trabalhar na lavoura. Ela preferia estar ao ar livre com a nossa família do que estudar, e gostava de se sentir útil. Mesmo sendo nova, pequena e calada, ela sabia fazer de tudo, em casa e no campo. Kathrine ordenhava nossas ovelhas e cozinhava tão bem quanto Dimal. Quando alguém adoecia, ela chorava por eles e falava que conseguia sentir a doença dos outros em suas entranhas até eles melhorarem. À noite, antes de adormecer, fazia planos para o futuro.

– Vou me casar aos 25 anos – ela costumava me dizer. – Quero muitos filhos e uma família bem grande.

Durante o cerco, Kathrine passava a maior parte do tempo sentada na frente da tevê, chorando pelas pessoas na montanha. Recusou-se a comer após ficar sabendo que Baso, a irmã dela, fora capturada em Tel Kassr.

– Temos que ser otimistas – eu dizia a ela, acariciando seu rosto, macilento por falta de comida e sono. – Pode ser que a gente consiga sobreviver.

Minha mãe falava para ela:

– Mire-se em seu pai... Precisa ser forte por ele.

Mas Kathrine perdeu a esperança muito cedo e nunca a recuperou.

Kathrine e eu fomos colocadas em picapes diferentes ao deixar Kocho, e só fui revê-la em Solagh, quando ela se abraçou em minha mãe com toda a força, tentando impedir que o EI a levasse embora.

– Vou com minha mãe – ela disse a um extremista do Estado Islâmico. – Ela não consegue andar sozinha.

Mas ele gritou para ela se sentar, e ela obedeceu.

Em Mossul, quem se preocupou mais comigo foi Kathrine.

– Não grite de novo – disse ela. – Sei o que Abu Batat estava fazendo. Ele fez o mesmo comigo.

Ela sabia o quanto eu tinha dificuldades para controlar meu temperamento – ela me conhecia melhor do que ninguém –, e queria me ajudar a evitar punições.

– Não fale em árabe, Nadia – avisou ela enquanto aguardávamos na casa em Mossul para sermos separadas. – Você não quer que a levem para a Síria.

Foi quando Salwan me puxou e me levou para baixo, e essa foi a última vez que a vi.

Hajji Salman e eu deixamos a casa de Morteja. Ao nos aproximarmos da porta, avistei a mãe de Morteja na cozinha, ocupada aplicando copos de vidro aquecidos às costas de um homem – um tipo de massagem que deixa grandes círculos vermelhos na pele e supostamente ajuda a ativar a circulação. Como era uma questão de educação agradecer à dona da casa – e porque, apesar de tudo, os hábitos que cultivamos na infância tornam-se nossa segunda natureza –, eu olhei para ela e falei:

– Salman está aqui, estou indo, obrigada.

– Vai com Deus – respondeu ela, e voltou a seus afazeres.

De carro, Hajji Salman e eu voltamos ao prédio onde havia ocorrido o mercado de escravas na noite anterior.

– Estão lá em cima – ele me disse e se afastou.

Subi os degraus correndo e encontrei Kathrine e Nisreen sozinhas naquele salão com as venezianas fechadas. As duas pareciam exaustas; Kathrine estava deitada num dos colchonetes, os olhos entreabertos, e Nisreen estava sentada ao lado dela. Quando abri a porta, elas se limitaram a me olhar com indiferença. Eu havia me esquecido de erguer o meu nicabe.

– Veio para nos recitar o Alcorão? – Kathrine perguntou calmamente.

– Sou eu! A Nadia! – eu disse, e ao verem meu rosto, correram em minha direção.

Choramos tanto, que tivemos a sensação de que iríamos morrer de tanto chorar. Nossos músculos doíam, e mal conseguíamos respirar.

– Eles nos disseram para esperar por uma mulher que iria vir para confirmar se éramos virgens – elas contaram. – Achamos que você era ela!

Os olhos de Kathrine estavam vermelhos e inchados.

– Não consigo enxergar direito – ela me disse quando me sentei ao lado dela.

– Parece tão fraquinha – falei, pegando a mão dela.

– Estou jejuando para Deus nos ajudar – explicou ela.

Receei que ela fosse desmaiar se não comesse algo, mas não verbalizei isso. Os iazidis observam dois jejuns oficiais por ano e, à nossa escolha, podemos jejuar em outras ocasiões, para reforçar o nosso compromisso com Deus e abrir a nossa comunicação com Tawusi Melek. O jejum pode nos fortalecer em vez de enfraquecer.

— O que aconteceu com você? — perguntei à Kathrine.

— Um homem chamado Abu Abdullah me comprou e me levou para outra casa em Mossul — contou ela. — Eu disse a ele que eu tinha câncer e que ele não deveria me tocar, então ele me bateu e me devolveu ao mercado. É por isso que meus olhos estão machucados.

— Tentei fugir — disse Nisreen. — Fui capturada, espancada e depois trazida de volta para cá.

— Por que está vestida assim? — Kathrine me perguntou.

Ela ainda usava dois vestidos iazidis, um por cima do outro.

— Tiraram minha roupa e me obrigaram a usar isto — expliquei. — Perdi a minha sacola. Não tenho mais nada.

— Guardei a sua sacola! — exclamou Kathrine, e a entregou para mim.

Então ela tirou sua camada superior e também me deu. Era um vestidinho marrom e cor-de-rosa, um de seus novos, e até hoje Dimal e eu nos revezamos para usá-lo, porque é bonito e nos lembra de nossa sobrinha.

— Use isto por baixo da abaia — ela me disse, e eu a beijei na bochecha.

Um dos guardas veio até a porta e avisou:

— Vocês têm cinco minutos. Hajji Salman falou que depois é para você descer.

Ele se retirou, e Kathrine enfiou a mão no bolso do vestido e me entregou um par de brincos.

— Guarde-os com você. Talvez não nos vejamos de novo. Se tiver a chance de fugir, não pense duas vezes — ela sussurrou para mim, pegando minha mão e descendo as escadas comigo. — Eu também vou tentar.

Ficamos de mãos dadas até chegarmos à cozinha e Hajji Salman me puxar para fora.

Em silêncio, voltamos de carro à casa de Hajji Salman. Chorei mansamente por Kathrine e Nisreen, rezando a Deus para que sobrevivessem a tudo o que fosse acontecer com elas. Ao chegarmos lá, Hajji

Salman me mandou entrar acompanhada com um dos guardas e ficar esperando por ele.

– Não vou demorar muito – disse ele, e comecei a orar por mim mesma.

Antes de eu entrar, Hajji Salman me encarou por um bom tempo até falar:

– Quando eu voltar, eu não quero nem saber se você está menstruada ou não. Eu juro que vou te procurar.

Foi assim que ele se expressou:

– Vou te procurar.

Capítulo 8

Nos últimos três anos, ouvi muitas histórias sobre outras mulheres iazidis que foram capturadas e escravizadas pelo EI. Na maior parte das vezes, todas nós fomos vítimas da mesma violência. Éramos compradas no mercado, ou dadas de presente a um novo recruta ou a um líder do alto escalão; em seguida, levadas à casa dele, onde éramos estupradas e humilhadas e, na maioria das vezes, também espancadas. Depois éramos vendidas ou dadas de presente outra vez, e novamente estupradas e espancadas, depois vendidas ou dadas a outro extremista, e estupradas e espancadas por ele, e vendidas ou dadas, e estupradas e espancadas, e assim por diante, enquanto ainda estivéssemos suficientemente atraentes e ainda vivas. Se tentássemos escapar, éramos duramente castigadas. Como Hajji Salman me avisara, o EI pendurava as nossas fotos em postos de controle, e os moradores de Mossul estavam instruídos a devolver escravas à base do Estado Islâmico mais próxima. Ficaram sabendo que o delator receberia uma recompensa de cinco mil dólares.

O pior de tudo era o estupro. Esse crime hediondo nos despojava de nossa humanidade e tornava impossível pensar no futuro – voltar à sociedade iazidi, casar-se, ter filhos, ser feliz. Seria melhor que nos matassem.

O EI sabia o quanto era devastador para uma moça iazidi solteira se converter ao Islã e perder a virgindade, e usava contra nós o nosso maior medo – a rejeição de nossa comunidade e de nossos líderes religiosos.

— Pode tentar fugir, não importa – dizia Hajji Salman. – Mesmo se chegar em casa, seu pai ou seu tio vão matá-la. Você não é mais virgem, e agora é muçulmana!

As mulheres contam histórias sobre como resistiam a seus agressores, como tentavam revidar contra homens bem mais fortes do que elas. Embora nunca conseguissem impedir os extremistas determinados a estuprá-las, após o fato, elas se sentiam melhor se tivessem resistido.

— Não tem uma vez que eu os deixo fazer isso sem protestar – elas contam. – Eu resisto, eu bato, eu cuspo na cara dele, eu faço de tudo.

Ouvi falar de uma moça que se penetrou com uma garrafa para não ser mais virgem quando o terrorista a procurasse, e outras que tentaram atear fogo em si mesmas. Após alcançarem a liberdade, elas podiam declarar com orgulho que arranharam seus captores com tanta força, que os braços deles sangraram, ou deixaram hematomas nos rostos deles enquanto eles as estupravam.

— Ao menos ele não conseguiu fazer tudo o que queria – elas diziam, e cada gesto, não importasse o quão ínfimo, sinalizava para o EI que eles realmente não as possuíam.

Claro, as vozes das mulheres que não sobreviveram, das mulheres que preferiram se matar a serem estupradas, falavam mais alto.

Nunca admiti isso a ninguém, mas eu não reagia quando Hajji Salman ou quaisquer outros homens vinham me estuprar. Eu apenas cerrava os olhos e torcia para acabar logo. O tempo todo eu escuto elogios:

— Ah, como você é corajosa, como é forte. – E eu seguro a língua, mas tenho gana de corrigi-los e dizer que, enquanto outras meninas davam socos e mordidas em seus agressores, eu apenas chorava.

— Não sou tão corajosa quanto elas. – Sinto vontade de falar, mas me preocupo com o que vão pensar de mim.

Às vezes, quando o assunto é o genocídio contra o nosso povo, eu tenho a impressão de que tudo que desperta o interesse é o abuso sexual das moças iazidis, e eles querem o relato de uma luta corporal. Eu prefiro contar tudo – o assassinato de meus irmãos, o desaparecimento de minha mãe, a lavagem cerebral dos rapazes – não apenas o estupro.

Ou talvez eu ainda tenha medo do que as pessoas vão pensar. Levei um bom tempo para aceitar que pelo simples fato de eu não ter reagido como outras moças reagiram, isso não significa que eu aprovava o que os homens estavam fazendo.

Antes da vinda do EI, eu me considerava uma pessoa corajosa e honesta. Os problemas que eu tinha, os erros que eu cometia, sejam lá quais fossem, eu sempre os confessava à minha família. Eu lhes dizia:

– Eu sou assim. – Sempre pronta a aceitar suas reações.

Contanto que eu estivesse com minha família, eu poderia enfrentar tudo. Mas, cativa em Mossul, sem minha família, eu me sentia tão solitária, que eu mal me sentia humana. Algo morreu dentro de mim.

***

A casa de Hajji Salman estava repleta de guardas, então subi logo. Meia hora depois, um dos guardas, Hossam, trouxe um vestido, um estojo de maquiagem e um creme de depilação.

– Salman mandou você tomar um banho e se preparar antes que ele venha – disse ele, deixando as coisas na cama e descendo as escadas.

Tomei banho e fiz o que Hossam falou, usando o creme para remover todos os pelos, desde as canelas até as axilas. O produto era de uma marca que a minha mãe muitas vezes nos dava para usar, e eu sempre o odiava, preferindo usar a cera de açúcar, popular no Oriente Médio. O creme tinha um odor forte, químico, que me deixava tonta. No banheiro, percebi que a minha menstruação tinha mesmo cessado.

Então coloquei o vestido que Hossam deixou para mim. Era azul e preto, ficava acima dos joelhos e tinha alças fininhas nos ombros. Trazia um sutiã embutido, e não precisei colocar o meu. Era o tipo de vestido de festa que eu via na televisão. Não havia nada de modesto nele, e não era um vestido comum para moças de Kocho, nem mesmo para moças de Mossul. Era o tipo de vestido que a mulher só usa para o marido dela.

Eu o provei e me olhei no espelho do banheiro. Eu sabia que se eu não me maquiasse, eu seria punida, então perscrutei os itens que

Hossam me deixara. Normalmente, Kathrine e eu nos empolgaríamos com aqueles produtos novos, de marcas conhecidas, muito caras para comprar. Nós duas ficaríamos diante do espelho, pintando as pálpebras de cores diferentes, realçando os olhos com espessas camadas de delineador e maquiando as sardas com base. Na casa de Hajji Salman, eu mal conseguia me olhar no espelho. Passei um pouco de batom rosa e de rímel – só o bastante, eu esperava, para não ser espancada.

Eu me olhei no espelho pela primeira vez desde que eu deixara Kocho. Antigamente, quando eu terminava de me maquiar, eu tinha a sensação de aparentar outra pessoa, e eu amava aquilo, a possibilidade de me transformar. Mas naquele dia na casa de Hajji Salman, eu não me sentia diferente. Por mais batom que eu passasse, o rosto no espelho refletia exatamente aquilo em que eu havia me transformado – uma escrava que, a qualquer hora, seria um prêmio para um terrorista. Sentei-me na cama e esperei a porta se abrir.

Quarenta minutos depois, escutei os guardas lá fora saudarem o meu captor, e Hajji Salman entrou no quarto. Ele não estava sozinho, mas os homens que estavam com ele ficaram no corredor. Assim que eu o avistei, me curvei toda, tentando me encolher numa bola, como uma criança, para que ele não conseguisse me tocar.

– *Salam alaikum* – disse Hajji Salman me encarando dos pés à cabeça, surpreso ao me ver vestida conforme suas instruções expressas. – Tive outras *sabaya* que precisei vender após uns dias – explicou. – Não faziam o que eu pedia a elas. Você fez um bom trabalho – elogiou, de modo aprovador.

Em seguida, retirou-se, fechando a porta atrás de si, e eu fiquem me sentindo exposta e envergonhada.

À noitinha, a porta se abriu de novo. Desta vez, Hossam deu uma espiadela no quarto e disse:

– Hajji Salman mandou você levar o chá aos convidados.

– Quantos são? Quem são eles?

Eu não queria sair do quarto com aquela roupa, mas Hossam limitou-se a dizer:

– Venha logo, os homens estão esperando.

Por um momento, tive a esperança de não ser estuprada naquela noite. *Ele só vai me dar para um destes homens*, murmurei comigo mesma, e desci as escadas até a cozinha.

Um dos guardas tinha preparado o chá, vertendo o forte líquido castanho-avermelhado em pequenas xícaras de vidro e as organizando ao redor de um pires de açúcar branco, sobre uma bandeja, na escadaria. Peguei a bandeja e a trouxe à sala, onde um grupo de extremistas estava aboletado em sofás aveludados.

– *Salam alaikum* – falei ao entrar, e percorri a sala, colocando as pequenas xícaras de chá em mesinhas perto dos joelhos dos homens.

Eu podia escutá-los rindo e falando num nítido árabe sírio, mas não prestei atenção no que diziam. Servi o chá com as mãos trêmulas. Senti os seus olhares em meus ombros e pernas nuas. Em especial, o sotaque deles me assustou. Algo me dizia que a qualquer momento eu seria levada para além das fronteiras do Iraque.

– Os soldados sírios são péssimos – falou um dos homens, e os outros riram. – Simplesmente desistem num piscar de olhos. E são tão medrosos!

– Verdade – falou Hajji Salman. – Entregaram o país deles muito fácil. Quase tão fácil quanto Sinjar!

Esse último comentário foi para mim, e torci para não demonstrar o quanto me magoava ouvir aquilo. Estendi uma xícara de chá para Hajji Salman.

– Ponha na mesa – ordenou, sem olhar para mim.

Voltei ao corredor, onde me sentei, curvada de medo, e esperei. Vinte minutos depois, os homens se levantaram, e quando todos tinham deixado a casa, Hajji Salman me trouxe uma abaia e disse:

– É hora de orar. Vista-se para rezarmos juntos.

Eu não sabia recitar as palavras, mas conhecia os movimentos da oração islâmica, e fiquei ao lado dele, tentando imitar tudo o que ele fazia, para que ele ficasse satisfeito e não me machucasse. De volta ao quarto, ele ligou um aparelho de som com algumas canções religiosas e entrou no banheiro. Ao retornar, desligou a música e o quarto ficou em silêncio de novo.

– Tire o vestido – ordenou ele como fizera na noite anterior, e depois tirou as roupas dele.

Então me procurou, como havia prometido.

Cada instante foi aterrador. Eu recuava, mas ele me puxava de volta rispidamente. Ele foi barulhento o suficiente para os guardas ouvirem – ele gritou como se quisesse que toda Mossul soubesse que enfim ele estava estuprando a sua *sabiyya* –, e ninguém interferiu. Seus toques eram exagerados, violentos, decididos a me machucar. Nenhum homem jamais tocou sua esposa assim. Hajji Salman era tão grande quanto uma casa, tão grande quanto a casa em que estávamos. E eu parecia uma criança, chorando pela minha mãe.

Capítulo 9

Fiquei com Hajji Salman por umas quatro ou cinco noites antes de ele se livrar de mim. Meu sofrimento era incessante. Todos os dias, sempre que lhe dava um tempo, ele me estuprava, e todas as manhãs ele saía, após me dar instruções:

– Limpe a casa. Cozinhe esta comida. Use este vestido.

Afora isso, tudo o que ele me dizia era "*salam alaikum*". Ele me dava ordens para que eu agisse como esposa, e eu estava tão assustada, que eu fazia tudo o que ele pedia. Se alguém estivesse assistindo de longe, a uma distância suficiente para não ver o quanto eu chorava ou o quanto o meu corpo tremia quando ele me tocava, poderia ter pensado que realmente éramos casados. Eu fazia o papel de uma esposa como ele me ordenava. Mas ele nunca me chamava de sua esposa, só de sua *sabiyya*.

Um guarda chamado Yahya trazia comida e chá para o quarto que eu dividia com Salman. Ele era jovem, talvez uns 23 anos, e nem sequer olhava para mim quando colocava a bandeja no quarto. Não me deixavam sem água ou comida – eu era muito valiosa como *sabiyya* para correr o risco de ser morta –, mas eu comia só umas colheradas do arroz e da sopa que me serviam, o suficiente apenas para eu deixar de me sentir zonza. Eu limpava a casa como Hajji Salman me ordenava, de cabo a rabo, esfregando os banheiros, que estavam imundos, com seis guardas e Salman os utilizando, e varrendo a escadaria. Pegava as roupas que eles deixavam espalhadas por toda a casa – calças pretas do Estado Islâmico e *dishdashas* brancos – e as colocava na máquina de lavar. Raspava as sobras de arroz no lixo e lavava as xícaras crivadas de marcas labiais. A casa dele estava cheia de guardas, por isso eles não se preocupavam que eu pudesse descobrir algo ou escapulir, e eu estava autorizada a entrar em qualquer cômodo, exceto na garagem, onde eu acho que eles guardavam as armas.

Através das janelas, eu observava o alvoroço da cidade. Hajji Salman morava numa área movimentada de Mossul, perto de uma rodovia que geralmente estava repleta de carros. Das janelas na escadaria eu avistava o acesso a uma passarela, e eu me imaginava correndo sobre ela para chegar a um local seguro. Toda hora Hajji Salman me alertava para que eu não fugisse.

– Se você tentar, Nadia, vai se arrepender, eu prometo – dizia ele. – O castigo não será nada bom.

Os lembretes constantes me davam alguma esperança. Ele não estaria tão preocupado a menos que algumas moças tivessem conseguido escapar de seus sequestradores.

Os terroristas do EI eram tão calculistas quando o assunto era escravizar as moças iazidis, mas cometiam erros e nos davam oportunidades. O maior erro que cometeram foi nos vestir de modo anônimo, como todas as mulheres em Mossul, com nicabe e abaia pretas. Vestidas assim, podíamos nos misturar ao povo e, com o EI no comando, os homens eram bem menos propensos a abordar uma mulher desconhecida na rua e, portanto, menos propensos a nos desmascarar. Varrendo a escadaria, eu observava as mulheres passeando pela cidade, cada qual vestida igualzinha à outra. Era impossível dizer quem era uma sunita indo ao mercado e quem era uma iazidi fugindo de seu raptor.

Muitas das bases do Estado Islâmico ficavam em bairros movimentados, como a casa de Hajji Salman, o que seria útil se eu estivesse sozinha lá fora. Eu me imaginei fugindo pelo janelão da cozinha, vestindo minha abaia e me misturando à multidão. De alguma forma, eu chegaria a um ponto de táxi e conseguiria lugar num carro rumo a Kirkuk, um posto de controle usado com frequência no trajeto ao Curdistão iraquiano. Se alguém tentasse falar comigo, eu só diria que eu era uma muçulmana de Kirkuk tentando visitar minha família. Ou talvez eu dissesse que eu havia fugido da guerra na Síria. Memorizei o curto verso inicial do Alcorão caso um extremista tentasse me testar, e meu árabe era perfeito, e eu já conhecia a *shahada*. Eu até sabia de cor e salteado duas canções populares do Estado Islâmico. Uma delas comemorava vitórias militares: "Conquistamos Badush e depois Tal Afar, e agora está tudo bem". Eu odiava aquelas melodias, mas as canções martelavam em minha cabeça enquanto eu fazia a limpeza. A outra dizia assim: "Entreguem suas vidas a Deus e à religião". Por nada neste mundo eu admitiria ser iazidi.

Para mim, contudo, eu sabia que era um plano impossível. A base de Salman estava repleta de membros do Estado Islâmico, e em hipótese alguma eu conseguiria pular a janela e depois o muro do jardim sem que ninguém notasse. Além do mais, Hajji Salman só me deixava usar a minha abaia e meu nicabe quando eu saía com ele ou com um guarda que ficava de olho em mim. Na casa, eu usava os vestidos que eu trouxe de Kocho ou que Hajji Salman escolhia para mim. À noite, deitada na cama, antecipando o ranger da porta da hora em que Hajji Salman viria juntar-se a mim, eu ficava repassando as minhas fantasias de fuga. Eu tinha que admitir a mim mesma que elas nunca aconteceriam, e então eu caía numa tristeza tão profunda, que eu rezava para morrer.

Uma tarde, após me estuprar, Hajji Salman mandou que eu me arrumasse para os convidados daquela noite.

– Talvez você conheça a *sabiyya* – ele me disse. – Ela pediu para te ver.

Meu coração bateu mais forte de ansiedade. Quem seria? Por mais que eu desejasse ver um rosto familiar, eu não tinha certeza se eu poderia suportar um encontro com Kathrine ou uma das minhas irmãs trajando as roupas que Hajji Salman gostava que eu usasse. Em geral, quando Salman me pedia para eu me arrumar para os visitantes, ele queria que eu usasse roupas como o vestidinho curto azul e preto, e eu fiquei mortificada com o pensamento de outra jovem iazidi me ver naqueles trajes. Felizmente, consegui encontrar um vestido preto que, embora tivesse alças finas, ao menos tapava os meus joelhos. Puxei o cabelo para trás e passei um pouco de batom, mas nada nos olhos. Hajji Salman aprovou, e descemos.

Eis que o visitante era Nafah, o extremista da primeira base, que me castigou por gritar no ônibus. Ele me olhou com cara feia, mas se dirigiu apenas a Hajji Salman.

— A minha *sabiyya* não parava de pedir para ver a sua — contou ele. — Vamos ter que nos sentar com elas e ouvir o que elas falam, pois eu não confio em Nadia.

A *sabiyya* de Nafah era Lamia, a irmã de minha amiga Walaa, e corremos para nos abraçar e nos beijar, aliviadas por ver um rosto familiar. Em seguida, nós quatro sentamos juntos, e quando Salman e Nafah começaram a falar entre si, nos ignorando, Lamia e eu mudamos de árabe para curdo.

Lamia usava um vestido comprido e um hijabe sobre o cabelo. Não sabíamos quanto tempo nos deixariam juntas, então falamos rapidamente, tentando obter o máximo possível de informações.

— Ele tocou em você? — quis saber ela.

— Ele tocou em você? — indaguei de volta, e ela assentiu. — Ele me obrigou a me converter, e então nos casamos no tribunal — ela me confessou, e contei que a mesma coisa havia acontecido comigo.

— Mas não deve encarar isso como um casamento — eu disse. — Não é o mesmo que se casar em Kocho.

— Eu quero fugir — disse ela. — Mas tem sempre alguém visitando Nafah, e é impossível sair.

— Igualzinho com Salman — eu disse a ela. — Tem guardas por toda a parte, e ele me disse que se eu tentar fugir, vai me castigar.

— O que você acha que ele faria? — perguntou ela calmamente, olhando para os nossos captores.

Os dois conversavam, alheios ao que fazíamos.

— Não sei. Algo ruim — eu disse.

— Mocinhas, nós avisamos para vocês falarem em árabe! — gritou Salman.

Eles nos ouviram e ficaram zangados por não entenderem o que estávamos dizendo.

— O que aconteceu com Walaa? — indaguei a Lamia em árabe. Eu não via a minha amiga desde que saímos de Kocho.

– Na mesma noite em que me levaram, distribuíram todas as outras moças – contou Lamia. – Não sei o que houve com Walaa. Pedi para Nafah tentar encontrá-la, mas ele não tentou. E quanto a Dimal e Adkee?

– Ficaram em Solagh – eu disse. – Com a minha mãe.

Emudecemos por um momento, deixando o peso de suas ausências recair sobre nós.

Trinta e cinco minutos depois, Nafah se levantou para ir embora. Lamia e eu nos despedimos com beijinhos.

– Cuide-se e não desanime – aconselhei, e ela baixou o nicabe e tapou o rosto, deixando só os olhos à mostra. – Todas nós estamos enfrentando a mesma coisa.

Então eles saíram, e eu me vi sozinha com Salman novamente.

Subimos as escadas até o meu quarto.

– Esta é a primeira vez que eu vi o seu semblante mudar – ele me disse ao chegarmos à minha porta.

Eu me virei para ele. Eu não fingi não estar zangada.

– Que semblante você quer que eu tenha ao me trancar no quarto e fazer coisas comigo que eu não quero? – retruquei.

– Vai se acostumar – disse ele. – Vá para dentro.

Abriu a porta e ficou no quarto comigo até de manhã.

***

Hajji Salman não se cansava de me avisar: "Vou castigá-la se você tentar fugir", mas nunca falou exatamente o que faria. Com quase toda a certeza, ele me espancaria, mas não seria a primeira vez que ele faria isso. Salman me batia o tempo inteiro. Ele me batia se não gostava do jeito que eu limpava a casa, quando estava zangado com algo no trabalho, se eu chorava ou fechava os olhos enquanto me estuprava. Talvez, se eu tentasse escapar, o espancamento seria forte o bastante para me deixar cicatrizes ou me desfigurar, mas eu não me importava. Se uma ferida ou uma cicatriz impedisse que ele ou qualquer outra pessoa me estuprasse, eu a ostentaria como se fosse uma joia.

Às vezes, depois de me estuprar, ele me dizia que não havia motivo algum para eu tentar fugir.

– Você não é mais virgem. E agora é muçulmana. Sua família vai te matar. Você está arruinada.

Apesar de eu ter sido forçada, eu acreditei nele. Eu me sentia arruinada.

Eu já havia pensado em maneiras de me tornar feia – na base do EI, as meninas tinham espalhado cinzas e terra em seus rostos, emaranhado os cabelos e evitado tomar banho para que seu fedor repelisse os compradores –, mas eu não conseguia pensar em nada além de retalhar o meu rosto ou raspar o cabelo, coisas que, eu presumia, fariam Salman me bater. Se eu tentasse me desfigurar, ele me mataria? Acho que não. Viva eu tinha mais valor, e ele sabia que a morte seria um alívio bem-vindo. Eu só podia imaginar o que Salman faria comigo se eu tentasse escapar. Até que um dia surgiu uma oportunidade para eu testá-lo.

À noite, Salman voltou para casa com dois homens, extremistas que eu nunca tinha visto antes, que viajavam sem suas *sabaya*. Ele perguntou:

– Terminou de limpar a casa? – E quando respondi que sim, ele me mandou ficar o resto da noite em nosso quarto, sozinha. – Tem comida na cozinha. Se tiver fome, peça a Hossam, e ele traz um prato para você.

Eu deveria ficar no quarto e esperar por ele.

Mas primeiro ele me mandou servir o chá a todos. Queria exibir a sua *sabiyya*. Obedeci, colocando um dos vestidos que ele gostava e levando o chá da cozinha para a sala de estar. Como de costume, os extremistas falavam sobre as vitórias do Estado Islâmico na Síria e no Iraque. Prestei atenção para ver se ouvia qualquer menção a Kocho, mas eu não os escutei falando nada sobre a minha aldeia.

A sala estava abarrotada de homens, e apenas dois eram visitantes. Todos os guardas da base pareciam estar reunidos com Salman e seus convidados para o jantar, desguarnecendo seus postos pela primeira vez desde que cheguei. Fiquei me perguntando se não era por isso que ele insistira tanto para eu ficar no meu quarto até os convidados irem embora. Se todos os guardas estivessem socializando com eles, ninguém deveria estar patrulhando o jardim nem vigiando para ver se eu não me trancaria no banheiro e tentaria pular a janela. Não haveria ninguém de sentinela em minha porta, ouvindo o que acontecia lá dentro.

Ao terminar de servir o chá, Hajji Salman me dispensou, e voltei lá para cima. Eu já havia bolado um plano e precisava agir rápido. Eu sabia que, se eu parasse para pensar no que eu estava fazendo, eu poderia me convencer a desistir, e uma chance como aquela talvez nunca mais aparecesse. Em vez de ir para o meu quarto, entrei na sala de estar, onde eu sabia que os armários ainda estavam cheios de roupas deixadas por moças iazidis e pela família outrora dona da casa, à procura de uma abaia e um nicabe. Logo encontrei a abaia e a deslizei sobre o meu vestido. Para cobrir meu cabelo e meu rosto, na falta de um nicabe, adaptei um lenço preto e comprido, esperando alcançar um local seguro antes que alguém reparasse a diferença. Então fui até a janela.

Estávamos no segundo piso, mas não era muito alto, e a fachada sob a janela era construída com tijolos cor de areia, numa espécie de mosaico com ressaltos de vários centímetros. Era um estilo popular em Mossul, com fins apenas decorativos, mas pensei que aqueles tijolos poderiam ser utilizados como degraus para descer até o jardim. Enfiei a cabeça para fora da janela, procurando os guardas que normalmente patrulhavam o jardim todas as horas, mas estava vazio. Avistei um tonel de óleo inclinado contra o muro do jardim; seria um ótimo apoio para pular o muro.

Além do muro do jardim, carros zuniam na rodovia, mas o movimento nas ruas começava a diminuir, à medida que as pessoas iam para casa jantar, e, no lusco-fusco, pensei que era menos provável que alguém fosse notar que o lenço preto não era um nicabe adequado. Torcia para encontrar alguém que me ajudasse antes de eu ser descoberta. Além de minhas joias e do cartão do bolsa-alimentação de minha mãe, que eu tinha enfiado no sutiã, deixei tudo para trás na sala.

Cautelosamente passei uma perna através da janela aberta e depois a outra. Com metade do corpo para fora da janela e meu torso dentro, mexi os pés, tateando um daqueles tijolos. Meus braços tremiam, agarrando o peitoril da janela, mas logo me estabilizei. Pude notar que a descida não seria muito difícil. Eu estava apenas começando a procurar tijolos mais abaixo quando ouvi o som de uma arma sendo engatilhada logo abaixo de mim. Eu congelei, o corpo dobrado sobre o peitoril da janela.

– Vá para dentro! – gritou uma voz masculina.

Sem olhar para baixo, rapidamente tomei impulso e pulei a janela, caindo na sala, o coração saindo pela boca.

Eu não sabia quem havia me pegado no flagrante. Todos os guardas de Hajji Salman estavam na sala de estar com ele. Enrodilhei-me no chão embaixo da janela até ouvir passos em minha direção, e quando olhei para cima e vi Hajji Salman em pé ao meu lado, corri o mais rápido que pude de volta ao meu quarto.

A porta se abriu, e Hajji Salman entrou, trazendo um relho nas mãos. Gritando, eu me atirei na cama e me enfiei embaixo de um grosso edredom, tapando o corpo inteiro e a cabeça, me escondendo como uma criança. Salman parou ao lado da cama e sem uma palavra começou a me bater. As chibatadas desceram com força, mais e mais, tão rápidas e com tanta raiva, que o edredom grosso nem me protegeu muito.

– Saia daí! – gritou Hajji Salman, e eu nunca ouvira ele gritar tão alto daquele jeito. – Saia debaixo deste cobertor e tire a roupa!

Não tive escolha. Levantei o cobertor, com Salman ainda pairando sobre mim com o relho na mão, e lentamente tirei a roupa. Fiquei toda nua, imóvel, à espera do que ele faria comigo, chorando baixinho. Presumi que ele iria me estuprar, mas, em vez disso, ele começou a andar em direção à porta.

– Nadia, eu avisei que, se você tentasse escapar, algo muito ruim aconteceria com você – disse ele.

Sua voz macia retornara. Então abriu a porta e saiu.

Em seguida, Morteja, Yahya, Hossam e os outros três guardas entraram, olhando para mim. Estavam onde Salman estivera um pouco antes. Assim que os vi, entendi qual seria o meu castigo. Morteja foi o primeiro a vir para a cama. Tentei impedi-lo, mas ele era muito forte. Empurrou-me para baixo, e não pude fazer nada.

Após Morteja terminar, outro guarda me estuprou. Gritei por minha mãe e por Khairy, meu irmão. Em Kocho, eles sempre me acudiam quando eu precisava deles. Mesmo se eu tivesse apenas queimado de leve o dedo, se eu os chamasse, eles logo vinham me ajudar. Em Mossul, eu estava sozinha, e deles só me restava os seus nomes para gritar. Nada que eu fizesse ou dissesse impediria os homens de me atacarem. A última coisa de que me lembro daquela noite é a cara de um dos guardas quando ele veio em minha direção. Eu me lembro de que, antes de chegar a sua vez de me violar, ele tirou os óculos e os colocou, cuidadosamente, sobre a mesa. Acho que ele temia quebrá-los.

***

Quando acordei de manhã, eu estava sozinha e nua. Não conseguia me mexer. Alguém, suponho que um dos homens, havia colocado um cobertor sobre mim. Minha cabeça girou quando tentei me levantar, e meu corpo doeu quando estendi o braço para pegar a roupa. Cada movimento parecia me jogar de novo à inconsciência, como se uma cortina preta estivesse parcialmente baixada na frente de meus olhos ou tudo no mundo tivesse se tornado uma sombra de si mesmo.

Fui ao banheiro tomar uma ducha. Meu corpo estava coberto da imundície deixada pelos homens. Fiquei embaixo d'água por um longo tempo, chorando. Depois eu me lavei com cuidado, esfregando o corpo, os dentes, o rosto, o cabelo, e todo o tempo rezando e pedindo a Deus que me ajudasse e me perdoasse.

Em seguida voltei ao meu quarto e me deitei no sofá. A cama ainda exalava o cheiro dos homens que me estupraram. Ninguém veio me ver, embora eu pudesse ouvi-los conversando no lado de fora do quarto, e após um tempo eu consegui dormir. Não sonhei com nada. Quando abri os olhos, o motorista de Salman estava em pé, curvado em cima de mim, cutucando o meu ombro.

– Acorde, Nadia. Levante-se e se arrume – disse ele. – É hora de partir.

– Para onde é que eu vou? – indaguei, guardando as minhas coisas na sacola preta.

– Não sei... Para longe daqui. Hajji Salman vendeu você.

Capítulo 10

Quando fui capturada pela primeira vez e percebi o que estava acontecendo com as moças iazidis, rezei para ser cativa de um homem apenas. Ser comprada uma vez como escrava, ter a sua humanidade e dignidade extirpadas de você, já era algo suficientemente horrível, e eu não suportava nem pensar em ser passada de terrorista a terrorista, transportada de casa em casa, e talvez até mesmo além da fronteira rumo à Síria dominada pelo EI, como um objeto no mercado, um saco de farinha na traseira de uma picape.

Eu ainda não sabia o quanto um homem poderia ser cruel. Hajji Salman era o pior homem que eu já conheci, e depois que ele deu permissão para os guardas me estuprarem, eu rezei para ser vendida. Eu não me importava a quem e não me importava aonde me levariam. Até mesmo a possibilidade de ir para a Síria, onde seria bem mais difícil de fugir e que eu antes considerava uma sentença de morte, me parecia melhor do que ficar com Salman. Quando eu fantasio em levar o EI a julgamento por genocídio, eu quero ver Hajji Salman, como Salwan, capturado vivo. Quero visitá-lo na cadeia, e ele vai estar lá, cercado por militares iraquianos e guardas armados. Quero ver sua postura, o seu modo de falar, sem o poder do EI por trás dele. E quero que ele me veja e se lembre do que fez comigo e entenda que é por isso que ele nunca mais será livre.

Arrumei a sacola e segui o motorista porta afora. Hajji Salman estava na casa em algum lugar, mas não o vi quando saí. Torci para não me deparar com Morteja e os outros guardas no caminho. Já estava ficando escuro quando saímos da casa de Hajji Salman, mas o ar ainda estava quente, e a brisa suave soprou areia em meu rosto, que ninguém me mandou tapar. Porém, mesmo lá fora não tive sensação alguma de liberdade. Saber que não havia uma só pessoa em toda Mossul a quem eu pudesse recorrer me enchia de desalento.

Um novo guarda, que eu não conhecia, sentou-se na frente de um carrinho branco, ao lado do motorista.

– Está com fome? – indagou ele ao sairmos.

Fiz que não com a cabeça, mas mesmo assim paramos num restaurante. O motorista entrou e trouxe uns sanduíches embrulhados em papel-alumínio. Jogou um deles no banco de trás, ao meu lado, com uma garrafa d'água. Fora do veículo, o pessoal caminhava, comprava comida e sentava-se para comer, falava em seus telefones. Eu queria simplesmente abrir a porta e me revelar a eles. Eu queria que me ajudassem tão logo soubessem o que estava acontecendo. Mas eu não acreditava que me ajudariam. Um cheiro forte de carne e cebola subiu do papel-alumínio, e fechei os olhos quando começamos a rodar, tentando não vomitar.

Logo chegamos ao primeiro posto de controle de Mossul. Era operado por extremistas do Estado Islâmico portando fuzis automáticos e pistolas. Espiei pela janela, querendo saber se estavam mesmo pendurando fotos das *sabaya* foragidas, como Hajji Salman dissera, mas estava muito escuro para ver qualquer coisa.

– Por que sua esposa não está usando o nicabe? – perguntou o extremista ao chofer.

– Não é minha esposa, *hajji* – disse ele. – Ela é uma *sabiyya*.

– Parabéns a você – disse o extremista, e acenou para nos dar passagem.

A essa altura já havia escurecido completamente. Seguimos pela rodovia a leste de Mossul, cruzando por alguns carros e algumas picapes no caminho. Na escuridão, a planície iraquiana parecia não ter fim. Para onde corriam as fugitivas? Como elas passavam pelos postos de controle em Mossul? Se elas conseguissem, saberiam para que lado correr através dos campos, quem poderia ajudá-las e quem iria denunciá-las, quanto tempo poderiam continuar sem morrer de sede? Era preciso muita coragem para tentar.

— Olhe! — exclamou o condutor, apontando uma caixa à nossa frente, no acostamento, refletindo o brilho branco de nossos faróis. — O que será que é?

— Não pare — advertiu o guarda. — Pode ser um dispositivo explosivo improvisado. A estrada está cheia deles, você não sabe?

— Está parecendo outra coisa — retrucou o motorista, parando o carro no acostamento, a uns dez metros da caixa. A caixa tinha imagens e letreiros, mas do carro era impossível dizer o que era. — Aposto que é algo que foi saqueado e caiu de uma picape.

Ele estava empolgado: como motorista humilde, não conseguira ganhar tantas coisas novas como os membros de alto escalão do EI. Ignorou os protestos do guarda, que avisou:

— Ninguém iria deixar algo útil na beira da estrada! Se explodir, vai matar todos nós!

O motorista saiu do carro e caminhou em direção à caixa. Ele se abaixou e examinou a caixa sem tocá-la.

— Seja lá o que for, não vale a pena — resmungou o guarda para si mesmo.

Imaginei o motorista abrindo a tampa e uma enorme bomba sendo detonada, estraçalhando-o e arremessando o nosso carro para o meio do deserto. Se eu morresse, não importava, desde que os dois homens também morressem. *Tomara que seja uma bomba*, eu rezei.

Um minuto depois, o motorista pegou a caixa e, triunfante, a levou para o carro.

— Ventiladores! — exclamou ele, colocando a caixa no porta-malas. — Dois deles, e funcionam com baterias.

O guarda suspirou e o ajudou a acomodar a caixa no porta-malas. Afundei no banco, decepcionada. Após o segundo posto de controle, perguntei ao motorista:

— *Hajji*, para onde vamos?

— Hamdaniya — respondeu ele.

Ao que parece, Hamdaniya, um distrito ao norte de Nínive, caíra nas mãos do EI. Meu meio-irmão Khaled estivera acantonado lá com os militares e não havia me contado detalhes, mas eu sabia que lá havia uma grande população cristã, que agora poderia estar toda desaparecida ou morta. Ao longo da estrada passamos pelos restos de um veículo do Estado Islâmico, capotado e carbonizado, sinal da batalha para conquistar a área.

Em Kocho, durante o cerco, acompanhamos de perto os ataques do Estado Islâmico às aldeias cristãs. Como nós, os habitantes tinham perdido todos os seus pertences e as casas, construídas com as economias de uma vida inteira. Os cristãos iraquianos também estavam sendo forçados a sair de casa apenas por discriminação religiosa. Os cristãos no Iraque estavam sob ataque constante e, como os iazidis, lutavam para permanecer no torrão natal. Ao longo dos anos, a população foi diminuindo, à medida que emigravam a países onde se sentiriam mais bem-vindos. Após a vinda do EI, muitos cristãos disseram que logo não haveria um único cristão no Iraque. Quando o EI chegou a Kocho, porém, eu senti inveja dos cristãos. Em seus vilarejos, eles tinham sido avisados de que o EI estava chegando. De acordo com o EI, eles eram um "povo do livro" e não *kuffar* como nós. Por isso, tiveram a oportunidade de levar filhos e filhas para a segurança no Curdistão, e, na Síria, alguns puderam pagar uma multa em vez de se converter. Outros foram expulsos de Mossul sem levar nada, mas, ao menos, foram poupados da escravidão. Os iazidis não tiveram a mesma chance.

Logo chegamos a Hamdaniya. A cidade inteira estava imersa no breu, sem luz elétrica, e exalava um horrendo cheiro de carne putrefata. As ruas estavam calmas, e o povo habitual abandonara as casas. Sobraram apenas os terroristas, e só o quartel-general do Estado Islâmico estava iluminado, com a energia de um imenso gerador que emitia um forte ruído na calada da noite.

Quando o EI chegou ao Iraque, prometeu que restauraria os serviços básicos aos povoados e às cidades em que esses serviços faltavam. Sua propaganda, quando não celebrava sua violência, ostentava essas promessas – por eletricidade, melhor coleta de lixo e estradas melhores –, como se fossem um partido político normal. Disseram-nos que o povo acreditou neles e pensou que seria mais bem atendido por eles do que pelo governo iraquiano, mas não vi nada em Mossul que me fizesse acreditar que a vida dos habitantes normais havia melhorado. Hamdaniya parecia a casca de uma cidade, oca e escura, cheirando a morte e só povoada pelos mesmos terroristas que fizeram as promessas vãs.

Paramos no quartel-general do Estado Islâmico e entramos. Como em Mossul, o local estava cheio de extremistas. Sentei-me quieta e esperei minhas ordens; eu estava exausta e louca de sono. Um extremista entrou. Baixinho, corcunda e desdentado, e os poucos dentes que lhe restavam estavam podres.

– Vamos subir – ele me disse.

Fiquei apavorada, certa de que Hajji Salman continuaria seu castigo me repassando ao velhote e que ele estava me mandando ao quarto onde planejava me estuprar. Porém, quando abri a porta do quarto, percebi que havia outras moças ali. Demorei um tempinho para reconhecê-las.

– Jilan! Nisreen!

Eram a minha cunhada e a minha sobrinha. Nunca fiquei tão feliz ao ver alguém na minha vida, e corremos para nos abraçar e nos beijar, em meio a um choro de desabafo. Estavam vestidas como eu e pareciam tresnoitadas, como se não dormissem direito há várias semanas. Nisreen era mesmo pequenina – eu não imaginava como ela havia se adaptado com a rotina de ser uma *sabiyya* –, e quanto a Jilan, separada do marido que ela tanto amava, pensei que o estupro deveria ser ainda pior do que era para mim. Rapidamente, sabendo que poderíamos ser separadas a qualquer momento, nos sentamos no chão e começamos a contar as nossas histórias.

– Como chegaram aqui? – perguntei a elas.

– Nós duas fomos vendidas – contou Nisreen. – Fui vendida duas vezes em Mossul e depois trazida para cá. Sabe o que aconteceu com Kathrine? – inquiriu Nisreen.

– Ela também está numa base, em Mossul – eu disse.

Contei a elas o que Lamia me contara sobre Walaa, e um pouco do que havia acontecido comigo.

– Fiquei nas mãos de um sujeito medonho – eu disse. – Tentei fugir, mas fui apanhada.

Não contei tudo a elas. Eu não estava pronta para falar naquilo em voz alta. Ficamos juntinhas, de mãos dadas.

– O velho asqueroso lá embaixo... Acho que foi ele quem me comprou – falei.

– Não – Nisreen baixou o olhar. – Ele é o meu dono.

– Como é que você aguenta quando este velho nojento lhe procura à noite? – indaguei a Nisreen.

Nisreen balançou a cabeça e disse:

– Não penso em mim. E o que dizer então de Rojian, levada por aquele gigante? Depois que ela partiu, todas nós enlouquecemos. Gritamos o máximo que pudemos.

Pela primeira vez, paramos de pensar nos fatos ocorridos em Kocho. Só pensávamos em Rojian com aquele monstro.

– O que aconteceu em Kocho? – Eu estava com medo de perguntar. – Alguma informação certa?

– Eu vi na TV que os homens foram todos mortos – disse Nisreen. – Todos foram mortos, cada um dos homens. Deu no noticiário.

Eu escutara os disparos atrás da escola, mas até aquela hora eu ainda nutria esperanças de que os homens tivessem sobrevivido. Ouvir a minha sobrinha confirmar foi como ouvir os tiros de novo, rajada após rajada, ecoando em minha cabeça. Tentamos nos consolar.

– Não chorem porque eles morreram – eu disse a elas. – Eu queria que tivéssemos sido mortas com eles.

Estarmos mortas era melhor do que sermos vendidas como mercadoria e estupradas até nossos corpos ficarem em frangalhos. Entre os nossos homens havia estudantes, médicos, jovens e idosos. Em Kocho, meus irmãos e meios-irmãos ficaram lado a lado até a hora em que o EI matou quase todos eles. Mas suas mortes foram rápidas. Quando você é uma *sabiyya*, você morre a cada segundo de cada dia e, justamente como aconteceu com os homens, nunca veríamos nossas famílias ou nossas casas de novo. Nisreen e Jilan concordaram comigo.

— Quem nos dera estarmos juntas com os homens quando o EI os matou — disseram.

O extremista de dentes podres (o captor de Nisreen) veio até a porta, apontou para mim e disse:

— Hora de ir. — E todas nós começamos a implorar.

— Faça o que quiser conosco, mas, por favor, nos deixem juntas! — gritamos, nos abraçando umas às outras, como fizéramos naquela noite em Mossul.

E exatamente como naquela noite, fomos separadas, e fui arrastada para baixo antes que pudesse me despedir.

Em Hamdaniya, eu perdi todas as esperanças. Era um vilarejo dominado pelo Estado Islâmico, por isso não havia maneira de escapar. E em hipótese alguma um transeunte se comoveria ao ver uma moça iazidi em perigo e tentaria ajudar. Ali não havia nada além de casas vazias e o cheiro da guerra.

Quinze minutos depois, chegamos à segunda base de Hamdaniya. Tive a sensação desanimadora de que ali eu iria conhecer o meu novo dono, e eu saí devagar do carro, com a sensação de que o meu corpo era feito de cimento. Essa base era composta por duas casas, e, quando o carro parou, um senhor de meia-idade saiu da casa menor. Tinha barba preta comprida e vestia as calças pretas do Estado Islâmico. O motorista me acenou para eu seguir o homem casa adentro.

— Ele é Abu Muawaya. Faça o que ele mandar.

A casa era de apenas um piso, mas muito arrumada e bonita, e antes pertencera a uma rica família cristã. Por ali não havia moças para me saudar, mas roupas iazidis se espalhavam por todos os lugares, mais coloridas e ousadas do que as vestes típicas de uma mulher muçulmana iraquiana conservadora e também do que os pertences da família que fugira da casa. Foi como entrar numa tumba. Abu Muawaya foi até a cozinha e se encontrou com outro homem, mais jovem, e os dois comeram pão e iogurte e beberam chá-preto.

– Quantos dias vou ficar aqui? – perguntei. – Tenho familiares na outra base. Posso visitá-las?

Praticamente nem olharam para mim, e Abu Muawaya respondeu tranquilo:

– Você é uma *sabiyya*. Não tem que ficar dando ordens... Tem que obedecê-las.

– Nadia, você se converteu? – indagou o outro homem.

– Sim – respondi, e fiquei me perguntando como é que sabiam o meu nome e o que mais sabiam sobre mim.

Não me fizeram perguntas sobre minha origem ou o que aconteceu com a minha família, mas esses detalhes não tinham importância para eles. Eu estava lá, e eu pertencia a eles. Só isso que importava.

– Vá tomar um banho – ordenou Abu Muawaya.

Fiquei imaginando o valor pelo qual Hajji Salman me vendera. As *sabaya* que já não eram mais virgens eram vendidas por menos dinheiro, eu já sabia, e talvez eu estivesse com reputação de encrenqueira pelo incidente no ônibus e pela tentativa de fuga. Esse era mais um castigo por aquela tentativa? Talvez Salman tivesse ficado tão ansioso para se livrar de mim, que havia me dado de presente ou escolhido o homem mais bruto que conhecia e simplesmente me oferecido a ele. Isso costumava acontecer, eu sabia. As moças iazidis eram passadas de terrorista a terrorista sem pagamento algum.

– Já tomei banho esta manhã – eu disse a ele.

– Então espere por mim na cama – Abu Muawaya apontou um quarto, e eu obedientemente entrei pela porta.

No quartinho havia uma cama estreitinha, marrom, com um cobertor listrado azul e branco. Sapatos enchiam duas prateleiras junto à parede, e uma grande estante estava forrada de livros. Sobre a escrivaninha havia um computador desligado. O quarto devia ter pertencido a um estudante, pensei, um rapaz da minha idade; os sapatos eram mocassins do tipo que os universitários usam, e não eram tão grandes. Sentei-me na cama e esperei. Evitei fitar o espelho grande na parede, e eu nem cogitei se eu era pequena o suficiente para caber na grade de ventilação que substituía a janela. Não quis abrir o armário nem escrutinar as coisas dele para saber mais sobre ele. Eu nem sequer olhei os livros que estavam nas prateleiras. Era provável que o rapaz ainda estivesse vivo em algum lugar, e não parecia certo uma pessoa morta mexer nas coisas dos vivos.

Capítulo II

Todos os membros do Estado Islâmico me tratavam cruelmente, e o estupro era sempre igual, mas eu me lembro de pequenas diferenças entre os homens que abusaram de mim. Hajji Salman foi o pior de todos, em parte por ter sido o primeiro a me violentar e em parte porque quase sempre ele agia como se me odiasse. Ele me espancava se eu tentasse fechar os olhos. Para ele, não era suficiente me violar – ele me humilhava sempre que podia. Lambuzava com mel os dedões dos pés e me obrigava a lambê-los ou me forçava a ficar bonita para ele. Quando veio me estuprar, Morteja agiu como um menino que ganhou a guloseima pela qual estivera chorando. Mas nunca vou me esquecer do outro guarda, do modo delicado com que cuidou de seus óculos, comparado ao modo cruel como tratou a mim, um ser humano.

Pelas oito da noite, Abu Muawaya entrou no quarto, pegou meu queixo e me empurrou contra a parede.

– Por que você não está resistindo? – indagou ele.

Isso pareceu irritá-lo. Havia muitas roupas iazidis na casa dele, por isso, presumi que ele estivera com muitas *sabaya*, e talvez todas elas tivessem resistido, menos eu. Talvez ele gostasse de provar que poderia tê-las, mesmo se elas reagissem. Ele era baixo, mas fortíssimo.

– Resistir para quê? – eu disse a ele. – Não é só um nem dois ou três homens... Todos vocês fazem isso. Por quanto tempo espera que eu resista?

Lembro-me de que ele achou graça quando falei isso.

Quando Abu Muawaya saiu, adormeci sozinha. De madrugada, fui acordada por um corpo atrás de mim na cama. Era o homem que havia comido pão com iogurte com Abu Muawaya na cozinha; eu não me lembro do nome dele. Eu só me lembro de que senti a garganta ressequida, e quando me ergui para tomar um pouco d'água, ele me agarrou pelo braço.

– Eu só preciso beber alguma coisa – eu disse.

Fiquei chocada com o meu próprio desalento. Depois do que aconteceu com os guardas de Hajji Salman, eu perdi todo o medo do EI e de ser estuprada. Fiquei simplesmente entorpecida. Não perguntei a esse novo homem o que ele estava fazendo, nem tentei convencê-lo a não me tocar, eu não falei com ele e pronto.

A certa altura, era estupro e nada mais. Isso se torna seu dia normal. Você não sabe quem será o próximo a abrir a porta e atacá-la, só sabe que isso vai acontecer e que amanhã pode ser pior. Você desiste de fugir ou de rever a família. Sua vida regressa se torna uma memória longínqua, uma espécie de sonho. Seu corpo não pertence a você, e não há energia para falar, nem lutar, ou pensar no mundo lá fora. Há apenas estupro e o torpor que vem com a aceitação de que agora a sua vida é esta.

O medo era melhor. Com o medo, existe a premissa de que não é normal o que está acontecendo. Claro, você tem a sensação de que o coração está prestes a explodir e de que você está prestes a vomitar. Você se agarra desesperadamente à família e aos amigos. Humilha-se na frente dos terroristas, chora até ficar cega, mas ao menos reage. O desalento é o vizinho da morte.

Eu me lembro de que o amigo de Abu Muawaya pareceu ofendido quando me afastei dele pela manhã, ao abrir os olhos e perceber, horrorizada, que a minha perna repousava na dele. Desde criança, quando eu dormia ao lado de um ente querido, como irmã, mãe, ou irmão, eu descansava a perna sobre eles, para estar perto deles. Ao ver que eu fizera isso com um terrorista, eu imediatamente me afastei num pulo. Ele riu e perguntou:

– Por que se afastou?

Eu me odiei. Não queria que ele pensasse que eu gostava dele. Respondi apenas:

– Não estou acostumada a dormir ao lado de ninguém. Quero descansar um pouco.

Olhou a hora no celular dele e depois foi ao banheiro.

Abu Muawaya dispôs o café da manhã numa esteira ao rés do chão e me chamou para ir comer. Isso significava sentar-se na cozinha e compartilhar uma refeição com dois homens que tinham me estuprado, mas não pensei duas vezes. Eu não comia desde que saímos da casa de Salman, e eu estava faminta. A comida era familiar e boa – mel escuro, pão, ovos e iogurte. Comi em silêncio, enquanto os homens falavam sobre as tarefas mundanas que preenchiam suas rotinas – onde obter gasolina para os geradores, quem estava chegando a qual base. Nem olhei para eles. Ao terminarmos, Abu Muawaya me mandou tomar banho e colocar a abaia.

– Daqui a pouco vamos sair – avisou ele.

De volta ao quarto, ao sair do chuveiro, eu me olhei no espelho pela primeira vez. Meu rosto? Pálido e amarelado. Meus cabelos, que batiam quase na cintura? Emaranhado e fosco. Meu cabelo costumava ser uma fonte de alegria, mas agora eu não queria ter nada que me lembrasse da época em que eu queria ficar bonita. Procurei nas gavetas uma tesoura, mas não achei nada. O calor no quarto era infernal, e senti a cabeça fervendo. Súbito, a porta se abriu, e o segundo homem entrou. Trazia um vestido azul e me disse para colocá-lo.

– Não posso usar este outro? – indaguei, mostrando-lhe um de meus vestidos iazidis.

Seria algo reconfortante, mas ele disse que não.

Ele me observou enquanto eu me vestia e se aproximou de mim, tocando-me em todas as partes.

– Você está fedendo – disse ele, tapando o nariz. – Não tomou banho? Todas as iazidis fedem como você?

– O meu cheiro é este – respondi. – Não estou nem aí se você gosta ou não gosta.

Ao sair da casa, notei um disquinho de plástico – um cartão de memória – na mesa, perto do celular de Abu Muawaya. Imaginei o que poderia estar nele. Fotos das *sabaya*? Fotos minhas? Planos para o Iraque? Em Kocho, eu adorava pegar os cartões de memória dos outros e colocá-los no celular de Khairy, só para descobrir o que havia neles. Cada cartão era um pequeno mistério a ser solucionado e, em geral, revelava muito sobre seus donos. Por um átimo, fantasiei-me roubando o cartão de memória do terrorista. Talvez o cartão guardasse segredos que pudessem ajudar Hezni a me encontrar ou o exército iraquiano a retomar Mossul. Talvez guardasse provas dos crimes que o EI estava cometendo. Mas não peguei o cartão; eu estava tão desanimada que nem imaginava ser possível mudar algo, por mais que eu reagisse. Apenas me limitei a seguir os homens para fora.

Uma van, do tamanho de uma ambulância, estava estacionada na rua, e um chofer esperava ao lado do portão. Ele viera das proximidades – Mossul ou Tal Afar – e aproveitou para informar Abu Muawaya sobre a campanha dos terroristas nessas cidades.

– Recebemos muito apoio nos dois locais – contou.

Abu Muawaya fez um aceno aprovador. Pararam de falar quando a porta da van se abriu e três damas saíram.

Como eu, elas estavam inteiramente cobertas por abaias e em nicabes. O trio se aglomerou fora da van. Uma era bem mais alta, e as menores se agarravam na abaia e nas mãos enluvadas da maior, como se esperassem que as dobras da abaia as engolissem. Estacaram perto da van, olhando em volta, avaliando o quartel-general de Hamdaniya. Seus olhares, espiando pelo vão do nicabe, faiscaram de medo ao repousarem em Abu Muawaya, que as perscrutava incisivamente.

A mais alta colocou a mão no ombro da mais pequena e a puxou para perto de seu corpo roliço. A mais pequena talvez tivesse apenas uns 10 anos de idade. Pensei que deveriam ser mãe e filhas, e que todas elas tinham sido vendidas juntas. "Não é permitido separar uma mãe de suas filhas pré-púberes por meio de compra, venda ou doação de [uma escrava]", reza o panfleto do Estado Islâmico sobre as *sabaya*. As filhas permanecem com as mães até estarem "crescidas e prontas". Após isso, o EI pode fazer o que quiser com elas.

Juntas, as três se afastaram lentamente da van rumo à pequena casa onde eu havia dormido, as duas meninas seguindo a mãe como pintinhos atrás da galinha, agarradas ao tecido liso das luvas da mãe. Será que eu havia sido trocada por elas? Quando elas passaram por nós, eu torci para que fizessem contato visual comigo, mas passaram olhando reto. Uma por uma, sumiram no breu da casinha, e a porta se fechou atrás delas. Deve ser terrível ver suas filhas ou sua mãe ou irmãs passarem pelo que estávamos passando. Mesmo assim, senti inveja delas. Tiveram sorte; o EI muitas vezes transgredia suas próprias regras e separava as mães de filhos e filhas. E era muito pior ficar sozinha.

Abu Muawaya deu ao motorista uns dinares iraquianos, e nós embarcamos e começamos a nos afastar de Hamdaniya. Não perguntei aonde estávamos indo. Meu desalento parecia um manto – mais pesado, mais sombrio e mais escurecedor do que qualquer abaia. No carro, o chofer ligou o som, o tipo de música religiosa tão popular na Mossul dominada pelo EI – e o barulho e o sacolejo do carro me deixaram enjoada.

– Encoste, por favor – pedi a Abu Muawaya. – Preciso vomitar.

O carro parou no acostamento, empurrei a porta, corri uns metros na areia, levantei o nicabe e vomitei o café da manhã. Carros zuniam, e o cheiro de gasolina e a poeira me fizeram vomitar de novo. Abu Muawaya saiu e ficou a poucos metros, me vigiando para que eu não tentasse correr rumo ao campo ou ao tráfego.

Na estrada que liga Hamdaniya e Mossul, há um grande posto de controle. Antes de o EI invadir o Iraque, o posto era operado pelo exército iraquiano, que desejava monitorar a movimentação de insurgentes ligados à Al-Qaeda. Agora, aquele posto de controle fazia parte do esquema do EI para controlar as estradas, e, assim, controlar o país. Você poderia dizer que o Iraque é um país de postos de controle, e aquele entre Hamdaniya e Mossul é apenas um de muitos que desfraldam a bandeira negra e branca dos terroristas.

No Curdistão, os postos de controle são decorados com a multicolorida bandeira curda (amarela, vermelha e verde) e operados por *peshmergas*. Nação afora, a bandeira oficial do Iraque (preta, vermelha, branca e verde) tremula em postos do controle, ou seja, você está em território controlado pelo governo central. Nas montanhas iraquianas do Norte que nos conectam ao Irã, e agora em partes de Sinjar, o YPG (Unidades de Proteção Popular) desfralda suas bandeiras em seus próprios postos de controle. Como Bagdá ou os Estados Unidos podem afirmar que o Iraque é um país unificado? Só quem nunca viajou por nossas estradas, esperou na fila em nossos postos de controle nem foi abordado com base apenas no nome da cidade escrito na placa de seu veículo pensaria que o Iraque não está fragmentado em mais de cem pedaços.

Às onze e meia paramos no posto de controle.

– Saia, Nadia – ordenou Abu Muawaya. – Entre ali.

Entrei devagar no prediozinho de concreto que servia de escritório e sala de estar dos guardas, sentindo-me tonta e fragilizada devido ao enjoo. Presumi que eles precisavam realizar um controle adicional enquanto eu esperava, então fiquei surpresa quando observei a van se afastar do posto de controle e enveredar na estrada para Mossul, deixando-me sozinha.

O local era composto por três pequenos cômodos: o principal, onde um extremista estava sentado atrás de uma escrivaninha coberta de papelada, e algo como duas salinhas de estar. Por uma porta entreaberta eu vi a armação de ferro de uma cama de solteiro. Sentada no colchão, uma jovem falava árabe com outra moça.

– *Salam alaikum* – saudou o extremista, parando de trabalhar e erguendo o olhar em minha direção.

Comecei a andar rumo ao quarto das moças, mas ele me fez parar.

– Não, você vai para o outro quarto.

Senti um peso no coração; eu ficaria ali sozinha.

O pequeno cômodo aparentava ter sido recentemente limpo e pintado. No canto havia um televisor, e um tapete de oração estava enrolado ao lado dele. Algumas frutas tinham sido deixadas num prato ao lado da tevê, e o olor suave e morno das maçãs me fez recordar de minha náusea. Tomei a água que rumorejava de um bebedouro junto à parede, depois me sentei no colchão que estava no piso. Eu estava zonza – tive a sensação de que o ambiente estava girando em círculos.

Outro jovem extremista, um magricela, apareceu na porta e indagou:

– Qual é o seu nome, *sabiyya*?

Ele ficou ali parado, me encarando.

– Nadia – eu disse, estremecendo de enxaqueca.

– Gosta daqui? – perguntou.

– Por que? Vou ficar aqui? – Eu quis saber.

Ficaria cativa neste posto de controle, um lugar que nem sequer era um lugar?

– Não vai ficar aqui por muito tempo – disse ele ao sair.

O ambiente começou a girar mais rápido, e eu engasguei e tossi, tentando manter a água em meu estômago. Eu estava com medo de vomitar e de me meter em encrenca.

Alguém bateu na porta.

– Você está bem? – indagou o magrinho lá de fora.

– Quero vomitar – eu disse. – Posso vomitar?

– Não, não, aí não – respondeu. – É o meu quarto, eu rezo aqui.

– Então me deixe ir ao banheiro – eu pedi. – Quero lavar o rosto.

– Não, não – ele não queria abrir a porta. – Vai passar. Só espere um pouco, vai passar.

Logo depois, voltou com uma caneca cheia de um líquido quente e disse:

– Beba isso. – E estendeu a caneca para mim. – Vai se sentir melhor.

O líquido era esverdeado e cheirava a ervas.

– Eu não gosto de chá – eu falei a ele.

– Não é chá. Vai fazer sua dor de cabeça desaparecer.

Ele se sentou à minha frente no colchão, franzindo os lábios e colocando a mão no próprio peito.

– Beba assim. – Ele demonstrou, respirando o vapor e depois bebericando o líquido.

Fiquei aterrorizada. Tive a certeza de que este era o homem que tinha me comprado, e a qualquer momento ele tiraria a mão do peito dele e a colocaria no meu. Mesmo se quisesse curar a minha enxaqueca, era só para eu ficar boa o suficiente para ser molestada por ele.

Minhas mãos tremiam enquanto eu bebia o líquido. Eu tomei uns goles, e ele tirou a caneca de minhas mãos e a colocou no piso, ao lado do colchão.

Comecei a chorar.

– Por favor – eu disse. – Acabei de chegar de outros homens esta manhã. Minha cabeça dói. Estou me sentindo muito mal.

– Você vai ficar bem – insistiu ele. – Vai ficar bem. – E começou a erguer o meu vestido.

Fazia tanto calor no quarto, que eu havia tirado a minha abaia, e só estava com o vestido azul que o amigo de Abu Muawaya me trouxera naquela manhã. Tentei resistir a ele, baixando o vestido quando ele tentava erguê-lo, mas ele logo embrabeceu. Deu um tapa em minha coxa e repetiu:

– Você vai ficar boa.

Desta vez soou como uma ameaça. Ele começou a me estuprar com o meu vestido erguido e foi muito rápido. Quando terminou, ele se sentou, ajeitou a camisa e falou:

– Volto logo. Vou ver se você pode ficar aqui ou não.

Ele saiu, e puxei meu vestido para baixo e chorei um pouco, depois peguei a caneca e comecei a beber a água de ervas de novo. Qual era o propósito de chorar? O líquido estava morno, mas aliviou a minha dor de cabeça. Pouco depois, o extremista voltou, como se nada tivesse acontecido entre nós e me indagou se eu queria beber mais. Fiz que não com a cabeça.

Já estava claro que eu não pertencia ao magrela ou a nenhum homem em particular. Eu era uma *sabiyya* no posto de controle, e qualquer membro do Estado Islâmico poderia entrar no quarto e fazer o que quisesse comigo. Eles me manteriam trancada num quarto com nada além de um colchão e uma tigela de frutas apodrecendo, aguardando apenas a porta se abrir e outro terrorista entrar. Essa era a minha vida agora.

Eu ainda estava muito tonta quando o magrinho saiu, e achei que eu podia me sentir melhor me erguendo e caminhando um pouco. Eu só podia andar em círculos como uma prisioneira, passar pelo bebedouro, passar pela fruteira, passar pelo colchão e pelo televisor que nem tentei ligar. Toquei a parede branca, tateando os pequenos coágulos de tinta como se fossem mensagens cifradas. Tirei a calcinha para ver se eu estava menstruada, mas não. Voltei a me sentar no colchão.

Logo depois outro extremista entrou. Enorme, falava em voz alta e arrogante.

– É você que está enjoada? – quis saber ele.

– Tem mais alguém aqui? – retruquei, mas ele ignorou a minha pergunta.

– Não é da sua conta. É você que está enjoada? – repetiu.

Desta vez eu assenti com a cabeça.

Ele entrou e trancou a porta. Eu me imaginei sacando a pistola que ele trazia na cintura e a colocando na minha cabeça. *Apenas me mate*, eu diria a ele, mas então pensei que, se eu tentasse pegar a arma, ele pensaria num castigo pior do que a morte. Por isso, não fiz nada.

Ao contrário do magricela antes dele, o novo extremista chaveou a porta. Isso me deixou em pânico. Eu me afastei dele, e então a tontura me dominou e eu caí no chão. Não perdi a consciência, mas eu estava grogue e nauseada. Ele veio e sentou-se ao meu lado:

– Acho que você está com medo.

O tom dele não era gentil, era debochado e cruel.

– Por favor, é verdade. Estou me sentindo mal – roguei a ele. – Por favor, *hajji*, é verdade. Estou me sentindo mal.

Fiquei repetindo isso sem parar, mas ele me pegou de onde eu estava deitada e me arrastou pelos ombros até o colchão. Senti os pés e as canelas raspando no piso.

Mais uma vez, ele zombou de mim, rindo.

– Gosta daqui? Gosta de como tratam você aqui?

– Todos vocês me tratam da mesma forma – eu disse.

Minha cabeça flutuava, e eu mal conseguia enxergar. Fiquei deitada no local aonde ele havia me arrastado. Fechei os olhos, tentei ignorá-lo e me esquecer do quarto. Tentei me esquecer de quem eu era. Tentei perder toda a capacidade de mover braços e pernas, de falar, de respirar.

Ele continuou a me provocar.

– Você está se sentindo mal... não diga nada – falou ele, pondo a mão na minha barriga. – Por que está tão magrinha? Não come nada?

– *Hajji*, é verdade. Estou me sentindo mal.

Minha voz se esvaiu no ar enquanto ele erguia o meu vestido.

– Não sabe o quanto eu gosto de você assim? – disse ele. – Não entende que eu gosto quando você está fraca?

Capítulo 12

Cada *sabiyya* tem uma história como a minha. Você nem imagina as atrocidades de que o EI é capaz até escutá-las dos lábios de suas irmãs e primas, suas vizinhas e colegas de escola. Assim, você percebe que, afinal de contas, você não era particularmente infeliz e não estava sendo punida por chorar ou tentar fugir. Os homens eram todos iguais: eram todos terroristas que acreditavam ter o direito de nos machucar.

Outras mulheres viram seus maridos serem executados na frente delas antes de serem sequestradas, ou ouviram seus captores se vangloriar do massacre em Sinjar. São mantidas em casas ou hotéis, até mesmo em prisões, e sistematicamente estupradas. Algumas são impúberes e são abusadas, não importa se já menstruaram ou não pela primeira vez. Uma moça teve mãos e pernas amarradas enquanto seu captor a estuprava, e outra foi estuprada pela primeira vez durante o sono. Se fossem desobedecidos, os captores torturavam as moças e as deixavam passar fome. Outras sofriam essas violências mesmo obedecendo aos extremistas.

Uma aldeã de Kocho estava sendo transportada de Hamdaniya a Mossul quando seu captor não aguentou esperar para estuprá-la, e então parou o carro no acostamento e a estuprou ali mesmo no carro.

— Foi bem ali na estrada, com a porta aberta e minhas pernas esticadas para fora do carro — contou-me ela.

Ao chegarem à casa dele, o homem a obrigou a pintar os cabelos de loiro, fazer as sobrancelhas e se comportar como uma esposa.

Kathrine foi comprada pelo Dr. Islam, otorrinolaringologista que costumava viajar a Sinjar para tratar iazidis antes de se juntar ao EI. Toda semana ele adquiria uma nova moça e se livrava da antiga, mas ele manteve Kathrine, sua favorita. Ele a forçava a se arrumar e a se maquiar, como Hajji Salman fizera comigo, e então ele a obrigava a fazer poses para tirar fotos como um casal. Numa série de fotos, os dois estão se banhando num rio, o Dr. Islam erguendo Kathrine no colo, como recém-casados. Ela aparece com o nicabe erguido para cima da cabeça e com um sorriso de orelha a orelha. O Dr. Islam a obrigava a simular felicidade e a fingir que o amava, mas eu a conheço e posso garantir: aquele sorriso forçado está disfarçando um terror puro. Ela tentou escapar seis vezes, mas foi denunciada pelas pessoas a quem pediu ajuda. Em todas as ocasiões, ela era devolvida ao Dr. Islam e brutalmente castigada por ele. São histórias que não acabam mais.

Fiquei uma noite no posto de controle. Ao amanhecer, o rádio bidirecional do extremista tocou, acordando-o.

– Está se sentindo melhor? – ele me perguntou.

Eu não tinha dormido nada, e respondi:

– Não melhorei ainda. Não quero ficar aqui.

– Então vai precisar de algo. Mais tarde eu mostro como você pode se sentir melhor – disse ele, e começou a responder às chamadas em seu rádio e, em seguida, saiu da sala.

Eles me chavearam lá dentro. Eu ouvia os carros passando pelo posto de controle e extremistas falando em seus rádios. Pensei que poderiam me deixar ali até eu morrer. Bati na porta para que me deixassem sair, e comecei a vomitar de novo, desta vez apenas deixando o vômito se espalhar sobre o piso e o colchão. O extremista magricela voltou, mandou que eu tirasse o hijabe e, em seguida, derramou água em minha cabeça enquanto eu vomitava. Por uns quinze minutos eu regurgitei uma gosma líquida de cheiro azedo, como se meu corpo estivesse sendo drenado.

– Vá se lavar no banheiro – mandou ele.

A van de Abu Muawaya tinha retornado para me levar o restante do caminho de volta a Mossul.

No banheiro, enxaguei o rosto e os braços. Meu corpo tremia como se eu estivesse febril, e eu mal conseguia enxergar ou ficar em pé. Nunca me senti tão fraca. Essa sensação mudou algo em meu interior.

Desde que saímos de Kocho, eu havia implorado pela morte. Desejei que Salman me matasse, roguei a Deus que me deixasse morrer, me recusei a comer ou beber na esperança de perecer. Pensei muitas vezes que eu seria morta pelos homens que me estupravam e me espancavam. Mas a morte não viera. No banheiro do posto de controle, comecei a chorar. Pela primeira vez desde que saímos de Kocho, pensei que realmente corria risco de morte. E tive uma certeza: eu não queria morrer.

***

Nesse meio-tempo, chegou outro extremista para me levar o restante do caminho a Mossul. Chamava-se Hajji Amer, e presumi que devia ser o meu novo dono, embora eu estivesse muito nauseada para perguntar. A distância entre o posto de controle e a cidade era curta, mas, como eu tive que parar a cada poucos minutos para vomitar, o trajeto demorou quase uma hora.

– Por que está tão enjoada? – indagou Hajji Amer, e eu não queria confessar que eu pensava que era por causa dos estupros.

– Não consigo comer nem ingerir muita água – expliquei. – E aqui está tão quente.

Quando chegamos a Mossul, ele entrou numa farmácia e me comprou um remédio, que, mais tarde, ele me fez tomar quando chegamos na casa dele. Eu chorava baixinho o tempo todo, e ele deu uma risadinha, parecida com a dos meus irmãos quando achavam que eu estava exagerando no drama.

– Você é uma mulher adulta – ele me disse. – Não deve chorar.

A casinha dele era pintada de verde escuro com uma faixa branca, e parecia não estar ocupada há muito tempo pelo EI. Estava limpa, e não havia roupas do Estado Islâmico nem vestidos deixados por moças iazidis. Deitei-me no sofá e adormeci na mesma hora. Acordei ao entardecer, sem dor de cabeça e sem náuseas. O sujeito que me trouxera estava deitado em outro sofá, com o celular dele ao lado.

– Está se sentindo melhor? – perguntou ele ao notar que eu estava acordada.

– Um pouco – falei, embora eu ainda quisesse fazê-lo pensar que eu estava muito doente para ser tocada. – Estou tonta. Acho que preciso comer alguma coisa.

Eu não comia desde o café da manhã com Abu Muawaya, na véspera, e eu tinha vomitado aquela comida toda.

– Leia o Alcorão um pouco e reze – ele me disse. – Então a dor vai desaparecer.

Fui ao banheiro, levando a sacola comigo. Se eu a deixasse ali na sala, talvez ele quisesse pegá-la de mim, mesmo se ele pensasse que a sacola continha apenas roupas e absorventes. Tranquei a porta e conferi se as minhas joias ainda estavam enfiadas nos absorventes, camufladas o suficiente para que ninguém percebesse que estavam ali, a menos que levantassem um por um dos absorventes, coisa que eu não imaginava um homem fazendo. Peguei o cartão do bolsa-alimentação de minha mãe e o segurei por um momento, lembrando dela. Em seguida, eu saí do banheiro, determinada a induzir o extremista a me dar algumas informações.

Era estranho estar com um homem que não me estuprou na primeira oportunidade em que ficamos sozinhos. No começo eu me perguntei se era possível que Hajji Amer, apesar de estar com o EI, tivera alguma piedade de mim ao ver que eu estava tão doente. Talvez tivesse um posto tão baixo, que o seu único trabalho fosse me vigiar. De volta ao quarto, porém, ele me encarou do jeito que Hajji Salman havia me encarado todas as noites, com um olhar cruel, incisivo. Não me estuprou, mas abusou de mim. Após terminar, voltou a relaxar no sofá e começou a falar num tom normal como se fôssemos velhos conhecidos.

– Vai ficar aqui nesta casa por uma semana – ele me disse. – Depois, talvez vá para a Síria.

– Não quero ir à Síria! – implorei. – Leve-me para outra casa em Mossul, mas não me mande para a Síria.

– Não tenha medo – ele me disse. – Existem muitas *sabaya* como você na Síria.

– Sei disso – respondi. – Mesmo assim, não quero ir.

Hajji Amer fez uma pausa e olhou para mim.

– Vamos ver – disse ele.

– Se eu vou ficar aqui por uma semana, posso ver as minhas sobrinhas Rojian e Kathrine? – perguntei a ele.

– Talvez elas estejam na Síria – disse ele. – Talvez você possa encontrá-las se for para a Síria.

– Há pouco tempo eu as vi em Mossul – respondi. – Acho que ainda devem estar em algum lugar nesta cidade.

– Bem, eu não posso ajudá-la – explicou. – Só sei que você deve esperar aqui. Talvez amanhã mesmo seja levada para a Síria.

– Estou falando, não vou para a Síria, de jeito nenhum!

Agora eu estava com raiva.

Hajji Amer abriu um sorriso.

– Quem é que você acha que controla para onde você vai? – indagou ele sem alterar o tom de voz. – Pense um pouco. Onde estava ontem? E onde está hoje?

Ele foi à cozinha, e logo depois ouvi o estalar ruidoso de ovos fritando em óleo quente. Fui atrás dele. Um prato de ovos com tomates me aguardava na mesa, mas eu tinha perdido a fome. A ideia de ir para a Síria me aterrorizava. Não conseguia nem parar sentada direito. Ele nem deu bola ao fato de eu não estar comendo.

Após comer os ovos, ele me perguntou se eu tinha uma abaia diferente da que eu estava vestindo.

– Esta é a única que eu tenho – falei.

– Talvez você precise de outras quando for à Síria – respondeu ele. – Vou sair e comprar umas para ti.

Pegou as chaves do carro, foi à porta da frente e falou:
— Fique aqui. Volto daqui a pouco.
Então saiu, batendo a porta atrás de si.
Fiquei sozinha. Não havia mais ninguém na casa, e nenhum barulho. Estávamos pertinho da periferia da cidade, e as ruas eram basicamente pacatas, com poucos carros circulando. As casas do bairro eram pequenas e bem próximas umas às outras. Da janela da cozinha, avistei moradores esparsos andando de uma casa a outra, e, mais longe, um trecho da rodovia que saía de Mossul. O bairro parecia calmo, não frenético como o entorno urbano da casa de Hajji Salman e não despojado como Hamdaniya. Fiquei olhando pela janela por quase meia hora até perceber outra coisa: havia pouca gente nas ruas, mas ninguém do EI.

Pela primeira vez desde que eu havia sido castigada por Hajji Salman, pensei numa fuga. A tortura no posto de controle e a promessa de ser enviada à Síria haviam reacendido a urgência de fugir. Contemplei a hipótese de pular a janela da cozinha, mas antes de fazer isso, fui até a porta da frente para ver se o extremista havia, por um milagre, esquecido de passar a chave. Era uma pesada porta de madeira. Girei a maçaneta amarela, e meu coração parou de bater. A porta não se mexeu. *Seria muita estupidez dele não passar a chave*, pensei. Mas, por via das dúvidas, apliquei uma força extra e quase caí quando a porta se abriu de repente.

Maravilhada, pisei no degrau da entrada e fiquei ali, estática, esperando que, a qualquer momento, um guarda me apontasse uma arma ou gritasse bem alto comigo. Mas nada aconteceu. Desci os degraus para o jardim. Eu não estava usando o meu nicabe, por isso fui andando com a cabeça ligeiramente virada para baixo, procurando, com o rabo dos olhos, guardas ou extremistas. Ninguém por perto. Ninguém gritou comigo – ninguém sequer me notou. Um muro baixo circundava o jardim, mas eu poderia pular o muro com facilidade utilizando uma lata de lixo como apoio. Senti um frio na barriga de ansiedade.

Rapidamente, como se algo tivesse tomado conta de meu corpo, corri ao interior da casa, peguei a sacola e o nicabe. Andei o mais rápido que pude; sabe-se lá quando Hajji Amer voltaria, e se ele estivesse certo e planejassem me levar para a Síria amanhã? Baixei o nicabe, tapando o rosto, peguei a sacola a tiracolo e abri a maçaneta da porta de novo.

Desta vez, abri com toda a força logo na primeira vez, e ela abriu fácil. Agilmente cruzei o limiar da porta, pisei no degrau de entrada, mas quando o ar bateu em minha pele, senti um puxão na saia da abaia e me virei.

– Estou me sentindo mal! – exclamei, esperando ver um extremista na porta. – Preciso tomar um pouco de ar!

Nada, nem mesmo a noite com os guardas de Salman, foi mais aterrorizante do que aquele momento. Jamais acreditariam que eu não estava tentando fugir. Mas quando olhei para trás, não vi ninguém. O puxão era apenas a ponta de minha abaia presa na porta fechada. Abafei uma risada, me soltei e corri ao jardim.

Subi numa lata de lixo e espiei por cima do muro do jardim. A rua estava vazia. À esquerda vislumbrei uma grande mesquita que, na oração do crepúsculo, talvez estivesse lotada de membros do EI. Mas, à direita e à frente, corriam ruas normais do bairro, com moradores em suas casas, talvez orando, talvez preparando o jantar. Escutei carros e o som de água corrente de uma mangueira; na casa ao lado, a vizinha regava o jardim. O medo me impediu de pular o muro. Pensei: *e se Hajji Amer estiver voltando agora mesmo? Será que consigo suportar um novo castigo?*

Pensei em pular o muro para o jardim do vizinho, em vez de para a rua, onde eu temia que Hajji Amer estivesse voltando de carro. Nenhuma das casas parecia ter eletricidade, e estava ficando escuro. De abaia, eu poderia passar despercebida nos pátios sombrios. Eu já descartara sair pelo portão do jardim, onde eu tinha certeza que haveria alguém de sentinela. Uma mulher sozinha, coberta ou não, saindo de uma casa mantida pelo EI, despertaria suspeitas, e a recompensa por delatar uma *sabiyya* era demasiado tentadora.

Eu sabia que, se ficasse pensando nisso, eu perderia um tempo valioso. Eu precisava tomar uma decisão. Mas eu não conseguia me mexer. Toda e qualquer escolha que eu visualizava sempre terminava comigo sendo recapturada e punida como Hajji Salman me puniu. Presumi que Hajji Amer me deixara sozinha em casa com a porta destrancada e sem guardas não por esquecimento. Ele não era idiota. Fez isso porque pensava que, a esta altura, sofrendo abusos há tanto tempo e tão fragilizada pelos enjoos e pela fome, eu nem pensaria em tentar escapar. Pensavam que me dominavam para sempre. *Estão enganados*, pensei. E, num piscar de olhos, joguei a sacola por cima do muro e, em seguida, pulei e caí do outro lado, num baque.

PARTE III

Capítulo I

Do outro lado do muro do jardim, notei que a rua que partia direto da casa era, na verdade, um beco sem saída, e como estava no horário da oração da noite, seria muito arriscado passar pela grande mesquita à esquerda. A única opção era dobrar à direita, mas aonde isso poderia me levar? Eu não tinha a mínima ideia. Comecei a andar.

Eu ainda calçava as sandálias masculinas que Hajji Salman me dera naquela primeira noite, no salão transformado em mesquita, e foi a primeira vez que tive de percorrer uma distância maior com elas. Em geral, eu só fazia trechos curtos, da porta da casa até o carro. As sandálias me batiam nas solas dos pés – eu temi que o barulho fosse muito alto –, e entrava areia entre as tiras e os dedos. "São enormes!", pensei. Eu me esquecera disso e, por um instante, aquela observação me fez sorrir, pois queria dizer que eu estava andando.

Não andei em linha reta. Em vez disso, embrenhei-me entre carros estacionados, dobrei esquinas aleatoriamente, e atravessei e reatravessei as mesmas ruas um montão de vezes. Aos olhos de um observador casual, eu queria dar a impressão de que eu sabia exatamente onde eu estava indo. Meu coração pulsava com tanta força que eu receava que o seu bater me denunciaria, e os transeuntes iriam escutá-lo e descobrir quem eu era.

Passei por casas iluminadas por geradores e rodeadas de amplos jardins, forrados de arbustos com flores roxas e árvores altas. Era um bairro agradável com casas construídas para famílias grandes e ricas. Ao lusco-fusco, a maioria dos moradores estava dentro de casa, jantando e pondo os filhos na cama. Quando escureceu mais, porém, o pessoal foi saindo para se sentar na brisa e conversar com os vizinhos. Tentei não encarar ninguém, esperando passar despercebida.

Em minha vida inteira eu tive medo da noite. Por sorte, eu era pobre: assim, eu dormia no mesmo quarto com minhas irmãs e sobrinhas ou no telhado, rodeada pela família, e nunca tive que me preocupar com as coisas que se escondiam na escuridão. Enquanto eu andava naquela noite em Mossul, o céu foi escurecendo rápido, e o medo da noite tornou-se ainda mais intenso do que o medo de o EI me recapturar. Não havia postes de iluminação pública nas ruas, e só algumas casas tinham as luzes acesas. Por isso, aquele bairro de Mossul logo estaria escuro como breu. As famílias começariam a entrar para dormir, e as ruas ficariam sem uma vivalma, eu pensei, à exceção de mim e dos homens que estavam em meu encalço. A esta altura, eu presumia, Hajji Amer já voltara para casa com minhas novas abaias e descobrira a minha fuga. Era provável que tivesse passado um rádio a outros membros do Estado Islâmico, talvez a um líder ou até mesmo ao próprio Hajji Salman, para avisar que eu tinha escapado. Em seguida, correra de volta a sua van e saíra à procura da silhueta de uma jovem fugitiva na luz intensa dos faróis. Talvez ele estivesse com medo do que iria acontecer consigo mesmo. Afinal de contas, ele que havia me deixado sozinha com a porta destrancada, facilitando a minha fuga. Imaginei que essa situação o obrigasse a dirigir mais rápido e a procurar com mais determinação, batendo nas portas e interpelando os transeuntes, parando qualquer mulher que andava sozinha. Imaginei que ele iria ficar me procurando noite adentro.

Minha abaia ajudava a me camuflar, mas eu não me sentia invisível, como eu esperava me sentir. Enquanto andava, eu só conseguia pensar numa coisa: no momento em que eu seria capturada, o alarido de vozes, o engatilhar das armas e, por fim, as mãos me agarrando e me arrastando de volta para a casa de onde eu fugira. Eu tinha que encontrar um esconderijo antes de escurecer por completo.

Ao passar na frente de cada casa, eu me imaginava indo até a porta e batendo. Será que a família que abriria a porta me denunciaria de imediato? Será que eu seria mandada de volta a Hajji Salman? Bandeiras do Estado Islâmico estavam hasteadas em postes ou desfraldadas sobre portões, como lembretes de que eu estava num lugar perigoso. Até mesmo o som das crianças rindo nos pátios me sobressaltava.

Por um momento, fiquei me perguntando se não seria melhor voltar. Eu poderia pular de novo o muro do jardim, abrir a pesada porta da frente e sentar-me na cozinha, exatamente onde Hajji Amer me deixara e onde me encontraria ao retornar. Talvez fosse melhor ir à Síria do que ser novamente capturada tentando escapar. Mas daí eu pensei: *Não, Deus me deu esta chance e facilitou a minha saída daquela casa*. A porta destrancada, o bairro pacato, a falta de sentinelas, a lata de lixo junto ao muro do jardim – todos esses sinais indicavam que era hora de correr o risco de outra fuga. Uma chance dessas não apareceria de novo, especialmente se eu fosse recapturada.

No início, tive um susto a cada ruído e a cada movimento. Apareceu um carro com só um dos faróis acesos, brilhando em minha direção como o facho da lanterna de um policial, e grudei o corpo junto ao muro de um jardim até ele passar. Quando avistei dois jovens trajando abrigos esportivos andando em minha direção, atravessei a rua para evitá-los. Passaram, conversando, como se não tivessem me visto. Ao escutar o ranger de um portão enferrujado na frente de uma casa, eu rapidamente dobrava a esquina, apertando o passo, sem correr, e ao ouvir os latidos de um cão, eu dobrava outra esquina. Eu era guiada apenas por esses momentos de pânico, mas eu ainda não tinha ideia de qual seria o meu destino. Eu achava que podia ficar andando para sempre.

Ao longo da caminhada, as casas foram encolhendo. As casas de concreto com múltiplos andares das famílias mais ricas, ocupadas pelo EI – com os carros extravagantes estacionados na frente e os ruidosos geradores que alimentavam televisores e rádios – deram lugar a moradias mais modestas, a maioria delas de um ou dois pisos, com a fachada cinza de concreto. Menos luzes estavam acesas, e a vizinhança se tornou mais silenciosa. Eu escutava nenéns chorando no interior das casas, e eu os imaginava nos braços das mães, sendo acalmados. As gramas dos pátios tornaram-se canteiros de hortinhas, e os espaçosos sedãs tornaram-se caminhonetes rurais. Filetes de esgoto e água servida corriam em sarjetas à beira da estrada: eu estava num bairro pobre.

Súbito, eu me dei conta de que era isso mesmo que eu estava procurando. Se algum sunita em Mossul fosse me ajudar, era mais provável que fosse um sunita pobre, talvez uma família que só permanecera ali porque não tinha dinheiro para sair e talvez estivesse mais interessada em sobreviver do que com a política do Iraque. Muitas famílias pobres entraram no EI. Mas, naquela noite, sem nada para me guiar e motivo algum para confiar mais num estranho do que em outro, eu só queria encontrar uma família como a minha.

Eu não sabia em que porta bater. Eu tinha passado tantas horas dentro de bases do Estado Islâmico, gritando o mais alto possível com as outras jovens, sabendo que o barulho alcançaria as pessoas lá fora. Mesmo assim, ninguém nos ajudou. Eu tinha sido transportada de uma cidade a outra em ônibus e carros, cruzando por veículos lotados de famílias que nem sequer olharam para nós. Todos os dias, os extremistas executavam pessoas que discordavam deles, estupravam as mulheres iazidis que consideravam inferiores a objetos e colocavam em prática o seu plano de apagar os iazidis da face da Terra – e mesmo assim ninguém em Mossul fez algo para nos ajudar. O EI havia crescido principalmente em nossa nação, e, embora boa parte dos muçulmanos sunitas tivesse fugido de Mossul quando o grupo tomou o poder (e outra parte, ainda mais numerosa, vivesse aterrorizada sob o jugo do Estado Islâmico), nada me levava a crer que atrás de uma daquelas portas habitava uma única pessoa solidária. Lembrei-me de como eu havia desejado um olhar afetuoso da mãe de Morteja, um olhar de quem olha a própria filha, mas, em vez disso, ela me olhara com ódio. Essas casas estariam cheias de pessoas como ela?

Mesmo assim, eu não tinha escolha. Sozinha, eu jamais conseguiria deixar Mossul. Vamos supor que eu conseguisse burlar o posto de controle. (Coisa que era praticamente certo que eu não iria conseguir.) Eu seria então capturada vagueando na beira da estrada ou morreria desidratada, muito antes de chegar ao Curdistão. Minha única esperança de sair viva de Mossul residia numa dessas casas. Mas qual delas?

Logo ficou tão escuro, que eu mal enxergava um palmo à minha frente. Fazia quase duas horas que eu perambulava, e meus pés doíam nas sandálias. Cada passo soava como uma medida de segurança, uma distância, não importa quão diminuta, entre mim e o EI. Mesmo assim, eu não conseguiria andar para sempre. Numa esquina, parei ao lado de um portão metálico, grande e largo, e ergui a mão, prestes a bater. Mas então, na última hora, baixei a mão e comecei a andar novamente. Não sei por quê.

Dobrei a esquina e parei diante de uma porta verde de metal, menor do que a primeira. Não havia luzes na casa, que tinha dois pisos e fachada de concreto, semelhante às novas casas construídas em Kocho. Não havia nada de especial na casa, nada que me dissesse como era a família lá dentro. Mas eu já havia caminhado o suficiente. Desta vez, quando levantei o braço, bati na porta com a palma da mão, duas vezes. Um som alto e oco vibrou através do metal, e fiquei ali na rua esperando para ver se eu seria salva.

***

Pouco depois, a porta se entreabriu, revelando um senhor que aparentava uns cinquenta e poucos anos.

– Quem é você? – perguntou ele, mas me esgueirei porta adentro sem falar nada.

No pequeno jardim, avistei uma família sentada em círculo, bem pertinho da porta da casa, iluminados somente pelo luar. Ergueram-se, atônitos, mas não disseram nada. Quando ouvi o portão do jardim se fechar, ergui o nicabe para mostrar o rosto.

– Eu imploro a vocês – eu disse. – Me ajudem. – Ficaram calados, e então continuei a falar. – Meu nome é Nadia. Sou uma iazidi de Sinjar. O *Daesh* arrasou a nossa aldeia, e fui levada a Mossul para ser uma *sabiyya*. Perdi minha família.

Dois jovens na faixa dos vinte e poucos anos estavam sentados no jardim, com o casal mais velho, que eu presumi serem os pais, e um menino de uns 11 anos de idade. Uma moça também com vinte e poucos anos estava sentada, embalando um neném nos braços. Ela estava grávida, e o rosto dela foi o primeiro a demonstrar medo. Não havia luz elétrica na pequena casa, e eles haviam trazido colchões ao jardim, onde o ar era mais fresquinho.

Senti um calafrio. Será que não eram membros do Estado Islâmico? Os homens usavam barba e calças pretas largas, e as mulheres se trajavam de modo conservador, embora seus rostos estivessem descobertos porque estavam em casa. Nada na aparência deles os distinguia da gente que me sequestrou, e pensei que eu certamente seria denunciada. Fiquei paralisada e me calei.

Um dos homens me pegou pelo braço e me puxou do jardim para o interior do lar quente e escuro.

– É mais seguro aqui – explicou o cinquentão. – Você não deve falar esse tipo de coisa lá fora.

– De onde você é? – perguntou-me a senhora, que eu supus ser a esposa dele, tão logo entramos. – O que aconteceu com você?

A voz dela parecia ansiosa, mas não irritada, e eu senti meu coração abrandar um pouco. Contei a eles:

– Sou de Kocho. Fui trazida para cá como *sabiyya*, e acabo de fugir da última casa onde o *Daesh* me mantinha presa. Eles iriam tentar me levar à Síria.

Contei a eles o que havia acontecido comigo, inclusive os estupros e os abusos sexuais. Pensei que, quanto mais soubessem, mais provável seria que me ajudassem. Eles eram uma família, por isso, podiam mostrar amor e piedade. Mas não nominei os extremistas que me compraram ou me venderam. Hajji Salman era um nome importante no EI, e quem poderia imaginar uma pessoa mais temível para desafiar do que o próprio juiz que sentencia as pessoas à morte? Pensei: *se souberem que pertenci a Salman, vão me entregar na mesma hora, por mais que sintam pena de mim.*

– O que você quer de nós? – perguntou a mulher.

— Imagine se a senhora tivesse uma filha jovem e ela fosse apartada da família e submetida a todos esses sofrimentos e estupros — eu falei. — Por favor, pensem nisso antes de avaliar o que vão fazer comigo agora.

Assim que eu terminei, o pai falou.

— Sossegue o seu coração. Vamos tentar ajudá-la.

— Como é que eles podem fazer isso com as mocinhas? — sussurrou a senhora consigo mesma.

A família se apresentou. Eram realmente sunitas que haviam permanecido em Mossul quando o EI viera, porque não tinham mais para onde ir, eles contaram.

— Não conhecemos ninguém no Curdistão para nos ajudar a atravessar os postos de controle. E, além disso, somos pobres. Tudo o que temos está nesta casa.

Eu não sabia se acreditava neles... Muitos sunitas pobres tinham deixado Mossul, enquanto outros permaneceram e só se desiludiram com o EI quando suas próprias vidas pioraram, não pelo sofrimento dos outros. Mas decidi que, se estavam me ajudando, isso deveria significar que estavam dizendo a verdade.

— Somos *azawis* — disseram eles, referindo-se a uma tribo que tem relações duradouras e estreitas com os iazidis na região.

Isso significava que eles provavelmente conheciam o iazidismo e até poderiam ter *kirivs* em aldeias perto da minha. Era um bom sinal.

Hisham, o corpulento patriarca, ostentava uma comprida barba grisalha. A mulher dele, Maha, tinha um rosto bonito e rechonchudo. Quando entrei, ela só trajava um vestido caseiro, mas logo depois, como eu era uma desconhecida, ela foi para dentro colocar sua abaia. Magros, os filhos deles, Nasser e Hussein, ainda não eram homens-feitos, e ambos, especialmente Nasser, me salpicaram de perguntas curiosas: como é que eu havia chegado ali? Onde minha família estava?

Aos 25 anos, Nasser, o mais velho, era muito alto, com entradas no cabelo e a boca grande e larga. Fiquei mais preocupada com os filhos: se alguém desta família fosse leal ao EI, deveria ser um desses jovens sunitas. Mas eles juraram que odiavam os terroristas.

– A vida ficou péssima desde que eles chegaram – Nasser me contou. – Parece que vivemos numa guerra.

A esposa de Nasser, Safaa, também estava no jardim. Alta como Nasser, com olhos marcantes, muito encovados, ela não falou nada. Só ficou me encarando, enquanto ninava o neném no colo e relanceava o olhar ao irmão caçula de Nasser, Khaled, que também era muito novinho e estava alheio ao que ocorria. De todos, Safaa parecia a mais inquieta com a minha presença.

– Quer outra abaia? – ela me perguntou após eu tirar a minha, que estava suja.

Foi um gesto amigável, mas algo em sua entonação me fez pensar que ela estava me julgando por usar um vestido iazidi numa casa muçulmana.

– Não, obrigada – eu disse.

Eu não queria usar além do necessário aquela vestimenta com a qual eu não estava familiarizada.

– Com quem você esteve no *Daesh*? – Nasser enfim perguntou.

– Salman – falei baixinho.

Ele deu um grunhido conhecedor, mas não comentou nada sobre o meu antigo captor. Em vez disso, perguntou-me sobre a minha família e para onde eu iria se eu fugisse de Mossul. Tive a sensação de que ele não tinha medo e queria me ajudar.

– Conheceram outras moças iazidis? – indaguei.

– Já vi algumas antes no tribunal – contou Hisham.

O outro filho dele, Hussein, confessou que avistara alguns ônibus passando, pensando que estavam cheias de escravas como eu.

– Em Mossul, tem uns cartazes que dizem que se você denunciar uma *sabiyya*, o *Daesh* lhe dá uma recompensa de cinco mil dólares – informou ele. – Mas ficamos sabendo que é mentira.

– Não gostamos do que está acontecendo – disse Hisham. – Teríamos abandonado Mossul há muito tempo, logo que o *Daesh* chegou, mas não temos dinheiro, e não temos para onde ir.

– Quatro de nossas filhas estão casadas aqui – disse Maha. – Mesmo se tivéssemos ido embora, elas teriam ficado. As famílias dos maridos delas talvez apoiem o *Daesh*. Não sabemos... tanta gente os apoia. Mas não podemos deixar nossas filhas sozinhas aqui.

Não quero parecer ingrata com a família que me deu guarida na casa deles. Ouviram a minha história sem me julgar e ofereceram ajuda. Mesmo assim, foi impossível não me perguntar onde é que estiveram o tempo todo em que estive cativa. Fiquei chateada ao ouvir suas explicações, mas tentei não demonstrar. Como é que Hussein pôde assistir, de braços cruzados, àqueles ônibus passarem, sabendo que a bordo estavam moças e mulheres prestes a serem estupradas, noite após noite, por extremistas do Estado Islâmico? Como é que Hisham pôde assistir, de braços cruzados, aos extremistas obrigarem as *sabaya* a aceitar casamentos ilegais no tribunal? Estavam me ajudando, mas só depois de eu aparecer na porta deles. E eu era uma entre milhares. Falaram que odiavam o EI, mas nenhum deles tinha feito nada para detê-los.

Não seria pedir demais que uma família normal enfrentasse os terroristas do EI? Terroristas que jogavam pessoas acusadas de serem homossexuais de cima dos telhados; que estupravam moças porque pertenciam à religião errada; que apedrejavam inocentes até a morte. Minha vontade de ajudar o próximo nunca havia sido testada assim. Talvez porque os iazidis nunca foram protegidos por causa de sua religião, só atacados. Hisham e a família dele permaneceram em segurança na Mossul ocupada pelo EI, porque nasceram sunitas e, portanto, foram aceitos pelos extremistas. Até eu aparecer, estavam contentes em usar a sua religião como armadura. Tentei não os odiar por isso, pois agora demonstravam muita bondade, mas eu não os amava.

– Tem alguém no Curdistão para ligarmos e avisar que você está conosco? – perguntou Hisham.

– Tenho irmãos lá – contei a ele, e recitei o número de Hezni, que estava gravado em meu cérebro.

Hisham digitou o número e começou a falar. Então afastou o celular da orelha, confuso, e digitou novamente. Na segunda vez aquilo se repetiu, e fiquei com medo de ter trocado algum número. Perguntei:

— Ele não está atendendo?

Hisham balançou a cabeça.

— Uma voz masculina responde, mas quando vou explicar quem sou e de onde estou ligando, ele começa a me xingar — explicou. — Talvez não seja o seu irmão. Se for, acho que ele não acredita que você está comigo.

Hisham tentou de novo. Desta vez, a pessoa que atendeu o deixou falar.

— Nadia está aqui conosco, ela fugiu do raptor dela — contou. — Se não acredita em mim, conheço iazidis que podem dizer a você quem sou. — Hisham servira no exército de Saddam com um político de Sinjar conectado ao povo iazidi. — Ele vai contar a você que sou uma boa pessoa e que não vou machucar sua irmã.

Foi uma conversa breve, e depois Hisham me contou que a pessoa com quem ele tinha conversado era Hezni.

— A primeira reação dele, ao ver que era uma ligação de Mossul, foi pensar que eu estava ligando para ser cruel — relatou. — Ao que parece, os homens que estão em posse da esposa dele ficam ligando só para lembrá-lo do que estão fazendo com ela. Tudo o que lhe resta a fazer é amaldiçoá-los e desligar.

Meu coração se confrangeu por Hezni e Jilan, que lutaram tanto para ficar juntos.

Estava ficando tarde, e as mulheres estenderam um colchão para mim num dos quartos e me perguntaram se eu estava com fome.

— Fome, não — respondi. Eu não conseguia me imaginar comendo algo. — Mas estou com muita sede.

Nasser me trouxe um copo d'água e, enquanto eu bebia, recomendou-me que eu não saísse no pátio, nunca.

— Este bairro está cheio de membros e simpatizantes do *Daesh* — revelou-me. — Não é seguro para você.

— O que está acontecendo por aqui? — eu quis saber.

Havia *sabaya* nas proximidades? Os extremistas vasculhavam casas à procura de alguma foragida?

– Vivemos numa época perigosa – disse Nasser para mim. – O *Daesh* está em toda parte. Governam toda a cidade, e todo mundo precisa ter cuidado. Temos um gerador, mas não podemos ligá-lo à noite porque temos medo. Os aviões americanos podem enxergar as luzes e largar uma bomba em nossa casa.

Apesar do calor, estremeci, pensando naquela primeira porta em que eu tinha parado e decidido não bater. Quem estaria atrás dela?

– Agora durma – aconselhou Hisham. – Pela manhã, vamos pensar num modo de tirá-la daqui.

O quarto estava abafado, e tive um sono entrecortado. Passei a noite toda pensando nas casas ao meu redor, cheias de famílias que apoiavam o EI. Pensei em Hajji Salman vasculhando as estradas em seu carro, em meu encalço, e passando a noite em claro de tanta raiva. Eu me perguntava o que acontecera com o extremista que me deixara escapar. Será que a promessa de cinco mil dólares de recompensa convenceria Nasser e sua família a me entregar? Será que tinham mentido para mim, fingindo compaixão e disposição para ajudar, o tempo inteiro me odiando por ser iazidi? *Seria tolice minha já estar confiando neles,* eu pensei, *mesmo que fossem da tribo azawi e mesmo se Hisham tivesse amigos iazidis em seu tempo no exército?* Sunitas que considerávamos amigos tinham traído os iazidis e os denunciado ao EI.

Onde estariam minhas irmãs e sobrinhas que haviam sido separadas de mim? Poderiam estar em qualquer lugar. Seriam castigadas por minha fuga? O que acontecera com as mulheres que ficaram em Solagh? E com as moças levadas à Síria? Pensei em minha linda mãe, o lenço branco caindo do cabelo ao descer da picape em Solagh, a cabeça repousando em meu colo, os olhos fechados para bloquear o terror que nos rodeava. Vi Kathrine sendo arrancada dos braços de minha mãe antes de sermos todas embarcadas nos ônibus. Em breve eu descobriria o que havia acontecido com todas elas. Quando enfim adormeci, não sonhei com nada, em meio à total escuridão.

Capítulo 2

Acordei às cinco da manhã, antes de qualquer outra pessoa, e meu primeiro pensamento foi que eu tinha que sair dali. *Aqui não é seguro*, eu disse a mim mesma. *O que será que vão fazer comigo? Qual a chance de eles serem pessoas boas o suficiente para se arriscarem a me ajudar?* Mas era de manhã, e o sol quente já iluminava as ruas, onde não havia nem sombra para me esconder se eu tentasse sair. Eu não tinha outro lugar para onde ir. Deitada na cama, notei que o meu destino estava nas mãos de Hisham e de sua família, e tudo que eu podia fazer era rezar para que eles realmente quisessem me ajudar.

Duas horas depois, Nasser chegou com instruções de Hisham. Conversamos e esperamos o pai dele chegar, enquanto Maha nos servia o café da manhã. Não comi nada, mas tomei um pouco de café.

— Você vai ficar com a minha irmã Mina e o marido dela, Basheer — ele me explicou. — Eles moram um pouco afastados da cidade. Lá tem menos chance de o *Daesh* aparecer e ver você. Sabemos que Basheer não gosta do *Daesh* — contou Nasser. — Mas não temos certeza sobre os irmãos dele. Ele garante que eles não entraram no EI, mas a gente nunca sabe, então é melhor ter cuidado. Mas Basheer é um bom sujeito.

Com o nicabe cobrindo o rosto, eu me senti segura no carro com Hisham e Nasser. Os quarteirões começaram a ficar com poucas casas à medida que nos dirigíamos à casa de Mina e Basheer, nos arredores de Mossul. Ninguém ficou nos olhando ao caminharmos do carro até a porta da frente, e eu não vi nenhuma casa vizinha com a bandeira do Estado Islâmico desfraldada ou que tivesse sido pintada com um grafite do EI.

O casal foi nos receber no vestíbulo. A casa era maior e mais agradável do que a de Hisham e me lembrou das casas que os meus irmãos casados tinham construído devagarinho em Kocho, após anos e anos de economias. Construída em concreto, era feita para durar, com assoalho de lajota coberto de tapetes verdes e beges, e sofás com assentos bem fofos na sala de estar.

Mina era a mulher mais linda que eu já tinha visto na vida. Em seu pálido rosto redondo brilhavam olhos verdes como esmeralda, e a sua silhueta parecia a de Dimal – não muito magra. Os cabelos compridos estavam tingidos de um marrom intenso. Ela e Basheer tinham cinco filhos, três meninos e duas filhas. Quando cheguei, a família toda me saudou tranquilamente, como se Hisham e Nasser já tivessem respondido a todas as perguntas que tinham sobre mim. Ninguém tentou me consolar. À exceção de Nasser, que parecia curioso para saber todos os detalhes do que havia acontecido comigo, a família me tratava como se eu fosse um dever a cumprir, e fiquei grata por isso. Eu ainda não tinha certeza de que eu poderia corresponder à afeição deles, se ela me fosse oferecida.

– *Salam alaikum* – saudei.

– *Alaikum asalaam* – respondeu Basheer. – Não se preocupe, vamos ajudá-la.

O plano era obtermos uma identidade falsa, confeccionada para mim, em nome de Safaa ou de Mina, a opção que fosse mais fácil. Depois, eu seria escoltada por um dos homens, Basheer ou Nasser, de Mossul até Kirkuk, fingindo que éramos marido e mulher. Uns amigos de Nasser em Mossul fabricavam identidades (antes, a identidade no padrão estatal iraquiano, e agora, o documento do Estado Islâmico, em preto e branco), e prometeram nos ajudar.

– Vamos conseguir para você uma identidade iraquiana, não uma identidade do *Daesh* – explicou ele. – Vai parecer mais autêntica e com ela vai ser mais fácil para você entrar no Curdistão, se conseguirmos passar pelos postos de controle do *Daesh*.

– Se usarmos os dados de Safaa, você vai com Nasser – disse Basheer. – Se usarmos os de Mina, você vai comigo.

Mina sentou-se conosco, escutando, mas não falou nada. Seus olhos verdes dardejaram em minha direção quando o marido dela falou isso. Estava na cara que ela não estava feliz, mas não fez objeções.

– Kirkuk é um bom lugar para deixá-la? – indagou Basheer.

Ele achava que essa cidade poderia ser a entrada mais fácil para o Curdistão para quem saía de Mossul. Se eu concordasse, eles pediriam ao fabricante da identidade colocar Kirkuk como meu local de nascimento e me dar um nome comum na cidade.

– Kirkuk está dominada pelo EI?

Eu não sabia. Em minha adolescência, sempre considerei que Kirkuk fazia parte do Curdistão, pois era isso que os partidos curdos diziam, mas eu havia concluído, com base em conversas que eu ouvira entre os terroristas do Estado Islâmico, que a região estava conflagrada, como Sinjar, e que atualmente era cobiçada não só pelos curdos e pelo governo de Bagdá, mas também pelo EI. Os extremistas já haviam dominado um território tão grande do Iraque, que eu não me surpreenderia se a esta altura eles controlassem Kirkuk e todos os seus campos de petróleo.

– Posso perguntar à minha família. Se a cidade estiver controlada pelos *peshmergas*, então posso ir para lá.

– Certo. – Basheer ficou satisfeito. – Vou ligar ao amigo de Hisham em Sinjar para ver se ele pode ajudá-la, e Nasser vai conseguir a identidade para você.

Naquele dia, falei com Hezni pela primeira vez desde que escapei. Na maior parte da conversa, nós dois mantivemos a calma – havia muito trabalho a fazer se eu quisesse escapar com vida –, mas ao ouvir a voz dele pela primeira vez, fiquei tão feliz, que eu mal consegui falar.

– Nadia – disse ele. – Não se preocupe. Eu acho que esta família é boa… eles vão ajudar você.

Hezni falou no tom de sempre, confiante e emotivo ao mesmo tempo. Apesar do que eu estava passando, fiquei triste por ele. Se eu tivesse sorte, eu imaginava que em breve eu talvez descobrisse como era ser um dos iazidis salvos, e toda a tristeza e as saudades que vinham com isso.

Eu quis contar a ele como eu tinha fugido. Senti orgulho de minha coragem.

– Foi tão estranho, Hezni – contei. – Depois de tudo aquilo, todo mundo me vigiando de perto, esse sujeito deixou a porta destrancada. Só abri a porta, pulei o muro e escapei.

– Foi a vontade divina, Nadia – disse ele. – Deus quer que você viva e volte para casa.

– Eu receio que um dos filhos aqui esteja com o *Daesh* – confessei a Hezni. – São muito religiosos.

Mas Hezni me disse que eu não tinha escolha.

– Você tem que confiar nesta família – aconselhou.

Respondi que se ele achasse que eles eram bons, então eu ficaria com eles.

Mais tarde, eu tomaria conhecimento sobre as redes de contrabando que haviam sido estabelecidas para ajudar as moças iazidis a escaparem do EI, em especial, porque a partir de seu lar-contêiner no campo de refugiados, Hezni ajudaria a organizar as fugas de dezenas de moças. Cada operação começava em meio ao pânico e ao caos, mas após a família da vítima arrecadar dinheiro suficiente, o processo começava a transcorrer como um empreendimento que envolvia uma rede de contrabandistas. São intermediários – em sua maioria, moradores locais árabes, turcos, sírios ou curdos iraquianos – que recebem milhares de dólares por sua participação no esquema. Alguns são taxistas, que contrabandeiam as moças em seus carros; outros servem como espiões em Mossul ou Tal Afar, informando as famílias sobre onde as moças estão se escondendo; outros ajudam nos postos de controle ou subornam e negociam com as autoridades do Estado Islâmico. Alguns dos principais agentes dentro dos territórios do Estado Islâmico são mulheres; elas abordam facilmente uma *sabiyya* sem causar alarde. Encabeçando essas redes estão alguns homens iazidis, que, usando suas conexões nas aldeias sunitas, configuram as redes e se certificam de que tudo transcorra conforme planejado. Cada equipe trabalha em sua própria zona – algumas na Síria e algumas no Iraque. Como em qualquer negócio, criou-se uma concorrência entre eles, pois logo se tornou evidente que o contrabando de *sabaya* era uma boa maneira de ganhar dinheiro em tempos de guerra.

Quando o plano para minha própria fuga estava sendo concebido, a rede de contrabando estava apenas começando a se desenvolver, e Hezni estava descobrindo de que modo ele poderia participar. Meu irmão é corajoso e bom, e não deixaria nenhuma pessoa sofrer se pudesse ajudá-la, mas eram tantas moças que tinham seu número de telefone – todas as mulheres da família tinham memorizado o número e compartilhado com outras *sabaya* que foram conhecendo ao longo do caminho–, que ele rapidamente ficou sobrecarregado de tantos telefonemas. Quando Hisham ligou para ele em meu nome, ele já havia entrado em contato com outros pedindo ajuda. Estabeleceu uma conexão com autoridades do GRC que trabalhavam na libertação de iazidis e também com pessoas locais em Mossul e em outros lugares no Iraque dominado pelo EI. Rapidamente, o resgate das iazidis, via contrabando, tornou-se um trabalho de tempo integral – mas não remunerado – para ele.

Sem saber exatamente o que esperar quando eu estava me preparando para a minha viagem a Kirkuk, Hezni estava preocupado. Ele não tinha certeza se funcionaria o plano de eu ser acompanhada por um dos cunhados, Nasser ou Basheer, no longo trajeto rumo ao Curdistão. Não era fácil para um sunita em idade militar ultrapassar um posto de controle curdo, e Hezni sabia que se o EI descobrisse que uma família em Mossul havia ajudado uma *sabiyya* a escapar, o castigo seria severo.

– Não queremos que ele seja capturado por tentar ajudá-la – explicou Hezni. – É nossa responsabilidade garantir que nada aconteça a Nasser ou Basheer quando eles trouxerem você ao Curdistão. Certo, Nadia?

– Entendo, Hezni – respondi a ele. – Vou ter cuidado.

Eu sabia que, se fôssemos apanhados num posto de controle do Estado Islâmico, quem estivesse comigo seria morto, e eu seria devolvida à escravidão. Num posto de controle curdo, o perigo era de Nasser ou Basheer serem colocados em detenção.

— Cuide-se, Nadia — recomendou Hezni. — Tente não se preocupar com nada. Amanhã eles vão dar a identidade a você. Quando chegar a Kirkuk, me ligue.

Antes de desligarmos, perguntei a ele:

— O que aconteceu com Kathrine?

— Não sei, Nadia — disse ele.

— E em Solagh? — indaguei.

— O EI ainda está em Kocho e Solagh — contou ele. — Sabemos que os homens foram mortos. Saeed sobreviveu, e ele me contou como foi. Saoud conseguiu chegar até aqui e vai bem. Ainda não sabemos o que aconteceu com as mulheres em Solagh. Mas Saeed está determinado a combater o *Daesh* para liberá-las, e eu ando preocupado com ele.

Saeed sofria dores terríveis por causa de seus ferimentos à bala e, todas as noites, os pesadelos com o pelotão de fuzilamento o impediam de dormir.

— O meu medo é que ele não consiga lidar com o que aconteceu — ponderou Hezni.

Despedimo-nos, e Hezni passou o telefone a Khaled, meu meio-irmão. Ele me passou mais informações.

— Os iazidis pararam de fugir — revelou. — Estão morando em condições extremamente precárias no Curdistão, esperando a abertura de novos campos de refugiados.

— O que aconteceu com os homens em Kocho? — interpelei, embora já tivessem me contado. Eu não queria que fosse verdade.

— Todos os homens foram mortos — confirmou. — Todas as mulheres foram raptadas. Viu alguma delas?

— Eu vi Nisreen, Rojian e Kathrine — informei a ele. — Não sei onde elas estão agora.

As notícias eram piores do que eu esperava. Até mesmo os detalhes que eu já sabia eram difíceis de ouvir. Desligamos, e devolvi o telefone a Nasser. Parei de me preocupar que a família pudesse me trair, e então me permiti relaxar um pouco. Nunca me senti tão cansada em toda a minha vida.

***

Fiquei na casa de Mina e Basheer por vários dias, enquanto o plano de fuga evoluía, e na maior parte do tempo eu não falava com ninguém, pensando em minha família e no que poderia acontecer comigo. Se ninguém me fizesse perguntas, eu ficava alegre por me manter calada. A família era muito religiosa e rezava cinco vezes ao dia, mas diziam que odiavam o EI, e nunca me perguntaram sobre a minha conversão forçada nem tentaram me fazer rezar com eles.

Eu continuava muito doente e sentia uma queimação no estômago, então um dia me levaram ao hospital feminino local. Tiveram que me convencer de que era seguro ir.

– É só eu colocar uma bolsa d'água quente na barriga – eu disse à mãe de Nasser. – Vai resolver.

Mas ela insistiu que eu consultasse um médico.

– Basta você usar o nicabe e ficar com a gente, que vai ficar tudo bem – ela me garantiu, e eu estava com tanta dor, que nem discuti por muito tempo.

Minha cabeça rodopiava e nem percebi direito quando me levaram até o carro deles e depois rumo à cidade. Eu estava tão mal, que agora, em retrospectiva, a visita ao hospital parece ser um sonho do qual eu me lembro com muito esforço. Mas, quando melhorei e fiquei mais forte, esperei quietinha dentro de casa até o dia em que me avisassem que era hora de ir embora.

Às vezes, eu comia com eles, às vezes, eu comia sozinha; eles me pediam para ter cuidado, ficar longe das janelas e ignorar o telefone.

– Se alguém bater na porta, fique em seu quarto e não faça barulho – instruíram.

Mossul não era como Sinjar. Em Kocho, quando chega alguém, o visitante nem se dá ao trabalho de bater à porta. Todo mundo se conhece, e éramos todos bem-vindos nos lares uns dos outros. Em Mossul, um visitante aguarda até ser convidado a entrar, e mesmo um amigo é tratado como estranho.

Sob hipótese alguma eu deveria colocar o pé lá fora. O banheiro principal ficava na parte externa, mas fui instruída a usar o banheirinho que ficava dentro de casa.

– Não sabemos se algum de nossos vizinhos está com o *Daesh* – justificaram.

Cumpri as ordens que recebi. A última coisa que eu queria era ser descoberta e devolvida ao EI e ver Hisham e sua família serem castigados por tentarem me ajudar. Eu não tinha dúvidas de que matariam todos os adultos, e só de pensar nas duas filhinhas de Mina, as duas perto dos 8 anos de idade e bonitas como a mãe, sendo levadas sob custódia pelo Estado Islâmico, eu ficava com náuseas.

Eu dormia no quarto das filhas. A gente quase não conversava. Elas não tinham medo de mim – simplesmente não estavam interessadas em saber quem eu era, e eu não tinha intenção de lhes contar. Eram tão inocentes. No segundo dia, acordei e me deparei com elas na frente do espelho do quarto, tentando desemaranhar seus cabelos.

– Posso ajudar? – indaguei. – Sou muito jeitosa para arrumar cabelos.

Elas concordaram, e eu me sentei atrás delas, passando um pente em seus cabelos compridos até os fios ficarem lisos e sedosos. Eu tinha o costume de fazer isso com Adkee e Kathrine todos os dias, e, ao fazer aquilo, eu quase me senti normal.

O televisor ficava ligado o dia inteiro para que as crianças pudessem brincar com o seu PlayStation. E como os garotos ficavam tão distraídos com seus videogames, eles me deram ainda menos atenção do que as meninas. Regulavam em idade com Malik e Hani, meus dois sobrinhos que foram sequestrados e induzidos a se tornarem combatentes do EI. Antes de agosto 2014, Malik era um menino tímido, mas inteligente e interessado no mundo ao seu redor. Ele amava a família e a mãe dele, Hamdia. Agora eu não tinha ideia de onde ele estava. O

EI havia instituído um intenso sistema de reeducação e lavagem cerebral para os adolescentes sequestrados. Nas aulas de árabe e inglês, eles aprendiam palavras bélicas como *gun* e eram informados de que o iazidismo era uma religião demoníaca e que os familiares deles que não se convertessem deveriam ser mortos.

Foram raptados numa idade impressionável, e, como me disseram depois, as aulas surtiram efeito em alguns deles. Mais tarde, Malik mandaria fotos para Hezni no campo de refugiados. Elas o mostravam em uniformes do Estado Islâmico, sorrindo e portando um fuzil, as bochechas coradas de empolgação. Ele ligava a Hezni só para dizer a Hamdia que ela deveria se juntar a ele.

– Seu pai está morto – Hamdia dizia ao filho dela. – Não resta ninguém para cuidar da família. Você tem que voltar para casa.

– A senhora deveria entrar para o Estado Islâmico – respondia Malik. – Aqui eles vão cuidar da senhora.

Hani escapou após quase três anos em cativeiro, mas quando Hezni tentou organizar o resgate de Malik, meu sobrinho recusou-se a ir com o contrabandista que se aproximou dele num mercado na Síria.

– Eu quero lutar – disse ele.

Ele era uma sombra do menino que havia sido em Kocho e, depois disso, Hezni parou de tentar. Mas Hamdia sempre pegava o telefone se notasse que era Malik ligando.

– Ele continua sendo meu filho – dizia ela.

Mina era boa dona de casa e mãe. Passava os dias limpando a casa, cozinhando para a família, brincando com os filhos e amamentando o bebê. Os dias eram tensos, para ela e para mim, e não conversávamos muito. Em breve, o irmão dela ou o marido dela empreenderiam comigo uma perigosa jornada ao Curdistão. Era muita coisa para uma família enfrentar.

Uma vez, cruzando por mim no corredor, ela comentou sobre o meu cabelo.

– Por que está vermelho só nas pontas? – indagou ela.

– Eu tingi com hena há muito tempo – expliquei, examinando os fios.

– É bonito – disse ela, e se esgueirou por mim, sem falar mais nada.

Uma tarde, depois do almoço, Mina estava com dificuldades para acalmar o neném, que precisava mamar e não parava de chorar. Em geral, ela não me deixava ajudar no trabalho doméstico, mas naquela tarde, quando me ofereci para lavar a louça, ela assentiu, agradecida. A pia ficava defronte a uma janela que dava para a rua, onde alguém poderia me ver, mas ela estava muito distraída com o neném para pensar em sermos apanhadas, e fiquei feliz por ter a chance de ajudá-la. Para minha surpresa, ela começou a me fazer perguntas.

– Conhece outras pessoas com o *Daesh*? – indagou ela, embalando o bebê contra o peito.

– Sim – respondi. – Pegaram todas as minhas amigas e a minha família, e depois nos separaram.

Quis fazer a mesma pergunta a ela, mas não queria ofendê-la. Ela fez uma pausa, pensando.

– Após sair de Mossul, para onde você vai?

– Me encontrar com o meu irmão. Ele está esperando para ir a um campo de refugiados com outros iazidis.

– Como é o campo? – quis saber ela.

– Não sei – respondi. – Quase todos os sobreviventes iazidis vão para lá. Meu irmão, Hezni, diz que vai ser difícil. Não vai ter nada pra fazer, nenhum trabalho, e fica longe da cidade. Mas vão estar em segurança.

– Eu me pergunto o que vai acontecer aqui – disse ela.

Não foi bem uma pergunta, por isso não falei nada. Continuei a lavar os pratos, e ela ficou quieta até eu terminar.

A essa altura, o neném havia parado de chorar e dormia nos braços de Mina. Voltei ao quarto das filhas e me deitei no colchão, mas não fechei os olhos.

Capítulo 3

Foi decidido que o meu acompanhante seria Nasser. Fiquei contente; Nasser gostava de falar comigo, e nos dias antes de nossa jornada, ele era a única pessoa que me fazia sentir à vontade. Até partirmos, ele se tornara quase um irmão para mim.

Como os meus irmãos faziam, Nasser me provocava quando eu me atrapalhava com as palavras, coisa que acontecia com frequência. Tínhamos uma piada interna que ninguém mais entendia. Nos primeiros dias na casa, quando Nasser me perguntava como as coisas estavam indo, eu apenas respondia absorta: "Está calor, muito calor". O medo me deixava muito distraída para que eu falasse outra coisa. Daí ele me perguntava quando nos víamos de novo, uma hora depois: "Nadia, como vão as coisas agora?", e eu respondia outra vez, sem perceber que eu estava me repetindo: "Nasser, está calor, muito calor", bem assim. No fim das contas, ele começou a responder por mim, perguntando em tom de brincadeira: "E aí, Nadia, como vão as coisas? Está calor? Ou calor, muito calor?". E eu dava risada ao perceber o que ele estava fazendo.

Três dias depois, Nasser trouxe a identidade. Nela constava que o meu nome era Sousan e a minha cidade natal, Kirkuk, mas os demais dados eram de Safaa.

– Decore todos os dados desta identidade – orientou. – Se no posto de controle indagarem quando ou onde você nasceu, e você não souber... é o fim da linha.

Estudei o documento dia e noite, memorizando a data de nascimento de Safaa (ela era um pouco mais velha do que eu) e os nomes dos pais dela, bem como a data de nascimento de Nasser e os nomes dos pais dele. Nas identidades iraquianas, antes e depois da chegada do EI, para as mulheres, os dados do pai e do marido são tão importantes quanto os seus próprios dados.

A foto de Safaa estava colada num canto. Não éramos muito parecidas, mas não cheguei a me preocupar que os guardas nos postos de controle fossem me pedir para levantar o nicabe e mostrar meu rosto. Era inconcebível que um membro do Estado Islâmico pedisse a uma mulher sunita mostrar o rosto na frente do marido dela, que presumivelmente também colaborava com o EI.

– Se perguntarem por que você ainda não tem uma identidade do *Daesh*, diga apenas que não teve tempo de fazer – recomendou Hisham.

Eu estava tão assustada, que memorizei as informações rapidamente, e depois parecia que elas estavam impressas em meu cérebro.

O nosso plano era simples. Nasser e eu fingiríamos ser marido e mulher, viajando a Kirkuk para visitar minha família. *Sousan* era um nome comum na cidade.

– Diga a eles que vai ficar em torno de uma semana – avisaram-me. – Nasser vai falar que está acompanhando você e vai retornar no mesmo dia ou no dia seguinte, conforme a hora em que vocês chegarem.

Assim, Nasser não teria que se preocupar com levar bagagem ou pagar a multa que o EI cobrava dos sunitas que desejavam se ausentar do califado por um tempo estendido.

– Sabe algo sobre Kirkuk? – indagaram-me. – Nomes de bairros, ou algo sobre a aparência da cidade, no caso de ser indagada por eles?

– Nunca estive lá – eu disse. – Mas posso perguntar algumas coisas ao meu irmão.

– E a sacola dela? – perguntou Nasser.

Eu ainda estava com a sacola preta de algodão. Nela estavam os vestidos de Kathrine e Dimal e os meus, bem como os absorventes que escondiam minhas joias e o cartão do bolsa-alimentação de minha mãe.

– Não parece o tipo de bagagem que uma mulher muçulmana leva para visitar a família por uma semana.

Hisham saiu e retornou com um frasco de xampu e outro de condicionador, mais dois vestidos simples no estilo popular das mulheres muçulmanas, e coloquei esses itens na sacola. Comecei a me sentir culpada pelo dinheiro que estavam gastando comigo. A família era pobre, como a minha, e eu não queria ser um fardo.

– Quando eu chegar ao Curdistão, vou enviar um reembolso – eu prometi.

Eles insistiram que estava tudo bem, mas eu não conseguia tirar isso da cabeça. Eu também temia que, caso o dinheiro se tornasse um problema, eles decidiriam me entregar.

Hezni me aconselhou a não pensar nisso.

– A recompensa de cinco mil dólares é uma mentira – disse ele. – O *Daesh* só fala isso para que as moças fiquem menos propensas a tentar uma fuga. Querem que você pense que é como gado e que todas as famílias querem capturar uma de vocês para vender. Mas eles não pagam. Seja como for, para Nasser, sair de Mossul é uma boa – ponderou Hezni.

– Como assim? – perguntei, confusa.

– Não sabe? – disse Hezni. – Pergunte a Hisham.

Naquela noite, contei a Hisham o que meu irmão dissera e perguntei:

– O que é que ele quis dizer? Nasser quer ir embora?

Após uma pausa, ele me contou.

– Estamos preocupados com Nasser – disse ele. – Ele é jovem e é apenas uma questão de tempo até o *Daesh* obrigá-lo a lutar.

Nasser cresceu pobre sob um governo xiita durante a ocupação americana, e quando era adolescente, ficava indignado com o que ele considerava a perseguição contra os sunitas. Jovens como ele eram recrutas preferenciais para o EI, e sua família achava que os terroristas queriam recrutar Nasser para sua força policial. Ele já trabalhava consertando encanamentos nos prédios de Mossul e todos temiam que até mesmo esse trabalho, embora não fosse violento, no futuro talvez o deixasse marcado como terrorista.

Quando apareci do nada na porta deles, a família tentava desesperadamente encontrar uma maneira de tirá-lo de Mossul. Achavam possível que, se a família ajudasse uma iazidi a escapar da escravidão, as autoridades curdas acabariam por deixá-los entrar no Curdistão.

Hisham me pediu para não contar a Nasser que eu sabia e, em hipótese alguma, contar a alguém que ele trabalhara para o EI, mesmo que só como encanador.

– Não vai importar que trabalho era – disse ele. – Os curdos ou o exército iraquiano vão prendê-lo.

Prometi a ele não contar a ninguém. Eu não podia imaginar Nasser tornando-se um policial do Estado Islâmico, detendo pessoas por sua religião ou por violar alguma regra perversa ou cometer uma infração e, provavelmente, enviando-os à morte. Ele teria que trabalhar com Hajji Salman? Agora Nasser era meu amigo, e parecia muito gentil e muito compreensivo para aceitar um cargo desses. No entanto, eu acabara de conhecê-lo, e muitos sunitas se voltaram contra os iazidis. Terá ele em algum período da vida pensado que todas as religiões no Iraque afora o islamismo sunita deveriam ser extirpadas do país? Terá ele, ao pensar nisso, achado que estava participando de uma revolução para resgatar o Iraque? Fiquei me perguntando... Meus irmãos falavam sobre sunitas que, após anos de opressão por americanos, curdos e xiitas, e da radicalização islâmica que emergiu na mesma época, tinham se voltado contra seus vizinhos de modo muito violento. Agora um deles estava me ajudando. Mas fazia isso só para se salvar? Que importância tinha isso?

***

Nos últimos anos, pensei muito em Nasser e na família dele. Correram riscos enormes para me ajudar. O EI os teria matado, e talvez capturado as filhas e alistado os filhos, se tivesse descoberto que a família acolhera uma *sabiyya* – e poderia facilmente ter descoberto. O EI estava em todos os lugares. Desejo que cada ser humano possa agir com a mesma coragem que a família de Nasser.

Assim mesmo, para cada família como a de Nasser, havia milhares de outras no Iraque e na Síria que cruzaram os braços ou que exerceram papel ativo no genocídio. Algumas traíram moças como eu que tentaram escapar. Kathrine e Lamia pediram ajuda e foram delatadas seis vezes, primeiro em Mossul e depois em Hamdaniya, e em todas as vezes foram punidas. *Sabayas* levadas à Síria foram caçadas nas margens do Rio Tigre como criminosas fugitivas, após um campesino local telefonar ao líder do Estado Islâmico denunciando que escravas pediram ajuda na escuridão.

Famílias no Iraque e na Síria tocavam suas vidas normais enquanto éramos torturadas e estupradas. Eles nos viam andando pelas ruas com nossos captores e se aglomeravam nas ruas para testemunhar execuções. Não sei como cada indivíduo estava se sentindo. Após a libertação de Mossul iniciada no final de 2016, as famílias revelaram as agruras de viver sob o jugo do EI, como os terroristas eram cruéis e como era assustador ouvir as aeronaves bélicas, sabendo que podiam bombardear suas casas. Não encontravam comida suficiente, e a eletricidade foi cortada. Seus filhos tiveram que frequentar escolas do Estado Islâmico, seus rapazes tiveram que lutar, e tudo o que faziam incorria em tributos e multas. Gente era assassinada nas ruas, eles disseram. Não dava para viver assim.

Mas quando eu estava em Mossul, a vida parecia normal, até mesmo boa, para as pessoas dali. Afinal de contas, por que permaneceram? Será que concordavam com o EI e achavam o califado uma boa ideia? Será que parecia uma continuação natural das guerras sectárias travadas desde a chegada dos americanos em 2003? Se a vida tivesse continuado a melhorar, como o EI lhes prometera, eles teriam deixado os terroristas matarem quem bem lhes aprouvessem?

Tento me solidarizar com essas famílias. Tenho certeza de que muitas delas estavam aterrorizadas, e mesmo as que inicialmente acolheram o EI, com o passar do tempo passaram a odiá-los. Após Mossul ser libertada, alegaram que não tiveram outra escolha a não ser deixar os terroristas fazer o que queriam. Mas eu acho que tiveram escolha, sim. Por que não se reuniram, juntaram suas armas e invadiram a base do Estado Islâmico onde os extremistas vendiam moças ou as davam de presente? Talvez todas nós tivéssemos morrido. Mas ao menos isso teria enviado uma mensagem ao EI, aos iazidis e ao resto do mundo: nem todos os sunitas que ficaram em suas casas apoiavam o terrorismo! Talvez se algumas pessoas em Mossul tivessem ido às ruas e gritado: "Somos muçulmanos, e o que vocês estão exigindo de nós não é o verdadeiro Islã!", as forças iraquianas e os americanos teriam agido mais cedo, com a ajuda dos moradores locais. Ou talvez os contrabandistas que trabalharam para libertar moças iazidis tivessem expandido suas redes e resgatado um número maior de moças, e não uma por vez, como uma torneira pingando. Mas nos ouviram gritar no mercado de escravas sem fazer nada.

Após eu chegar à casa da família de Nasser, eles me falaram que tinham começado a pensar em seu próprio papel no EI. Sentiam-se culpados, disseram, por ter sido necessário eu aparecer na porta deles, desesperada e suplicante, para que decidissem ajudar uma *sabiyya*; tinham a consciência de que a sobrevivência deles, e o fato de não terem sido deslocados, configurava de certa forma um conluio com os terroristas. Eu não sabia como eles teriam se sentido em relação ao EI se a vida tivesse começado a melhorar, em vez de piorar, quando os extremistas tomaram Mossul. A família de Nasser me garantiu que tinha mudado para sempre.

– Juramos que, após você partir, vamos ajudar mais moças como você.
– Existem muitas outras moças que precisam da ajuda de vocês – respondi.

Capítulo 4

Esperamos alguns dias até Nasser e eu fazermos a viagem. Era confortável ficar em casa, mas eu já não via a hora de sair de Mossul. O EI estava em todos os lugares, e eu tinha certeza de que estavam procurando por mim. Eu imaginava Hajji Salman, a silhueta magra tremendo de raiva, e a voz macia e intimidadora ameaçando me torturar. Eu não poderia estar na mesma cidade que esse tipo de homem. Certa manhã, na casa de Mina, acordei coberta de formiguinhas vermelhas ardidas e tomei aquilo como sinal. Eu não sentiria nem um pingo segura até passarmos pelo primeiro posto de controle, e eu sabia que a chance de não conseguirmos era real.

Dias após eu chegar à casa de Mina, a mãe e o pai de Nasser vieram nos visitar de manhã bem cedo.

– É hora de ir – falou Hisham.

Coloquei o vestido rosa e marrom de Kathrine e, pouco antes de sair, cobri-o com uma abaia preta.

– Vou ler uma oração – disse Maha para mim. Ela falou gentilmente, e então concordei, ouvindo-a recitar as palavras. Então ela me deu um anel. – Você falou que o *Daesh* pegou o anel de sua mãe – disse ela. – Por favor, leve este em seu lugar.

Minha sacola estava cheia com todas as coisas extras que a família havia comprado para mim, além das coisas que eu trouxera de Kocho. No último minuto, tirei o bonito longo amarelo de Dimal e o ofereci a Mina. Eu a beijei nas duas faces e a agradeci por me receber.

– Vai ficar lindo em você – eu disse, entregando a ela. – Pertencia à minha irmã Dimal.

– Obrigada, Nadia – disse ela. – Oxalá você consiga chegar ao Curdistão.

Desviei o olhar enquanto a família, e a esposa dele, se despediam de Nasser.

Antes de deixarmos a casa, Nasser me deu um dos dois celulares que trouxera com ele.

– Se precisar de alguma coisa ou você tiver uma pergunta enquanto estivermos no táxi, me envie uma mensagem de texto – avisou. – Não fale.

– Eu costumo vomitar quando ando em carros por muito tempo – eu o alertei, e ele pegou na cozinha uns sacos de supermercado e os entregou para mim.

– Use estes aqui. Não quero ser obrigado a parar. Nos postos de controle, não demonstre medo – continuou ele.

– Tente ficar calma. Vou responder à maioria das perguntas. Se falarem com você, responda de modo sucinto e com a voz baixa. Se acreditarem que você é minha esposa, não vão pedir que você fale muito.

Concordei com um aceno de cabeça.

– Vou fazer o meu melhor – prometi.

Fui dominada pela sensação de estar prestes a desmaiar de tanto medo. Nasser parecia calmo; ele nunca aparentou ter medo de nada.

Por volta das oito e meia da manhã começamos a andar juntos até a estrada principal. Lá pegaríamos a um táxi que nos levaria até a central de táxis de Mossul, onde outro táxi que Nasser havia contratado com antecedência esperava para nos levar até Kirkuk. Nasser andou um pouco à minha frente na calçada, e não conversamos. Mantive a cabeça baixa, tentando não olhar os transeuntes, certa de que o medo em meus olhos denunciaria de imediato que eu era iazidi.

O dia estava quente. Os vizinhos de Mina regavam seus gramados, tentando reavivar as plantas secas, enquanto a criançada pedalava nas ruas em bicicletas de plástico em cores vivas. A zoeira me assustou. Após tanto tempo dentro de casa, as ruas animadas soavam ameaçadoras, escancaradas e repletas de perigos. Toda a esperança que eu havia tentado reunir enquanto esperava na casa de Mina se esvaiu. Bateu-me a certeza de que o EI nos pegaria, e que eu voltaria a ser uma *sabiyya*.

— Está tudo bem — sussurrou-me Nasser enquanto aguardávamos um táxi aparecer, parados em pé na calçada da via principal.

Ele percebeu que eu estava assustada. Os carros passavam por nós, cobrindo a frente de minha abaia preta com uma poeira amarela fininha. Minhas pernas tremiam tanto na hora em que pegamos o táxi, que eu tive dificuldade de entrar no veículo.

Todo e qualquer cenário que passava por minha cabeça terminava em nossa captura. Visualizei o nosso táxi enguiçando, parando no acostamento, e nós sendo embarcados numa picape cheia de extremistas. Ou nos enxerguei passando inadvertidamente sobre um DEI e explodindo em plena estrada. Pensei em todas as moças que eu conhecia da aldeia, familiares e amigas, que agora estavam espalhadas por todo o Iraque e Síria, e em meus irmãos sendo levados para trás da escola em Kocho. Como voltar, se em casa já não havia ninguém?

A central de Mossul estava cheia de gente à procura de táxis para levá-los a outras cidades no Iraque. Homens barganhavam o preço com os motoristas, enquanto as esposas esperavam em pé, emudecidas, ao lado deles. Meninos vendiam garrafas de água gelada, e, ao redor, ambulantes ofereciam sacos prateados de batatas chips e barras de chocolate, ou ficavam orgulhosamente parados ao lado de intricadas torres de cigarros. Fiquei imaginando se alguma outra mulher na central era iazidi como eu. Eu torcia para que todas fossem, e que os homens fossem como Nasser, ajudando-as. Táxis amarelos, com seus luminosos nos tetos, paravam em ponto morto, sob placas anunciando múltiplos destinos: Tal Afar, Ticrite, Ramadi. Todos esses lugares estavam sob controle ao menos parcial do Estado Islâmico ou ameaçados pelos terroristas. Grande parte do território de meu país agora pertencia aos homens que tinham me escravizado e me estuprado.

Enquanto o taxista se preparava para a nossa viagem, ele e Nasser conversaram. Sentei-me num banco ali perto, tentando fazer o papel da esposa de Nasser, e não ouvi direito o que estavam dizendo. O suor escorreu em meus olhos, turvando a visão, e eu segurei firme a sacola em meu colo. O motorista devia ter uns quarenta e oito anos. Parecia forte, embora não fosse muito grande, e usava uma barbicha. Eu não tinha ideia de como ele se sentia em relação ao EI, mas eu estava com medo de todo mundo. Enquanto negociavam, tentei me sentir corajosa, mas era difícil pensar em um resultado diferente de eu ser recapturada.

Por fim, Nasser acenou para mim. Eu já podia entrar no carro. Sentou-se no banco do carona, e fiquei atrás dele, no banco traseiro, e larguei suavemente a sacola ao meu lado. O motorista mexeu no rádio do carro enquanto saíamos da central, procurando uma estação, mas só se ouvia estática. Soltou um suspiro e desligou.

– O dia vai ser quente – comentou ele com Nasser. – Vamos comprar uma água antes de pegar a estrada.

Nasser concordou e, logo depois, paramos num quiosque onde o motorista comprou água gelada e uns biscoitos. Nasser me entregou uma garrafa. O suor da garrafa escorreu e molhou o banco ao meu lado. Os biscoitos estavam intragáveis de tão secos; experimentei um, só para simular descontração, mas ele grudou em minha garganta como cimento.

– Por que estão indo a Kirkuk? – quis saber o motorista.

– A família de minha esposa mora lá – respondeu Nasser.

O motorista me observou pelo retrovisor. Ao cruzar o meu olhar com o dele, virei o rosto, fingindo estar hipnotizada pela cidade ali fora de minha janela. Eu tinha a certeza de que o medo em meu olhar me denunciaria. A rua no entorno da central estava cheia de extremistas. Viaturas da polícia do Estado Islâmico estavam estacionadas pela rua, e guardas patrulhavam as calçadas, com armas na cintura. Parecia haver mais policiais do que civis.

– Vai ficar em Kirkuk ou voltar a Mossul? – o motorista perguntou a Nasser.

– Não temos certeza ainda – respondeu Nasser, conforme as instruções do pai dele. – Vai depender de quanto vamos demorar para chegar lá, e de como vão estar as coisas em Kirkuk.

Por que ele está fazendo tantas perguntas?, pensei. Por mim, quanto menos eu precisasse falar, melhor.

– Se você quiser, eu posso esperar e trazê-lo de volta a Mossul – disse o motorista, e Nasser sorriu para ele.

– Talvez – disse ele. – Vamos ver.

O primeiro posto de controle ficava dentro de Mossul, uma grande estrutura em formato de aranha, feita de colunas altas, de onde se erguia um telhado metálico. Antigamente, esse posto de controle era operado pelo exército iraquiano; hoje, desfraldava orgulhosamente a bandeira do Estado Islâmico. Veículos do Estado Islâmico, outrora também pertencentes ao exército iraquiano, estavam estacionados diante de um pequeno escritório. Os veículos, também, estavam cobertos com bandeiras pretas e brancas.

Quatro extremistas faziam plantão quando chegamos, trabalhando em pequenas guaritas brancas para aliviar o calor e preencher a papelada. O EI estava empenhado em controlar todo o tráfego, dentro e fora de Mossul. Queriam não só se certificar de que nenhum combatente inimigo do EI ou contrabandista entrasse na cidade, como também queriam saber quem saía, por qual motivo e por quanto tempo. Se desertassem, o EI poderia castigar suas famílias. No mínimo, os extremistas poderiam tentar extorquir dinheiro deles.

À nossa frente havia poucos carros na fila, e rapidamente abordamos um dos guardas. Comecei a tremer incontrolavelmente e senti lágrimas brotando de meus olhos. Quanto mais eu tentava me acalmar, mais eu tremia, e pensei que isso certamente acabaria me denunciando. *Talvez eu devesse correr*, pensei, e quando reduzimos a velocidade, cheguei a colocar uma das mãos na maçaneta da porta, prestes a saltar para fora do carro se eu precisasse. Claro, essa não era mesmo uma opção. Não havia lugar para onde eu pudesse correr. De um lado do carro, a planície quente se espraiava a perder de vista e, do outro lado e atrás de nós, estava a cidade de onde eu queria fugir tão desesperadamente. Extremistas vigiavam cada palmo de Mossul, e seria fácil para eles alcançar uma *sabiyya* escapando a pé. Rezei a Deus para não ser capturada.

Notando que eu estava assustada e sem poder falar comigo, Nasser me encarou pelo espelho lateral. Deu um ligeiro sorriso para me acalmar, do jeito que Khairy ou minha mãe teriam sorrido lá em Kocho.

Nada poderia ter impedido meu coração de disparar, mas ao menos descartei a alternativa de pular do carro.

Paramos ao lado de uma das guaritas, e observei a porta se abrir e um extremista com uniforme completo do Estado Islâmico deu um passo para fora. Ele se parecia com os sujeitos que tinham chegado à base do Estado Islâmico para nos comprar, e comecei a tremer de medo outra vez. O motorista baixou o vidro, e o extremista inclinou o corpo para baixo. Fitou o motorista, depois Nasser e, por fim, relanceou o olhar para mim e a sacola ao meu lado.

– *Salam alaikum* – saudou. – Para onde estão indo?

– Kirkuk, *hajji* – disse Nasser, entregando nossas identidades pela janela. – Minha esposa é de Kirkuk.

Falou com a voz firme, sem hesitação.

O extremista pegou as identidades. A porta da guarita estava aberta, e lá dentro avistei uma cadeira e uma escrivaninha com alguns papéis onde repousava o rádio do extremista. Um pequeno ventilador zunia suavemente no canto da mesa, e uma garrafa d'água quase vazia se equilibrava perto da borda. Foi então que eu vi. Pendurada na parede, com outras três, estava a foto que tinham tirado de mim no tribunal de Mossul, no dia em que Hajji Salman me forçou a converter. Embaixo das fotos, havia algo escrito. Eu estava muito longe para ler o que dizia, mas conjeturei que listava meus dados e o que fazer se eu fosse capturada. Arfei suavemente e esquadrinhei as outras três fotos. Duas delas eu não consegui ver por causa do reflexo do sol, e a outra era de uma moça que eu não conhecia. Ela parecia muito jovem e, como eu, tinha o medo estampado no rosto. Desviei o olhar, para que o extremista não notasse que eu estava observando as fotos, o que certamente despertaria suspeitas.

– Quem é que vocês vão visitar em Kirkuk? – o guarda continuava a interrogar Nasser e mal havia prestado atenção em mim.

– A família de minha esposa – disse Nasser.

– Por quanto tempo?

– Minha esposa vai ficar uma semana, mas vou voltar hoje – declarou ele, como havíamos ensaiado.

Ele não parecia nem um pouco assustado.

Fiquei me perguntando se, de seu lugar, Nasser conseguia ver a minha foto pendurada na guarita. Eu tinha a certeza de que se ele visse a foto, ele abortaria o plano e nos faria voltar. Ver minha foto confirmaria que o EI estava me procurando ativamente, mas Nasser apenas continuou a responder às perguntas.

O guarda deu a volta no carro e veio para o meu lado, fazendo sinal para eu abrir o vidro. Obedeci, o tempo inteiro com a impressão de que eu iria desmaiar de medo. Lembrei-me do conselho de Nasser para ficar calma e responder às perguntas dele falando de modo tão sucinto e tranquilo quanto possível. Meu árabe era perfeito, e eu falava a língua desde a mais tenra idade, mas não sabia se algo em meu sotaque ou em minhas escolhas lexicais denunciaria que a minha origem era Sinjar, não Kirkuk. O Iraque é um país vasto e, em geral, você consegue definir onde alguém cresceu pelo jeito de falar. Eu não tinha ideia de como era o sotaque de alguém de Kirkuk.

Inclinou-se e me encarou pela janela. Fiquei aliviada porque meu nicabe cobria meu rosto, e tentei controlar meus olhos, para não piscar demais nem de menos, e, é claro, sob hipótese alguma, começar a chorar. Embaixo da abaia, eu estava empapada de suor e ainda trêmula de medo, mas o meu reflexo nos óculos do guarda era de uma muçulmana normal. Endireitei-me no banco e me aprontei para responder às suas perguntas.

Foram breves.

– Quem é você? – a voz dele era monótona, de quem parecia entediado.

– Sou a esposa de Nasser – falei.

– Para onde vocês estão indo?

– Kirkuk.

– Por quê?

– Minha família mora em Kirkuk.

Falei num murmúrio, olhando para baixo, esperando que o meu medo parecesse recato e minhas respostas não parecessem ensaiadas. O guarda se empertigou e se afastou. Por fim, indagou ao motorista:

– De onde o senhor é?

– Mossul – disse o condutor, como se tivesse respondido a essa pergunta um milhão de vezes.

– Onde é que você trabalha?

– Onde houver um freguês! – exclamou o motorista com uma risadinha.

Então, sem falar mais nada, o guarda devolveu as nossas identidades e nos mandou passar com gesto.

Cruzamos uma ponte comprida sem falar nada. Lá embaixo, o rio Tigre reluzia ao sol. Caniços d'água e outras plantas cercavam o rio; quanto mais perto elas conseguissem chegar, mais provável seria a sua sobrevivência. Longe da margem, as plantas tinham menos sorte. Chamuscadas pelo sol do verão iraquiano, poucas delas, cuidadosamente regadas pelos habitantes ou hidratadas por chuvas esparsas, rebrotariam na primavera.

Tão logo alcançamos a outra margem, o motorista falou.

– Sabem duma coisa? Esta ponte que acabamos de atravessar é coberta de DEIs – revelou ele –, bombas plantadas pelo *Daesh* no caso de iraquianos ou americanos tentarem retomar Mossul. Detesto passar nesta ponte. Tenho a sensação de que ela vai explodir a qualquer instante.

Eu me virei para olhar. A ponte e o posto de controle iam ficando para trás. Conseguíramos passar vivos pelos dois obstáculos, mas poderia ter sido bem diferente. O extremista do Estado Islâmico no posto de controle poderia ter feito mais perguntas para mim – poderia ter percebido algo em meu sotaque ou notado algo suspeito em meu comportamento.

– Saia do carro – imaginei ele dizendo, e eu não teria outra escolha senão obedecer e segui-lo até a guarita, onde ele teria me ordenado a levantar o nicabe, mostrando-lhe que eu era a mulher na foto.

Pensei na ponte explodindo enquanto estávamos nela, os DEIs estilhaçando o nosso carro e matando todos nós três num piscar de olhos. Rezei para que, quando a ponte explodisse, estivesse cheia de extremistas do Estado Islâmico.

Capítulo 5

À medida que nos afastávamos de Mossul, fomos cruzando por palcos de batalhas passadas. Postos de controle menores, abandonados pelo exército iraquiano, viraram montes de escombros queimados. Os destroços de um caminhão bitrem estavam largados como lixo à beira da estrada. Eu assistira na tevê que os extremistas incendiavam os postos de controle após o exército abandoná-los, e eu não entendia por que faziam isso. Só queriam destruir as coisas sem motivo algum. Nem mesmo as ovelhas pastando ao longo da estrada, tangidas por um jovem pastor montado num vagaroso burrico, davam à paisagem um ar de normalidade.

Logo chegamos a outro posto de controle. Esse era operado por apenas dois extremistas do Estado Islâmico, que pareciam bem menos preocupados com quem éramos e para onde estávamos indo. Fizeram as mesmas perguntas mecanicamente. Outra vez consegui espiar o interior da guarita através da porta, mas não vi foto nenhuma pendurada lá dentro. Eles nos deixaram passar com um aceno após breves minutos.

A estrada de Mossul a Kirkuk é extensa e serpenteia campo afora. Trechos da estrada são largos, enquanto outros são estreitos, e as duas pistas de tráfego se entrecruzam perigosamente. Essas estradas têm a má fama de provocar muitos acidentes. Os carros tentam acelerar e ultrapassar caminhões enormes e lentos, piscando os faróis para os veículos que vêm em sentido contrário, forçando-os a desviar para o acostamento e deixá-los passar. Caminhões transportando material de construção derramam cascalho ao longo do caminho, lascando carros e para-brisas. Em algumas partes, as estradas eram tão desniveladas, que se tinha a impressão de estar dirigindo à beira de um penhasco.

As cidades iraquianas estão conectadas por uma rede de estradas desse tipo, algumas mais perigosas que as outras, sempre movimentadas. Ao chegar, o EI estrategicamente controlou as estradas, mesmo antes de conquistar as cidades, cortando o tráfego e isolando as pessoas que, caso contrário, tentariam fugir. Depois, estabeleceu postos de controle, tornando mais fácil interceptar alguém tentando ir embora. Na maior parte do Iraque, as rodovias asfaltadas são a única opção para cidadãos em fuga. Nas vastas planícies e desertos, há pouco lugar para alguém se esconder. Se as cidades e as aldeias são os órgãos vitais do Iraque, as estradas são as veias e as artérias, e, quando as controlou, o EI passou a controlar quem vivia e quem morria.

Por um tempo, admirei a paisagem seca e desértica, uma planície de areia e de pedra, tão distinta dos amados vales de Sinjar que se cobriam de grama e de flores na primavera. Tive a sensação de estar num país estrangeiro, e de certa forma, acho que eu estava – atravessávamos território do Estado Islâmico. À medida que prestei mais atenção, porém, notei que a paisagem de monótona não tinha nada. Rochedos cresciam até se tornarem pequenas falésias e depois regrediam em areia plana. Arbustos espinhosos brotavam na areia e, às vezes, se tornavam árvores delgadas. De vez em quando eu avistava a oscilante cabeça de uma bomba cavalo de pau extraindo petróleo ou um núcleo de casas de tijolo de barro começando a formar uma aldeia. Contemplei até o enjoo me dominar de novo, e não consegui mais olhar pela janela.

Bateu-me uma tontura e estendi o braço para pegar um dos sacos plásticos que Nasser me dera antes de sairmos da casa de Mina. Pouco depois, vomitei. Meu estômago estava quase vazio (nem tomei café da manhã, de tão nervosa que eu estava), mas o vômito aquoso empestou o táxi com um fedor amargo. Notei que isso aborreceu o motorista. Ele manteve a janela aberta até não suportar mais os grânulos de areia que entravam com a brisa quente. Falou em tom amável:

– Por favor, diga a sua esposa que se ela ficar enjoada de novo, eu posso encostar. Não dá para aguentar o cheiro.

Nasser assentiu.

Minutos depois, eu pedi-lhe para encostar, e eu saí. Os carros passavam a toda velocidade, criando um vento forte que inflou minha abaia como um balão ao redor de meu corpo. Afastei-me o máximo que pude do carro – eu não queria que o motorista visse o meu rosto – e ergui o nicabe. O vômito ferroou minha garganta e meus lábios, e o cheiro de gasolina me fez vomitar ainda mais.

Nasser veio me ver e indagou:

– Tudo bem com você? Podemos ir, ou precisa ficar aqui mais tempo?

Notei que ele estava preocupado por dois motivos. Com o meu estado e também por estarmos parados à beira da estrada. De vez em quando, um veículo militar do Estado Islâmico passava, e eu tinha certeza de que a imagem de uma moça vomitando, mesmo vestida de abaia e nicabe, atrairia alguma atenção.

– Estou bem. – E fui retornando devagarinho ao táxi.

Sentia-me fraca e desidratada. O suor perpassava as camadas de minha roupa, e eu não conseguia me lembrar da última comida que eu havia ingerido. De volta ao carro, sentei-me no meio do banco de trás e fechei os olhos, torcendo para conseguir adormecer.

Chegamos a uma cidadezinha que crescera a par da estrada. Lanchonetes e oficinas mecânicas movimentadas se abriam diretamente na rodovia, esperando a freguesia parar. Um restaurante anunciava comida típica iraquiana, como carne grelhada e arroz ao molho de tomate.

– Estão com fome? – indagou o motorista para nós, e Nasser assentiu.

Ele não havia tomado o café da manhã. Eu não queria parar, mas não dependia de mim.

No amplo e limpo restaurante, com piso de lajotas e cadeiras de plástico, as famílias se agrupavam, mas divisórias plásticas dobráveis separavam homens e mulheres, algo costumeiro em partes mais conservadoras do Iraque. Sentei-me atrás da divisória, enquanto Nasser e o motorista foram buscar comida.

– Se eu comer, vou vomitar – sussurrei a Nasser, mas ele insistiu.

– Vai ficar mais doente ainda se não comer – ponderou, e um minuto depois retornou com uma sopa de lentilha e pão, que ele repousou na mesa à minha frente antes de sumir atrás da divisória.

Ergui o nicabe o suficiente apenas para conseguir comer sem sujar o tecido. A sopa estava deliciosa, feita de lentilhas e cebolas, como eu costumava comer em Kocho, um pouco mais picante do que eu estava acostumada, mas só comi umas colheradas. Preocupei-me com a hipótese de ficar enjoada de novo e ter que parar à beira da estrada.

Por causa da divisória, eu me senti praticamente sozinha. Um grupo de mulheres sentou-se na outra ponta do restaurante, longe demais para eu conseguir escutar o que elas falavam. Estavam vestidas como eu e comeram devagar, erguendo metodicamente os nicabes para comer bocados de *kebab* e pão. Homens em compridos *dishdashas* brancos, que presumi estarem com elas, tinham se sentado no outro lado da divisória delas; eu os avistara ao chegarmos. Fizeram a refeição em silêncio, e nós também, e estava tão calmo no restaurante, que tive um pensamento inusitado. Se eu pudesse escutar o baixa-levanta dos véus das mulheres, aquilo poderia soar como alguém respirando.

Ao sairmos, dois extremistas do Estado Islâmico vieram em nossa direção no estacionamento. A picape deles, um dos veículos militares beges com a bandeira do EI, estava parada perto do nosso táxi. Um deles tinha a perna machucada e caminhava com o auxílio de uma bengala, e o outro andava devagar ao lado dele, para que o amigo pudesse acompanhar. Meu coração quase saiu pela boca. Agilmente, troquei de lado com Nasser, interpondo-o entre mim e os extremistas, mas quando passamos por eles, nem nos deram atenção.

Estacionada no outro lado da rua, uma viatura do Estado Islâmico com dois policiais dentro. Estavam ali por nós? Um comparsa deles havia desembarcado e estava patrulhando a rua para localizar Nasser e eu? A qualquer hora, eu esperava que fossem notar a nossa saída do restaurante e correr em nossa direção, apontando as armas a nossas cabeças.

Talvez nem sequer se dessem ao trabalho de nos fazer perguntas. Talvez nos matassem ali mesmo no estacionamento.

Eu tinha medo de todos. Os homens no restaurante com *dishdashas* brancos... Será que eram do EI? E as mulheres que os acompanhavam eram suas esposas ou suas *sabaya*? Será que amam o EI com o mesmo fervor que a mãe de Morteja amava? Todo mundo na rua, desde o vendedor de cigarros até o mecânico que, deitado em seu carrinho esteira, saía debaixo de um carro, eram meus inimigos. Os sons dos carros ou das crianças comprando doces eram tão apavorantes quanto a detonação de uma bomba. Apressei-me para voltar ao carro. Eu queria chegar a Kirkuk o mais rápido possível, e, pelo modo que Nasser me seguiu, notei que ele também estava ansioso para chegar.

Passava de meio-dia, e o sol estava ainda mais escaldante. Bastava olhar pela janela que eu sentia náuseas, mas se eu fechasse as pálpebras, a escuridão por trás delas rodopiava num turbilhão vertiginoso. Por isso, fixei o olhar na parte de trás do assento de Nasser, concentrando-me apenas em mim e no que poderia ocorrer ao longo da estrada. Meu medo era implacável. Eu sabia que iríamos passar em mais postos de controle do Estado Islâmico e, depois, dos *peshmergas*. Vibrou o celular que Nasser me dera, e percebi que era uma mensagem dele. "Sua família enviou mensagens", dizia o texto. "Sabah vai nos esperar em Erbil."

Sabah, meu sobrinho, trabalhava num hotel na capital curda quando o EI massacrou os homens de Kocho. Planejávamos ficar com ele por uma noite ou duas antes de eu ir a Zakho, onde Hezni estaria me esperando. Supondo que chegássemos tão longe.

No terceiro posto de controle do Estado Islâmico, não nos perguntaram nada, nem mesmo os nossos nomes. Só deram uma olhadela nas identidades e nos deixaram seguir com um aceno. Ou o sistema para capturar *sabaya* foragidas não estava funcionando ainda ou os extremistas eram mais descuidados e menos organizados do que nos fizeram supor.

A partir dali, rodamos um pouco em silêncio. Acho que todos nós estávamos cansados. Nasser não me enviou mais mensagens de texto, e o motorista parou de procurar estações de rádio e de fazer perguntas a

Nasser. Limitou-se a prestar atenção na estrada, dirigindo num ritmo constante em meio aos campos e pastagens do norte do Iraque, enxugando o suor que escorria pela testa com um punhado de guardanapos de papel até se transformarem em montículos úmidos.

Sentia-me drenada pelo medo e pelas náuseas, e me perguntei se Nasser não estava apreensivo com a perspectiva de cruzarmos os postos de controle curdos, onde os *peshmergas* estavam treinados para suspeitar de homens sunitas tentando entrar no Curdistão. Eu decidira, após a conversa com Hezni, que eu não deixaria Nasser em território do Estado Islâmico, mesmo que para isso eu tivesse de voltar a Mossul. Eu queria lhe dizer "*Não se preocupe*", mas lembrei de minha promessa de ficar quieta, e eu queria poupar as mensagens de texto para emergências, então não me manifestei. Àquela altura, eu esperava que Nasser já soubesse que eu não era o tipo de pessoa que deixaria os amigos em perigo.

***

Chegamos a uma encruzilhada com uma placa apontando a Kirkuk, e o motorista parou.

– Não posso ir além do que isto – avisou. – Daqui em diante vocês têm que andar até o posto de controle.

As placas do carro dele eram de Mossul; por isso, ele corria o risco de ser interrogado e detido pelos *peshmergas*.

– Vou esperar aqui – disse ele a Nasser. – Se não deixarem vocês entrar, voltem para cá, e retornamos juntos a Mossul.

Nasser agradeceu ao taxista e o pagou, e pegamos nossas coisas do carro. Começamos a andar rumo ao posto de controle, sozinhos no acostamento.

– Está cansada? – indagou Nasser, e eu assenti.

– Muito cansada – frisei.

Sentia-me esgotada e continuava sem esperanças de chegar a nosso destino. Eu só conseguia imaginar o pior em cada passo que eu dava – o

EI nos capturando agora, enquanto caminhávamos, ou os *peshmergas* detendo Nasser. Kirkuk era uma cidade perigosa, palco de muitas lutas sectárias, mesmo antes da guerra com o EI, e tive uma visão funesta. Conseguíamos passar, mas logo depois éramos atingidos por um carro-bomba ou um DEI. Ainda nos restava uma longa jornada pela frente.

– Vamos até o posto de controle e ver o que acontece – ele me disse.
– Cadê a sua família? – perguntou.
– Em Zakho – contei a ele. – Perto de Duhok.
– Fica a quantos km de Kirkuk? – perguntou ele, e eu balancei a cabeça.
– Não sei – eu disse. – Meio longe.

Percorremos em silêncio o resto do caminho, lado a lado.

No posto de controle, as pessoas faziam filas em carros ou a pé para serem entrevistadas pelos *peshmergas*. Desde o início da guerra com o EI, o Governo Regional do Curdistão havia acolhido centenas de milhares de iraquianos deslocados, inclusive muitos sunitas da província de Anbar e outras áreas dominadas por sunitas, que se tornaram inabitáveis para qualquer cidadão não alinhado com o EI. Mas entrar no Curdistão não era algo fácil. A maioria dos árabes sunitas precisava ter um apadrinhador curdo se quisesse passar pelos postos de controle, e o processo podia demorar um bom tempo.

Oficialmente, Kirkuk não pertence à região curda autônoma e tem uma grande população árabe; por isso, em geral, é mais fácil para quem não é curdo passar em seus postos de controle do que, digamos, no posto de controle em Erbil. Estudantes árabes sunitas passam uma vez por semana ou todos os dias para ir à faculdade local, e famílias vão fazer compras ou visitar parentes. Kirkuk é muito diversificada – turcos e cristãos moravam em meio a árabes e curdos – e há muito tempo esse é o seu encanto e sua maldição.

Depois que o EI chegou ao Iraque, os *peshmergas* correram até Kirkuk para proteger a cidade, e seus valiosos campos de petróleo, dos terroristas. Constituíam a única força militar no Iraque capaz de proteger Kirkuk dos terroristas, mas alguns habitantes locais reclamavam que eles agiam como invasores em sua insistência de que a cidade era curda, não árabe ou turca. Não sabíamos se isso também significava que seria mais difícil para Nasser passar pelo posto de controle. Já que vínhamos da capital do Estado Islâmico no Iraque, suspeitariam de nossa explicação de que iríamos visitar a minha família, e talvez não nos deixassem entrar, a menos que eu admitisse ser uma *sabiyya* iazidi foragida. Mas, por enquanto, eu não estava disposta a fazer isso.

Desde os massacres em Sinjar, os iazidis tinham sido bem-vindos no Curdistão, onde o governo ajudou a instalar campos para os refugiados. Alguns iazidis suspeitavam dos motivos do GRC.

– Os curdos querem que os perdoemos por nos abandonarem – diziam aqueles iazidis. – Estão preocupados com sua imagem negativa na imprensa.

O mundo presenciou os iazidis sendo encurralados na montanha, e o GRC queria mudar a opinião pública. Outros pensavam que o GRC queria realocar os iazidis dentro do Curdistão, em vez de ajudá-los a retomar Sinjar, para que a nossa população fortalecesse a sua tentativa de se separar do Iraque e se tornar um país independente.

Sejam lá quais fossem as intenções curdas, agora os iazidis precisavam do governo curdo. O GRC estava construindo campos de refugiados especialmente para os iazidis, perto de Duhok, e o KDP havia criado um escritório para ajudar *sabaya* iazidis livres, como eu. Aos poucos, o GRC tentava se reconciliar com os iazidis e restabelecer a nossa confiança neles, renovando a esperança de que nos considerássemos curdos e quiséssemos fazer parte do Curdistão. Mas eu ainda não estava pronta para perdoá-los. Eu não queria que eles pensassem que, ao me deixarem entrar, estariam me salvando. Afinal, eles poderiam ter evitado que a minha família fosse dilacerada com a vinda do EI a Sinjar.

Nasser virou-se para mim e disse:

– Nadia, pode ir e contar que é iazidi. Diga a eles quem você é, e quem eu sou. Fale com eles em curdo.

Ele sabia que me deixariam entrar na mesma hora se eu lhes contasse quem eu realmente era.

Balancei a cabeça negativamente.

– Não – respondi.

Só de ver os *peshmergas* já me deu uma raiva, uniformizados, fazendo o seu trabalho no posto de controle de Kirkuk. Não tinham abandonado Kirkuk, então por que nos abandonaram?

– Sabe quantos desses homens nos deixaram desprotegidos em Sinjar? – perguntei a Nasser.

Pensei em todos aqueles iazidis que tinham se assustado com a proximidade do EI e tentado entrar no Curdistão, mas foram convencidos a dar meia-volta. "Não se preocupem!", disseram-lhes nos postos de controle do GRC. "Os *peshmergas* vão protegê-los, é melhor vocês ficarem em casa." Se não queriam lutar para nos defender, deveriam nos ter deixado entrar no Curdistão. Por causa deles, milhares de pessoas foram mortas, sequestradas e deslocadas.

– Não vou contar a eles que sou iazidi, e eu não vou falar curdo – eu disse a ele. – Isso não vai mudar nada.

– Precisa relaxar – aconselhou Nasser. – Agora você precisa deles. Seja pragmática.

– De jeito nenhum! – exclamei, quase gritando. – Não vou fazer nada para que saibam que eu preciso deles.

Depois disso, Nasser não tocou mais no assunto.

No posto de controle, o soldado examinou nossas identidades e nos perscrutou. Não dirigi a palavra a eles e continuei falando com Nasser em árabe.

– Abra a sacola – ordenou o soldado, e Nasser pegou a sacola de mim e a abriu para o *peshmerga*.

Ficaram um tempão vasculhando minhas coisas, erguendo os vestidos e examinando os frascos de xampu e condicionador. Fiquei aliviada por não terem investigado o interior do pacote de absorventes, onde eu ainda guardava as joias cuidadosamente escondidas.

– Para onde é que vocês estão indo? – eles nos perguntaram.

– Vamos ficar em Kirkuk – disse Nasser. – Com a família da minha esposa.

– Quem vai levar vocês até lá? – perguntaram.

– Um táxi – disse Nasser. – Vamos pegar um do outro lado do posto de controle.

– Certo – disse ele, apontando a multidão em pé, um pouco espaçados uns dos outros, perto dos pequenos gabinetes do posto de controle. – Podem aguardar ali.

Ficamos em pé com os outros no sol quente, esperando os *peshmergas* nos deixarem entrar em Kirkuk. Famílias inteiras se aglomeravam, carregando malas enormes e plásticos transparentes cheios de cobertores. Os mais idosos sentavam-se em suas coisas, as mulheres se abanavam e reclamavam baixinho do calor. Cada carro trazia uma pilha tão grande de objetos – móveis, colchões, bagagens – que ameaçava desmoronar com o peso. Avistei um menino com uma bola embaixo do braço e um idoso com um pássaro amarelo na gaiola, como se esses itens fossem as coisas mais importantes do mundo. Éramos todos de lugares diferentes, de idades diferentes e religiões diferentes, mas esperando juntos, inseguros e assustados, naquele posto de controle curdo, éramos todos iguais. Queríamos as mesmas coisas – segurança, proteção, encontrar nossas famílias – e fugíamos dos mesmos terroristas. É isso que significa ser iraquiano sob o jugo do Estado Islâmico, pensei. *Somos sem-teto. Morando em postos de controle até chegarmos a campos de refugiados.*

Enfim um soldado nos chamou. Falei com ele em árabe.

– Sou de Kirkuk, mas agora estou morando em Mossul, com meu marido – expliquei, gesticulando para Nasser. – Vamos visitar a minha família.

– O que estão levando com vocês? – perguntaram.

– Só umas roupas para a semana – esclareci. – Um xampu, alguns itens pessoais...

Minha voz foi minguando, e meu coração pulsava rápido. Se nos mandassem embora, eu não sabia o que iríamos fazer. Talvez Nasser tivesse que voltar a Mossul. Nós nos entreolhamos, sem esconder o nervosismo. O soldado perguntou a Nasser:

– Está portando alguma arma?

Ele disse que não, mas o revistaram mesmo assim. Em seguida investigaram o celular dele, procurando fotos ou vídeos que pudessem sugerir que ele era membro do EI. Eles me deixaram em paz e não pediram para ver o telefone que Nasser me deu.

Um tempinho depois, o soldado nos devolveu as nossas coisas e meneou a cabeça.

– Vai me desculpar, mas não podemos deixar vocês entrarem – comunicou ele. O tom não era de crueldade, mas de eficiência. – Todas as pessoas que visitam o Curdistão precisam ter alguém para apadrinhá-las. Caso contrário, não sabemos quem você é, realmente.

– Temos que ligar para o amigo de meu pai em Sinjar – Nasser me disse após o soldado se afastar. – Ele é bem conectado e vai dizer a eles que podem nos deixar entrar. Vão dar ouvidos a ele.

– Tudo bem – eu disse. – Mas peça a ele não contar que sou iazidi e que você está me ajudando a escapar.

Nasser fez a ligação e entregou o telefone ao soldado, que falou no aparelho por breves momentos. Ele pareceu surpreso e um pouco irritado.

– Deveriam ter ligado para ele desde o início – retrucou, devolvendo o celular a Nasser. – Podem ir.

Do outro lado, tirei o nicabe de imediato. Foi ótimo sentir a brisa noturna roçando o meu rosto, e abri um sorriso.

– O que foi?! Não gostou de usá-lo? – brincou Nasser, retribuindo o sorriso.

Capítulo 6

Quando o taxista, um curdo vivaz de seus 45 anos, nos perguntou para onde queríamos ir, Nasser e eu nos entreolhamos inexpressivamente.

– Leve-nos ao Curdistão – disse Nasser, e o motorista riu.

– Já estão no Curdistão! – respondeu ele, e tentou novamente. – Para qual cidade vocês querem ir? Erbil? Suleimânia?

Nasser e eu caímos na risada. Nenhum de nós conhecia a geografia do Curdistão.

– Qual fica mais perto? – Nasser perguntou a ele.

– Suleimânia – respondeu o motorista.

– Suleimânia, então – dissemos.

Estávamos exaustos e aliviados, e enquanto nos acomodávamos no veículo para a viagem, nos esquecemos de ligar para Sabah, meu sobrinho, como Hezni nos dissera.

Escurecia. A partir do anel viário, tudo o que pude avistar de Kirkuk foi o brilho das casas e a iluminação das ruas ao longe. Pela tevê, assistíamos aos curdos comemorarem o Newroz, o Ano Novo curdo. Grandes grupos dançavam ao redor de fogueiras e assavam carne nas encostas de montanhas verdejantes. Quando eu era mais nova, eu comentava com certo amargor:

– Olhem como a vida é incrível no Curdistão, e nós aqui morando nestas aldeias pobres. – E minha mãe ralhava comigo.

– Eles merecem ter uma vida boa, Nadia – dizia ela. – Foram vítimas de um genocídio na época de Saddam, não sabe?

Mas eu era uma forasteira no Curdistão. Eu não conhecia o nome das cidades e nem seus habitantes. Eu não tinha amigos em Kirkuk ou na Suleimânia, e, apesar de Sabah trabalhar num hotel em Erbil e Saoud ter trabalhado em canteiros da construção civil perto de Duhok, eles mais pareciam operários bangladenses ou indianos que vieram ao Curdistão por um salário, e não tinham adotado Erbil ou Duhok como seus lares. Talvez eu fosse uma forasteira em todo o Iraque. Eu jamais poderia voltar a Mossul, onde eu tinha sido torturada. Eu nunca tinha ido a Bagdá ou Ticrite ou Najaf. Eu nunca tinha visto os grandes museus nem as ruínas antigas. Em todo o Iraque, tudo o que eu conhecia mesmo era Kocho, que agora pertencia ao EI.

O nosso motorista era curdo, com muito orgulho, e indicava pontos de referência pelo caminho, numa mescla alegre de curdo e árabe, tentando entabular uma conversa com Nasser sobre a vida em Mossul.

– A cidade inteira está tomada pelo *Daesh*? – indagou, sacudindo a cabeça.

– Sim – respondeu Nasser. – Muita gente quer sair, mas é difícil.

– Os *peshmergas* vão expulsá-los para fora do Iraque! – declarou nosso motorista.

Nasser não respondeu nada.

Eu estava mais à vontade no táxi. Era possível que Nasser fosse interrogado no próximo posto de controle, que separava o território disputado do verdadeiro Curdistão, mas tínhamos ao nosso lado o amigo de Hisham, lá de Sinjar. Sem dúvida, ele tinha certa influência. Ao menos eu não estava mais olhando por cima do ombro, procurando carros do Estado Islâmico e com medo de que as pessoas ao meu redor fossem terroristas secretos.

– Estão vendo aqueles prédios, perto das montanhas? – indagou o motorista, apontando os dedos esguios para a janela de Nasser.

À nossa direita, grandes condomínios estavam sendo construídos à sombra das montanhas orientais do Iraque. *Outdoors* enormes anunciavam orgulhosamente o projeto, mostrando a maquete do empreendimento.

– Quando estiver pronto, vai parecer um conjunto habitacional americano – gabou-se o nosso motorista. – Muito novo, muito bonito. Coisas maravilhosas estão acontecendo no Curdistão. E a sua esposa, como se chama? – indagou ele me olhando pelo retrovisor.

– Sousan – respondeu Nasser, ainda usando o nome de minha identidade.

– Sousan! – exclamou o chofer. – Bonito nome. Vou chamá-la de Su Su. – E abriu um sorriso para mim.

Depois disso, sempre que apontava algo, ele fazia de tudo para obter a minha atenção.

– Su Su! Está vendo aquele açude lá adiante? É tão bonito na primavera.

Ou senão:

– Su Su, viu aquela cidadezinha que acabamos de passar? Você nunca provou um sorvete tão bom como o deles!

Eu me lembro daquela viagem e da pergunta que eu me fiz. Será que Sinjar algum dia conseguirá fazer o mesmo que o Curdistão, ou seja, recuperar-se do genocídio para se tornar ainda melhor do que era antes? Eu queria acreditar que sim, mas eu precisava admitir que parecia improvável. Sinjar não é como o Curdistão, onde a população é quase toda curda e onde o inimigo, o exército de Saddam, vinha de fora. Em Sinjar, iazidis e árabes coabitavam. Confiávamos uns nos outros no comércio, e frequentávamos as cidades uns dos outros. Tentávamos ser amigos, mas o nosso inimigo se instalou no coração de Sinjar, como uma doença destinada a matar qualquer coisa com a qual entrasse em contato. Mesmo se os americanos e outros países nos ajudassem como ajudaram os curdos após Saddam atacá-los – e os iazidis não tinham como lhes oferecer muita coisa em troca, por isso não seria provável que nos ajudassem –, como retomaríamos nossas vidas antigas e viveríamos entre os árabes de novo?

– Su Su! – o motorista tentava a todo pano atrair a minha atenção. – Gosta de fazer piquenique?

Eu fiz que sim com a cabeça.

— É claro que gosta! Bem, então venha aqui, nas montanhas da Suleimânia, para fazer um piquenique. Não vai acreditar o quanto é bonito na primavera.

Outra vez, balancei a cabeça afirmativamente.

Mais tarde, Nasser e eu demos boas risadas do motorista e do apelido que ele me deu.

— Impedimos que o *Daesh* levasse você — brincou Nasser. — Mas se ficássemos mais tempo com aquele taxista, ele não teria largado do seu pé.

***

Chegamos à Suleimânia perto das quatro da madrugada, quando tudo, inclusive a central onde pegaríamos outro táxi a Erbil, estava fechado. Ao nos aproximarmos do posto de controle, o motorista nos disse para não nos preocuparmos.

— Conheço esse pessoal — disse ele, e realmente, após umas palavras em curdo, eles nos deixaram passar com um gesto.

— Aonde eu devo levá-los? — quis saber o motorista, mas sacudimos nossas cabeças.

— Basta nos deixar perto da central — disse Nasser.

— Está fechada agora — respondeu o taxista. Ele era gentil, e se preocupava conosco.

— Tudo bem — disse Nasser. — Vamos esperar.

O motorista estacionou, e Nasser o pagou.

— Boa sorte, Su Su! — exclamou ele, afastando-se em seu veículo.

Sentamo-nos no degrau de um supermercado perto da central e nos apoiamos na parede. A rua estava deserta, e toda a cidade estava silenciosa. Prédios altos, com janelas escuras, assomavam sobre nós. Um deles tinha o formato da vela de um barco e era iluminado com luzes azuis brilhantes; mais tarde, fiquei sabendo que imitava um edifício em Dubai. Uma brisa suave soprava sobre nós, e a visão das montanhas, que cercavam Suleimânia como um colar, era familiar e reconfortante. Eu precisava encontrar um banheiro, mas eu era muito tímida para dizer a

Nasser, e assim ficamos sentados lá, exaustos, esperando as lojas abrirem para conseguir comer alguma coisa.

— Nunca esteve aqui antes? — perguntou-me Nasser.

— Não. Mas eu sabia que era um lugar bonito.

Contei a ele sobre as festividades do Newroz que eu assistia na tevê, mas evitei falar em Saddam ou em Anfal.

— Tem muita água aqui, e a paisagem verdeja por muito mais tempo — eu disse a ele. — Há parques com jogos e atrações para as crianças. Os iranianos atravessam a fronteira só para passear pelo parque. E as montanhas me lembram de casa.

— Para onde vamos agora? — perguntei a Nasser.

— Vamos pegar um táxi para Erbil — disse ele. — Lá vamos nos encontrar com seu sobrinho no hotel em que ele trabalha. Depois, você vai a Zakho para ficar com Hezni.

— Sem você? — indaguei, e ele fez que sim com a cabeça. Senti pena dele. — Eu queria que a sua família pudesse vir ao Curdistão. Eu queria que vocês não precisassem viver sob o domínio do *Daesh*.

— Não sei como isso poderia acontecer — disse Nasser. — Quem sabe um dia.

Ele parecia muito triste.

Minhas costas doíam de eu ficar sentada em carros por tanto tempo, e meus pés também, da caminhada ao primeiro posto de controle curdo. Por fim, nós dois adormecemos, mas não por muito tempo. Uma hora ou duas mais tarde, o som do tráfego matinal e a suave luz da aurora nos despertou. Nasser se virou para mim. Contente por eu ter dormido, ele falou:

— Esta manhã, o sol raiou em você sem medo.

— É uma manhã sem medo — respondi. — É lindo aqui.

Nossos estômagos estavam vazios.

— Vamos comer algo — sugeriu Nasser, e andamos uma curta distância até uma lanchonete onde compramos sanduíches de ovos com berinjela frita.

Não eram muito saborosos, mas eu estava com tanta fome, que devorei o meu sanduíche rapidamente. As ânsias de vômito já tinham passado.

No banheiro do restaurante, tirei minha abaia e o vestido de Kathrine, que cheirava mal do suor, e esfreguei uns lenços umedecidos debaixo das axilas e no pescoço. Então troquei de roupa, vestindo calças e uma blusa de minha sacola. Cuidei para não me olhar no espelho. Eu não olhava o meu reflexo desde aquela manhã em Hamdaniya, e eu estava com medo de ver a minha própria aparência. Dobrando o vestido de Kathrine, guardei-o cuidadosamente na sacola outra vez. *Vou guardá-lo até ela ser libertada, e depois o devolverei a ela*, pensei. Eu estava prestes a jogar minha abaia no lixo, mas, no último momento, desisti. Resolvi guardá-la como prova do que o EI fizera comigo.

Lá fora, as ruas começaram a lotar de gente a caminho do trabalho e da escola. Carros buzinavam à medida que o trânsito aumentava, e as lojas erguiam suas cortinas metálicas e abriam as portas. A luz solar refletiu no arranha-céu em forma de veleiro. Agora eu podia ver que o edifício era coberto de um vidro azulado e tinha um mirante giratório no topo. Cada lufada de vida tornava a cidade mais bonita. Ninguém ficou nos olhando, e eu não sentia medo de ninguém.

Ligamos para Sabah.

– Vou buscar você na Suleimânia – ofereceu-se ele, mas Nasser e eu não concordamos.

– Não precisa – eu garanti. – Nós vamos até você.

No começo, Nasser queria que eu fosse a Erbil sozinha.

– Você não precisa mais de mim – disse ele, mas tentei convencê-lo, até que ele acabou concordando em vir junto comigo.

Minha velha teimosia estava de volta, e eu ainda não estava pronta para dizer adeus a ele.

– Vamos juntos a Erbil – avisei Sabah. – Quero que você conheça o homem que me ajudou a escapar.

***

A central de Suleimânia estava movimentada naquela manhã, enquanto esperávamos um táxi para nos levar a Erbil. Quatro motoristas já tinham se recusado a nos levar. Não nos explicaram o motivo, mas suspeitávamos que era porque tínhamos vindo de Mossul e porque Nasser era árabe. Um por um, os motoristas solicitavam as nossas identidades e perscrutavam os documentos, depois olhavam para nós, e para as identidades, e para nós outra vez.

– Querem ir a Erbil? – perguntavam, e confirmávamos com um aceno de cabeça. – Por quê? – eles queriam saber.

– Para visitar familiares – respondíamos, mas eles se limitavam a suspirar e nos devolver as nossas identidades.

– Me desculpem – diziam eles. – Já tenho um compromisso. Tente com outra pessoa.

– Estão assustados porque somos de Mossul – concluiu Nasser.

– Quem pode culpá-los? – questionei. – Eles têm medo do *Daesh*.

– Ainda não vai falar curdo? – perguntou Nasser.

Fiz que não com a cabeça. Eu não estava pronta para mostrar a eles quem eu realmente era. Ainda não estávamos em apuros.

Ficamos lá sentados em silêncio, e o calor foi aumentando. Começamos a ficar preocupados. Será que conseguiríamos encontrar um taxista disposto a nos levar a Erbil? Por fim, um motorista concordou, mas, como éramos os primeiros passageiros, teríamos que esperar até ele encher o seu carro. Ele disse:

– Sentem-se ali – e apontou para a calçada, onde a multidão se aglomerava em pequenos trechos sombreados, esperando os taxistas os avisarem que estavam prontos.

À medida que a central foi enchendo, esquadrinhei a multidão. Ninguém olhava para nós. Eu não sentia mais medo, mas não tive a sensação de alívio que pensei que eu teria. Só uma coisa passava em minha cabeça: como seria a vida quando eu enfim chegasse a Zakho. Tantos familiares meus estavam mortos ou desaparecidos, e eu não estava indo para casa, eu estava voltando a todos os vazios deixados pelas pessoas que perdi. Eu me sentia feliz e oca ao mesmo tempo, e eu estava grata que Nasser estava ali para eu poder conversar com ele.

— E se o *Daesh* entrasse nesta central agora? — perguntei a Nasser. — O que você acha que iria acontecer?

— Todo mundo ficaria assustado — conjeturou ele.

Imaginei um extremista vestido de preto, carregando um fuzil automático em meio àquela multidão distraída e ocupada.

— Mas quem você acha que ele tentaria pegar primeiro? — questionei. — Quem valeria mais a pena... Eu, a *sabiyya* foragida? Ou você, um sunita que deixou Mossul e me ajudou a escapar?

Nasser deu risada.

— Isso parece um enigma — disse ele.

— Bem, eu sei a resposta — falei. — Eles iriam pegar nós dois. Nós dois estaríamos mortos.

E rimos por um breve instante.

Capítulo 7

Tecnicamente, o Curdistão é um território constituído por divisões administrativas distintas. Até recentemente, havia apenas três – Duhok, Erbil e Suleimânia –, mas, em 2014, o GRC transformou Halabja, que foi o maior alvo durante a Operação Anfal, em mais uma divisão administrativa.

Apesar de todo o discurso sobre um Curdistão independente e a ênfase na identidade curda, as províncias podem se sentir muito diferentes umas das outras e muito, muito divididas. Os principais partidos políticos – o KDP, dos Barzani; o PUK (União Patriótica do Curdistão), dos Talabani; o Gorran, o mais novo partido; e uma coligação de três partidos islâmicos – dividiam a lealdade da região, e a divisão entre o KDP e o PUK é particularmente notável. Em meados da década de 1990, a população e os *peshmergas* leais aos dois partidos se enfrentaram numa guerra civil. Os curdos não gostam de tocar no assunto, porque se quiserem nutrir alguma esperança de se tornar independentes do Iraque, eles têm que se manter unidos, mas foi uma guerra terrível, com cicatrizes duradouras. Alguns esperavam que a luta contra o EI unificasse os curdos, mas quando você atravessa a região, ainda tem a sensação de estar se locomovendo entre países distintos. Os dois partidos têm seus próprios *peshmergas* e seus próprios agentes de inteligência e segurança, chamados de *asayish*.

A Suleimânia, na fronteira com o Irã, é a terra do PUK e da família Talabani. É considerada mais liberal do que Erbil, que é território do KDP. As áreas do PUK são influenciadas pelo Irã, enquanto o KDP cultiva uma aliança com a Turquia. A política curda é muito complexa.

Após me libertar, comecei a minha luta em prol dos direitos humanos e fui notando como foi possível acontecer aquele fracasso em Sinjar.

O primeiro posto de controle em nosso caminho para Erbil era operado por *peshmergas* e *asayish* leais ao partido PUK. Após conferirem nossas identidades, disseram ao taxista para encostar e esperar.

Compartilhávamos o táxi com um rapaz e uma moça, que talvez formassem um casal. A moça ficou aturdida ao escutar Nasser e eu falando em árabe.

– Você também fala curdo? – indagou-me ela, e quando ficou convencida de que eu falava, conseguiu relaxar.

Sentei-me no banco de trás com eles, e Nasser ficou no banco do carona. A outra dupla de passageiros era do Curdistão, e ficou claro que tínhamos sido parados porque Nasser e eu estávamos com identidades de fora da região. A moça suspirou impacientemente quando o guarda mandou o motorista esperar, batendo a identidade na mão e olhando pela janela, tentando descobrir por que demorava tanto. Eu a olhei fixamente.

O *peshmerga* apontou para mim e para Nasser.

– Vocês dois, venham conosco – disse ele. – Vocês estão liberados – disse ele ao motorista, e pegamos nossas coisas antes de o táxi retornar à estrada.

Enquanto seguíamos o soldado rumo ao escritório, de repente fiquei assustada de novo. Eu não esperava encontrar tantos problemas após entrarmos no Curdistão, mas uma coisa estava clara: enquanto eu insistisse em fingir ser Sousan, natural de Kirkuk, viajar pelo Curdistão não seria fácil. Caso suspeitassem de que éramos simpatizantes do Estado Islâmico, ou se simplesmente duvidassem de nossas conexões em Erbil, eles poderiam nos rejeitar com facilidade.

No escritório, o soldado começou a nos interrogar.

– Quem são vocês? Por que estão indo a Erbil quando uma identidade diz Mossul e a outra Kirkuk?

Ele desconfiava em especial de Nasser, com a idade ideal para ser um combatente do Estado Islâmico.

Estávamos exaustos. Tudo o que eu queria era chegar a Erbil e me encontrar com Sabah. Percebi que a única maneira de isso acontecer era eu parar de fingir e admitir quem eu realmente era.

– Já chega – eu disse a Nasser. – Vou contar a eles.

E então me dirigi ao soldado em curdo.

– Sou Nadia – eu disse. – Sou uma iazidi de Kocho. Minha identidade é falsa. Eu a consegui em Mossul, onde eu era mantida em cativeiro pelo *Daesh*. – Apontei para Nasser. – Esse homem me ajudou a escapar.

O soldado ficou estupefato. Olhou para nós dois, e, após se recuperar da surpresa, falou:

– Têm de contar sua história aos *asayish*. Sigam-me.

Fez um telefonema e, em seguida, nos levou a um prédio nas proximidades que servia como quartel-general dos *asayish*, onde um grupo de agentes nos aguardava numa grande sala de reuniões. Tinham providenciado cadeiras para mim e Nasser na cabeceira de uma mesa comprida, e uma câmera de vídeo, instalada em cima da mesa, apontava para essas duas cadeiras. Ao ver a câmera, Nasser imediatamente balançou a cabeça e falou comigo em árabe.

– Não... Eu não posso ser filmado. Ninguém pode ver o meu rosto.

Eu me virei para os agentes e expliquei a situação.

– Nasser correu um grande risco ao me acompanhar, e toda a família dele ainda está em Mossul. Se ele for identificado, ele pode ser ferido, ou a família dele pode sofrer represálias. Além disso, por que vocês querem gravar isso? Quem vai assistir ao vídeo?

Também fiquei nervosa porque os *asayish* ligados ao partido PUK queriam filmar a entrevista – eu não estava pronta para recordar a minha experiência em Mossul diante de um público de espectadores.

– É só para os nossos registros, e, seja como for, vamos borrar o rosto de Nasser – asseguraram. – Juramos pelo Alcorão que nunca ninguém vai ver isso, apenas nós e nossos chefes.

Quando ficou claro que não nos permitiriam passar até contarmos a nossa história, concordamos.

— Só se vocês jurarem que ninguém será capaz de reconhecer Nasser e que apenas os *peshmergas* e os *asayish* terão acesso a este vídeo – declarei.

— Claro, claro – disseram eles, e começamos.

A entrevista durou várias horas.

Um oficial de alto escalão fazia as perguntas.

— Você é uma iazidi de Kocho? – perguntou ele.

— Sim – respondi. – Sou uma jovem iazidi da aldeia de Kocho em Sinjar. Estávamos na aldeia quando os *peshmergas* partiram. O *Daesh* escreveu em nossa escola: "Esta aldeia pertence ao *Dawlat Al-Islamiya*".

Contei como o povo da aldeia foi obrigado a ir até a escola, e as moças e mulheres foram levadas a Solagh e depois a Mossul. Ele me perguntou:

— Quanto tempo você esteve em Mossul?

— Eu não tenho bem certeza – respondi. – Éramos mantidas em quartos escuros e era difícil saber quanto tempo passamos em cada lugar.

Os *asayish* sabiam do que havia acontecido em Sinjar, que os homens iazidis tinham sido mortos e as moças levadas a Mossul e depois distribuídas por todo o Iraque. Mas queriam saber os detalhes da minha história – em particular, o que exatamente acontecera comigo no cativeiro e como Nasser me ajudara a escapar. Nasser sussurrou para mim, em árabe, para eu ter cuidado ao falar sobre os dois assuntos. No que se referisse à família dele, ele me pediu:

— Não diga que apareceu em nossa porta ao anoitecer e que estávamos sentados lá fora. Diga que foi à meia-noite. Caso contrário, vão pensar que, porque estávamos sentados, relaxando no jardim, estávamos com o *Daesh*.

Falei para ele não se preocupar.

Quando o assunto recaiu no estupro, embora os agentes do PUK me pressionassem para eu fornecer os detalhes, recusei-me a admitir que ele havia acontecido. Meus familiares me amavam, mas até revê-los, eu sinceramente não sabia como eles, ou a comunidade iazidi em geral, reagiriam em minha volta ao ficarem sabendo que eu não era mais virgem. Eu me lembrei de como Hajji Salman me sussurrou, logo após ter me violentado, que, se eu escapasse, a minha família me mataria assim que me visse.

— Você está arruinada – disse ele. – Ninguém vai se casar com você, ninguém vai te amar. Sua família não quer mais você.

Até mesmo Nasser receava me devolver à minha família, e não sabia como eles poderiam reagir ao descobrirem que eu tinha sido estuprada.

– Nadia, eles estão filmando... Não confio neles – ele me sussurrou no gabinete do PUK. – Você deve esperar para ver como sua família vai tratar você. Talvez queiram matá-la se descobrirem.

Era doloroso ter essas dúvidas sobre as pessoas que me criaram, mas iazidis são conservadores, e o sexo antes do casamento não é permitido, e ninguém poderia ter previsto que isso aconteceria com tantas jovens iazidis de uma só vez. Uma situação dessas era um teste para qualquer comunidade, por mais amorosa e forte que ela fosse.

Um dos agentes nos deu um pouco de água e comida. Eu estava ansiosa para ir embora.

– Combinamos de encontrar a minha família em Zakho – informei. – Está ficando tarde.

– Este caso é importantíssimo – eles me garantiram. – Os dirigentes do PUK vão querer saber os detalhes de como você foi raptada e de como conseguiu fugir.

Em especial, demonstraram interesse em ouvir como os *peshmergas* do KDP nos abandonaram. Contei a eles sobre isso e como os extremistas vinham ao mercado de escravas, escolhendo primeiro as mais bonitas, mas quando o assunto recaiu em meu cativeiro, menti.

– Quem te levou? – perguntou o entrevistador.

– Um sujeito enorme me escolheu e falou que eu iria ser dele – eu disse, estremecendo só de pensar em Salwan. – Falei que não. Fiquei na base até o dia em que percebi que não havia guardas e consegui fugir.

Então foi a vez de Nasser falar.

– Foi em torno da meia-noite e meia, ou uma hora da manhã, quando ouvimos alguém bater na porta – disse ele. – Encolhido na cadeira e de camiseta listrada, ele aparentava ser mais jovem do que era. – Ficamos alarmados. Talvez fosse o *Daesh* e talvez estivessem armados.

Ele me descreveu, uma jovem assustada, e contou como falsificaram a minha identidade e ele fingiu ser meu marido para me tirar de Mossul.

Os *peshmergas* e os *asayish* ligados ao PUK ficaram muito felizes com Nasser. Agradeceram-lhe e o trataram como herói, perguntando-lhe como era a vida sob o jugo do EI e declarando:

— Os nossos *peshmergas* vão combater os terroristas até que todos sejam varridos do Iraque.

Tinham orgulho de que o Curdistão era um refúgio seguro para as pessoas que fugiam de Mossul, e se alegraram ao nos lembrar de que as forças que tinham nos abandonado em Sinjar não eram leais ao PUK.

— Em Mossul, existem milhares de jovens como Nadia — informou Nasser. — Nadia era uma delas e eu a trouxe aqui.

A entrevista acabou pouco antes das quatro da tarde.

— Para onde planejam ir agora? — indagou o agente.

— Ao campo perto de Duhok — respondi. — Mas primeiro vou me encontrar com meu sobrinho em Erbil.

— Quem está em Duhok? — interpelou o agente. — Não queremos expor vocês a uma situação perigosa.

Dei a ele o número de Walid, meu meio-irmão que entrou nos *peshmergas* após os massacres, com outros homens iazidis, ansiosos para lutar e desesperados por um salário. Imaginei que confiariam num colega soldado, mas isso só deixou o agente do PUK ainda mais desconfiado.

— Walid é um *peshmerga* do KDP? — indagou o agente, após desligar o telefone. — Então é melhor não ir encontrá-lo — opinou ele. — Afinal de contas, eles deixaram vocês desprotegidos.

Não falei nada. Àquela altura, mesmo sem conhecer a fundo a política curda, pressenti que não seria nada inteligente tomar partido.

— Você deveria ter tocado mais nesse assunto durante a entrevista — disse o agente. — O mundo deve saber que os *peshmergas* do KDP deixaram o seu povo morrer.

— Posso ajudá-la se você ficar — continuou ele. — Tem dinheiro suficiente para a viagem?

Conversamos por um momento, o oficial insistindo que eu ficaria mais segura em território do PUK e eu garantindo a ele que eu precisava ir. Por fim, ele viu que não havia maneira de me convencer.

– Quero estar com a minha família, sendo ou não do KDP – eu disse. – Não os vejo há semanas.

– Certo – disse ele, enfim, e entregou a Nasser um pedaço de papel. – Levem isto com vocês no restante da viagem. Não usem suas identidades nos postos de controle... Usem isto. Vão deixar vocês passarem.

Contrataram um táxi para nos levar o restante do trajeto até Erbil, pagando o motorista com antecedência, e nos agradeceram por ficarmos tanto tempo à disposição. Nasser e eu não falamos nada ao entrarmos no táxi, mas percebi que ele estava tão aliviado quanto eu por termos conseguido passar pelo posto de controle.

Depois disso, em cada posto de controle, mostrávamos o papel e logo nos deixavam passar. Deslizei no banco, querendo dormir um pouco antes de me encontrar com Sabah em Erbil. Naquele trecho a paisagem ficou ainda mais verdejante, e as lavouras e as pastagens estavam bem-cuidadas, pois não tinham sido abandonadas. Pequenas aldeias agrícolas, semelhantes a Kocho, com suas casinhas de tijolos de barro e seus tratores, abriram caminho para vilarejos maiores, que abriram caminho para cidades, algumas com edifícios e mesquitas de aparência grandiosa, maiores do que qualquer coisa em Sinjar. Parecíamos seguros dentro do táxi. Até mesmo o ar, quando eu abria a janela, era mais ameno e refrescante.

Não demorou muito para o telefone de Nasser tocar.

– É Sabah – ele me disse, soltando uma praga. – Ele assistiu à nossa entrevista no noticiário curdo! Acabaram publicando a matéria.

Sabah ligou, e Nasser me entregou o telefone. Meu sobrinho me perguntou, furioso:

– Por que deram esta entrevista? Deveriam ter esperado.

– Prometeram que não iriam divulgar – expliquei. – Eles nos juraram.

Fiquei com muita raiva, angustiada por ter exposto Nasser e sua família ao EI. Naquele instante, extremistas podiam estar batendo às portas de Hisham e de Mina, prontos para castigá-los. Nasser conhecia vários extremistas do Estado Islâmico, e eles também o conheciam. Mesmo com o rosto dele borrado (ao menos os *asayish* do PUK mantiveram essa promessa), talvez conseguissem identificá-lo. Eu não podia acreditar que a minha história, que até momentos antes era algo tão privado que só poucas pessoas de minha confiança tinham conhecimento, agora estava no noticiário. Fiquei com muito medo.

– São as vidas da família de Nasser e da nossa família que estão em jogo! – continuou Sabah. – Por que é que eles fizeram isso?!

Fiquei paralisada no banco de trás, prestes a chorar. Eu não sabia o que dizer. Para Nasser, o vídeo parecia ser a traição suprema, e eu odiei os *asayish* do PUK por terem passado a gravação à imprensa, sem dúvida para ganhar elogios na mídia e parecerem melhores que o KDP, que, eles insistiam, havia abandonado os iazidis.

– Eu preferiria estar morta em Mossul em vez de estar aqui com este vídeo publicado – eu disse a ele, e eu estava falando a verdade.

O PUK tinha nos usado. Queriam dizer ao mundo como o KDP abandonou os iazidis, e não se preocuparam comigo nem com a minha privacidade, tampouco com a integridade física de Nasser e de sua família em Mossul. O EI me tratou como um objeto em Mossul, e eu tive a sensação de que o PUK havia feito o mesmo, usando o que acontecera comigo como propaganda de cunho político.

Aquele vídeo me assombrou por um longo tempo. Meus irmãos ficaram zangados por eu ter mostrado o meu rosto e identificado a nossa família, e Nasser ficou preocupado com a segurança dele. Hezni falou:

– Já pensou se tivermos que ligar a Hisham para contar a ele que o filho dele está morto porque ajudou você? Vai ser horrível.

Também ficaram com raiva por eu ter criticado os *peshmergas* do KDP diante das câmeras. Afinal de contas, os campos de refugiados para iazidis estavam sendo configurados no território do KDP; e dependíamos deles novamente. Logo fui aprendendo que a minha história, que eu ainda considerava uma tragédia de cunho pessoal, poderia ser a ferramenta política de outrem, em especial num lugar como o Iraque. Eu precisava ter muito cuidado ao falar, porque as palavras significam coisas diferentes para pessoas diferentes, e sua história pode facilmente se tornar uma arma apontada contra você.

Capítulo 8

O salvo-conduto do PUK parou de funcionar no posto de controle nas imediações de Erbil. Aquele posto de controle era grande, com filas de carros separadas por muros de concreto à prova de bombas, no caso de ataques de bombardeiros suicidas, e decorados com fotos de Massoud Barzani. Desta vez, nem ele nem eu ficamos surpresos quando um *peshmerga* nos mandou sair do táxi. Nós o seguimos até o gabinete do supervisor dele, que não passava de uma salinha. Numa ponta da sala, o chefe estava sentado atrás de uma escrivaninha de madeira. Não havia câmeras nem multidão, mas antes de começarmos, liguei a Sabah, que ficou enviando mensagens de texto para saber por que eu estava demorando tanto, e repassei a ele a localização do posto de controle. Não sabíamos quanto tempo a entrevista iria durar.

O chefe fez as mesmas perguntas que o agente de segurança do PUK, e respondi a todas elas, mais uma vez omitindo o estupro e todos os detalhes sobre a família de Nasser. Desta vez, também tomei o cuidado de não fazer comentários depreciativos sobre os *peshmergas* do KDP. Tomou nota de tudo o que eu disse e, ao terminarmos, ele sorriu e levantou-se.

– O que você fez não será esquecido – disse a Nasser, beijando-o nas duas faces. – Alá ama o que você fez.

O semblante de Nasser não se alterou.

– Não fiz isso sozinho. Todos de minha família arriscaram as suas vidas para nos levar ao Curdistão – disse ele. – Qualquer pessoa com um pingo de bondade humana na alma teria feito a mesma coisa.

Confiscaram a minha identidade falsa de Mossul, mas Nasser manteve a dele. Em seguida, a porta se abriu, e Sabah entrou.

Muitos homens de minha família eram combatentes – meu pai e o rastro de histórias heroicas que ele deixou para trás ao morrer; Jalo combatendo ao lado dos americanos em Tal Afar; Saeed, ansioso para provar sua bravura desde criancinha, arrastando-se para fora da vala comum com as pernas e os braços crivados de balas. Sabah, no entanto, era estudante e tinha apenas dois anos mais do que eu. Trabalhava no setor hoteleiro em Erbil, pois queria ganhar dinheiro suficiente para um dia fazer um curso universitário, conquistar um bom emprego e uma vida melhor que a de agricultor ou pastor. Antes de o EI chegar a Sinjar, a luta dele era essa.

O genocídio mudou todo mundo. Hezni dedicava a sua vida a ajudar contrabandistas a libertar as *sabaya*. Saeed revivia o pesadelo do dia em que sobreviveu e se tornou obcecado por lutar. Saoud passava os dias na monotonia do campo de refugiados, tentando lidar com a culpa de ser um sobrevivente. Malik, pobre Malik! Simples menino quando o genocídio começou, tornou-se terrorista, sacrificando a vida inteira, e até mesmo o amor dele pela mãe, em prol do Estado Islâmico.

Sabah, que antes nunca quisera ser soldado nem policial, largou o hotel em Erbil e abandonou os estudos para combater no Monte Sinjar. Sempre foi tímido e fechado para mostrar sentimentos, mas agora isso estava combinado com uma espécie de masculinidade que não existia nele antes. Quando eu o abracei no posto de controle e comecei a chorar, tentou me acalmar.

– Tem autoridades aqui, Nadia. Não devemos chorar na frente deles – recomendou. – Você já passou por tanta coisa, e agora está segura. Não precisa chorar.

Ele havia amadurecido anos em semanas; eu imaginava que todos nós havíamos.

Tentei me controlar.

– Qual deles é Nasser? – indagou Sabah, e eu apontei para ele.

Os dois trocaram um aperto de mãos, e Sabah falou:

– É melhor irmos ao hotel. Tem outros iazidis hospedados lá. Nasser, você fica comigo, e Nadia pode ficar com umas mulheres em outro quarto.

Percorremos de carro a breve distância do posto de controle ao centro da cidade. Erbil tem o formato de um grande círculo assimétrico, com as estradas e as casas se irradiando a partir de uma antiga cidadela que alguns arqueólogos afirmam ser o lugar mais velho no mundo a ser continuamente habitado. Suas muralhas altas, cor de areia, podem ser avistadas por quase toda a cidade, contrastando com as outras partes de Erbil, novas e modernas. As estradas de Erbil estão cheias de SUVs brancos, trafegando velozes com poucas regras para atrasá-los, e shoppings e hotéis revestem as ruas, sempre com novos empreendimentos em construção. Quando chegamos, muitos desses canteiros de obras haviam sido transformados em campos de refugiados improvisados, enquanto o GRC descobria como lidar com o grande número de iraquianos e sírios fugindo para a região. Chegamos ao hotel, um estabelecimento discreto e acanhado, com uns sofás de cor escura. As janelas eram cobertas com cortinas transparentes e os assoalhos com lajotas de um material cinzento brilhante. Sentados no saguão, alguns homens iazidis me cumprimentaram, mas eu queria dormir, e Sabah me mostrou o quarto. No interior do quarto havia uma família, uma idosa com o filho, que também trabalhava no hotel, e a esposa dele. Ao redor de uma mesinha, comiam sopa, arroz e legumes do restaurante do hotel. Quando a senhora me viu, ela me fez um gesto.

– Sente-se aqui – convidou ela. – Venha comer conosco.

Ela regulava em idade com a minha mãe e, como a minha mãe, usava um vestido branco esvoaçante e um lenço branco na cabeça. Ao vê-la, todo o autocontrole que eu tentara praticar desde a fuga da casa do Estado Islâmico em Mossul se esvaiu. Fiquei desatinada. Gritei com todo o meu corpo, e mal consegui ficar em pé. Chorei por minha mãe, cujo destino eu ainda não sabia. Chorei por meus irmãos, que eu vira sendo levados para a morte, e por aqueles que sobreviveram e, pelo resto da vida, tentariam resgatar os fragmentos de nossa família. Chorei por Kathrine e Walaa e minhas irmãs que ainda estavam em cativeiro. Chorei porque eu me salvara e não achava que eu merecia tanta sorte. Por sinal, de novo fiquei em dúvidas se eu realmente tivera sorte.

A boa senhora veio até mim e me abraçou. O corpo dela era macio como o de minha mãe. Quando me acalmei um pouco, notei que ela estava chorando, também, assim como o filho e a nora.

– Seja paciente – confortou-me ela. – Tomara que todos que você ama consigam voltar. Seja menos severa consigo mesma.

Eu me sentei à mesa com eles. Parecia que o meu corpo era feito de nada, como se fosse sair flutuando a qualquer momento. Tomei um pouco da sopa, após eles insistirem. A mulher parecia envelhecida, mais do que o normal para a idade, e quase todos os seus cabelos brancos tinham caído. O couro cabeludo, de um delicado cor-de-rosa salpicado de marrom, era visível sob os fios que restavam. Ela era de Tel Ezeir, e sua vida recente era uma tragédia após a outra.

– Eu tinha três filhos, todos solteiros, que morreram nos bombardeios de 2007 – contou ela. – Jurei a mim mesma quando eles morreram que eu só voltaria a tomar banho depois de ver os corpos deles. Eu só lavo o rosto e limpo as mãos. Mas ainda não tomei banho. Só quero me lavar após conseguir limpar os corpos deles para o enterro. – Ela percebeu o quanto eu estava cansada. – Minha filha, durma um pouquinho – disse ela.

Deitei-me na cama dela e fechei os olhos, mas não consegui dormir. Só conseguia pensar nos três filhos dela, em seus corpos desaparecidos e em minha mãe.

– Deixei minha mãe em Solagh – contei a ela. – Não sei o que aconteceu com ela.

Comecei a chorar de novo. Com a senhora ao meu lado na cama, passamos a noite toda chorando. Pela manhã, coloquei o vestido de Kathrine e me despedi da senhora com um beijo em cada face. Ela me disse:

– Antes eu pensava que a morte de meus filhos era a pior coisa que uma mãe poderia suportar. O tempo todo, eu queria que voltassem a viver. Mas estou feliz que não viveram para ver o que aconteceu conosco em Sinjar. – Endireitou o lenço branco nos cabelos ralos. – Se Deus quiser, sua mãe vai voltar a você um dia. Deixe tudo com Deus. Nós, iazidis, não temos ninguém, não temos nada. Mas temos Deus.

***

Lá embaixo, no saguão do hotel, avistei um rapaz de aparência familiar e fui até ele. Era o irmão de uma amiga de Kocho.
– Sabe o que houve com ela? – perguntou ele.
A última vez que eu tinha visto a irmã dele fora em Mossul, no mercado onde fui comprada por Hajji Salman. Quando Rojian e eu saímos, ela ainda não havia sido escolhida por ninguém, mas presumi que deveria ter sido logo depois.
– Tomara que um dia ela também esteja em segurança – eu disse.
Aos poucos me dei conta de que, para muitos iazidis no Curdistão, eu seria a mensageira de más notícias.
– Ela nem sequer deu um telefonema – informou ele.
– Não é fácil fazer telefonemas – ponderei. – Não temos acesso a telefones e não nos deixam falar com ninguém. Só consegui ligar para Hezni depois que fugi.
Sabah entrou no saguão e me disse que era hora de eu ir a Zakho. Apontou uma porta aberta no corredor.
– Nasser está naquele quarto. Vá se despedir dele.
Fui até o quarto e abri a porta. Nasser estava em pé no meio do quarto e, no instante em que eu o vi, comecei a chorar. Senti pena dele. Quando eu estava com a família dele, eu me sentia uma estranha vivendo a vida de outra pessoa. Minha esperança para o meu futuro começava e terminava com a minha fuga, e lá estava eu, em Erbil, reunida com meu sobrinho e outros iazidis. Nasser, porém, tinha que retroceder em nossa aterrorizante jornada e voltar para o Estado Islâmico. Era a minha vez de recear por ele.

Nasser também começou a chorar. Sabah ficou no vão da porta, nos observando.

– Sabah, posso falar com Nadia por uns dois minutos? – pediu ele. – Depois vou ter que ir.

Sabah fez que sim com a cabeça e se afastou. Nasser virou-se para mim, uma expressão séria no semblante.

– Nadia, agora você está com Sabah, e vai se encontrar com o restante de sua família. Eu não preciso ir junto. Mas tenho que fazer uma pergunta: você se sente segura? Se estiver com medo de que algo possa te acontecer ou que podem fazer algo a você, só porque você era uma *sabiyya*, eu fico com você.

– Não, Nasser. Você viu como Sabah me tratou. Vou ficar bem – garanti.

Na verdade, eu não tinha lá muita certeza, mas eu queria que Nasser encontrasse seu próprio caminho. Eu ainda me sentia extremamente culpada pelo vídeo do PUK, e eu não tinha certeza de quanto tempo ele dispunha antes que alguém o reconhecesse.

– Não acredite em nada que o *Daesh* falar sobre os iazidis – aconselhei. – Estou chorando por você, porque você fez isso por mim. Você salvou a minha vida.

– Era meu dever – disse ele. – Nada mais do que isso.

Saímos juntos do quarto. Eu não conseguia encontrar as palavras para dimensionar a minha gratidão por ele ter me ajudado. Nos últimos dois dias, tínhamos compartilhado cada momento assustador, cada momento de tristeza, cada olhar preocupado, cada pergunta aterrorizante. Quando fiquei doente, ele me confortou. E, em cada posto de controle, sua calma tinha ajudado a evitar que eu desmoronasse de medo. Nunca vou me esquecer do que ele e a família dele fizeram por mim.

Não sei por que ele era bom e tantos outros em Mossul eram tão terríveis. Acho que se você for uma boa pessoa, no fundo, então você pode nascer e crescer no quartel-general do Estado Islâmico e ainda ser bom, assim como você pode ser obrigada a se converter a uma religião em que você não acredita e ainda ser uma iazidi. Está dentro de você. Falei para ele:

– Cuide-se. Tome cuidado e fique o mais longe possível daqueles criminosos. Toma aqui, este é o número de Hezni. – Entreguei-lhe um pedaço de papel com o número do celular de Hezni, com o dinheiro do táxi que a família dele havia pago. – Pode ligar a Hezni quando quiser. Nunca vou me esquecer do que você fez por mim. Você salvou a minha vida.

– Desejo a você uma vida feliz, Nadia – disse ele. – Uma boa vida a partir de agora, olhando para o futuro. Minha família vai tentar ajudar outras como você. Se houver outras moças em Mossul que queiram fugir, podem nos telefonar, e vamos tentar ajudá-las. Um dia, talvez, quando todas as moças estiverem livres e o *Daesh* tiver sido expulso do Iraque, a gente se reencontre e fale sobre isso – concluiu Nasser.

Em seguida, ele riu baixinho.

– Como vão as coisas, Nadia? – perguntou ele.

– Está calor – respondi, sorrindo um pouco.

– Nunca se esqueça – falou Nasser, me provocando. – Está calor, Nasser, muito calor. – Então, o sorriso desapareceu de seu rosto e ele falou: – Deus esteja com você, Nadia.

– Deus esteja com você, Nasser – respondi.

E quando ele se virou e caminhou rumo à saída, eu rezei a Tawusi Melek para que ele e a família dele conseguissem chegar a um lugar seguro. Antes de terminar a minha oração, ele havia desaparecido.

Capítulo 9

Após Nasser deixar Erbil, tentei acompanhar o que aconteceu com ele e com a família dele. Eu ficava nauseada de vergonha ao me lembrar do vídeo do PUK, e rezava para que aquilo não fosse colocá-los em perigo. Ele era apenas um jovem de um bairro pobre, mas Hezni e eu temíamos que seria apenas uma questão de tempo para que ele se envolvesse com os terroristas. Por vários anos, o EI foi criando raízes na cidade, aproveitando o descontentamento entre os sunitas e a instabilidade no país. Os homens de Mossul esperavam que os terroristas fossem como os baathistas e lhes devolvessem o poder. Mesmo se ficassem desiludidos com o EI, quando Nasser retornasse do Curdistão, os meninos teriam se transformado em soldados e, pior, em verdadeiros crentes. Será que os filhos de Mina tinham conseguido escapar do campo de batalha? Eu continuo sem saber.

Hezni estava mesmo preocupado que algo pudesse ter acontecido com eles.

– Eles ajudaram você. Se forem castigados, como é que vamos lidar com isso?

Ele levava muito a sério a responsabilidade de ser o chefe de nossa família. Claro, ele não podia fazer nada lá de Zakho e, mais tarde, do campo de refugiados. Hezni falou umas vezes com Hisham e Nasser, até que uma tarde ligou e uma voz na linha falou que o número havia sido desconectado. Depois disso, Hezni teve que confiar em informações de terceiros sobre Nasser e sua família. Um dia chegou a notícia. De fato, o EI, após descobrir que Nasser me ajudara, havia detido

Basheer e Hisham, mas eles tinham convencido os extremistas de que Nasser agira sozinho.

A família continuava em Mossul até 2017, quando as forças iraquianas começaram a libertar a cidade e se tornou ainda mais difícil obter informações. Hezni ficou sabendo por terceiros que um dos irmãos de Nasser foi morto em 2017 na batalha entre os terroristas do EI e as forças do governo iraquiano pelo controle da estrada que liga Mossul e Wadi Hajar, mas não sabemos como isso aconteceu ou se é verdade. A família morava na área oriental de Mossul, que foi a primeira parte da cidade a ser libertada naquele ano, e pode ter escapado ou morrido no confronto. Ouvi dizer que o EI usava os civis como escudos humanos quando as forças iraquianas entraram. Faziam questão de levar civis aos prédios que os americanos queriam bombardear. O povo que fugia de Mossul relatou que a vida era um inferno. Tudo o que podíamos fazer era rezar para que estivessem a salvo.

Antes de irmos à casa de minha tia em Zakho, onde Hezni se refugiou desde a invasão do EI a Sinjar, visitamos o hospital em Duhok, onde Saeed e Khaled ainda se recuperavam de seus ferimentos. O campo de refugiados ainda não estava pronto, e os iazidis que haviam fugido ao Curdistão iraquiano dormiam seja lá onde pudessem. Nos arredores da cidade, as famílias iazidis ocuparam prédios de apartamentos inacabados, montando, nos pisos de concreto, barracas fornecidas por agências assistenciais. As paredes ainda não estavam prontas nos prédios altos, e ao passar por eles receei pela segurança das famílias ali acampadas. De fato, algumas vezes, crianças pequenas despencaram dos andares superiores. Mas eles não tinham outro lugar para onde ir. Toda a região de Sinjar havia sido involucrada nos esqueletos desses edifícios, e o nosso povo não tinha nada que lhe pertencesse. Quando as agências assistenciais traziam comida para distribuir, o pessoal saía desabalado para garantir uma cesta básica. As mães corriam o mais rápido que as pernas permitiam, só para conseguir uma lata de leite em pó.

Hezni, Saoud, Walid e minha tia me esperavam no hospital. O reencontro foi uma explosão de lágrimas, abraços, perguntas e mais perguntas. Só um bom tempo depois a comoção arrefeceu, e foi possível ouvir o que as outras pessoas diziam. Eu resumi o que acontecera comigo, omitindo os estupros. Minha tia chorou e entoou um canto fúnebre, um canto que os pranteadores costumam bradar andando em círculos ao redor do corpo, batendo com força no peito para mostrar sua angústia, às vezes por horas a fio, até nossas gargantas ficarem em frangalhos e nossos peitos e membros, entorpecidos. Minha tia não se mexeu enquanto cantava, mas o volume de seus gritos era forte o suficiente para preencher toda a sala, talvez toda Duhok.

Hezni estava mais calmo. Normalmente emotivo, meu irmão, que chorava se um membro da família ficasse doente e poderia ter sido o personagem de uma lírica amorosa enquanto cortejava Jilan, tornou-se obcecado com o mistério de sua própria sobrevivência.

– Não sei por que Deus me poupou – disse ele. – Mas sei que preciso usar a minha vida para o bem. – Ao rever o seu rosto bronzeado, amplo e bonachão, de bigodinho, explodi em lágrimas. – Não chore – falou Hezni me abraçando. – Esta é a nossa sina.

Fui até a cama do hospital onde Saeed estava internado. Os ferimentos o atormentavam, mas não tanto quanto a lembrança do massacre e a culpa por sobreviver, quando tantos outros tinham morrido. Até mesmo as pessoas que o EI não havia conseguido matar tinham perdido as suas vidas – uma geração inteira de iazidis perdidos, como meus irmãos e eu, vagando pelo mundo sem nada em nossos corações, além da memória de nossa família, e nada em nossas cabeças, além de levar o EI à justiça. Saeed acabou entrando na divisão iazidi dos *peshmergas* e estava ansioso para lutar.

– Onde está a minha mãe? – chorei, abraçando-o.

– Ninguém sabe, Nadia – respondeu ele. – Assim que pudermos, vamos libertar Solagh do *Daesh* e resgatá-la.

Os ferimentos de Khaled eram piores que os de Saeed, embora o meu meio-irmão tivesse sido baleado menos vezes. Duas balas tinham estilhaçado o cotovelo de Khaled, e ele precisava de uma articulação protética, algo que não estava disponível no hospital em Duhok. Até hoje, o braço dele fica rente ao corpo, inútil, como um galho de árvore morto.

***

Quando cheguei a Zakho, Hezni ainda morava com nossa tia, a mesma casa que procurou ao fugir da montanha. Meus tios estavam construindo uma casinha para o filho e a nora no terreno dos fundos. Mas não eram ricos e, por isso, tinham que construir aos poucos, quando sobrava um dinheirinho. A guerra com o EI paralisou a construção. Quando cheguei, a casa só tinha dois cômodos em concreto bruto. As janelas ainda não tinham sido tapadas e havia frestas nas emendas entre as lajes, por onde passavam vento e poeira. Eu nunca estivera na casa de meus tios sem minha mãe, e senti a ausência dela como a de um membro amputado.

Fui morar na casa inacabada com meus irmãos Hezni e Saoud e meus meios-irmãos Walid e Nawaf. Ao receberem alta do hospital, Saeed e Khaled se uniram a nós. Fizemos o máximo de esforço para tornar aquilo um lar. Quando a agência assistencial distribuiu lonas, nós as utilizamos para tapar as janelas, e quando distribuíam comida, racionávamos metodicamente e estocávamos o que podíamos na salinha usada como cozinha. Hezni puxou uma extensão da fiação da casa principal até nossos quartos e fixou bicos de luz nos tetos para que pudéssemos ter luz elétrica. Compramos um pouco de selante para calafetar as frestas nas paredes. Falávamos sem parar na guerra, mas raramente mencionávamos detalhes que poderiam perturbar um de nós.

Saeed e Nawaf eram os únicos solteiros, e a solidão deles era menos palpável do que a de meus irmãos casados. Hezni ainda não tivera notícias de Jilan; sabíamos apenas que ela estava em Hamdaniya com Nisreen. Não tínhamos informações sobre Shireen, a esposa de Saoud, nem sobre as esposas de meus meios-irmãos. Contei a eles o que eu sabia sobre o EI e o que eu tinha visto em Mossul e Hamdaniya, mas não entrei em detalhes sobre o que acontecera comigo no cativeiro. Eu não queria fazer meus irmãos sofrerem ainda mais, confirmando seus piores pesadelos sobre o que EI estava fazendo com as moças iazidis. Não perguntei sobre o massacre em Kocho porque eu não queria lembrar Saeed e Khaled da situação que eles tinham enfrentado. Ninguém queria aumentar o desespero dos outros.

Embora habitada por sobreviventes, a casa era um lugar de sofrimento. Meus irmãos, outrora tão cheios de vida, pareciam corpos vazios, permanecendo acordados durante o dia só porque era impossível dormir o tempo todo. Como eu era a única mulher, esperavam que eu me encarregasse de limpar e cozinhar, mas havia muita coisa que eu não sabia fazer. Lá em nossa casa de Kocho, minhas irmãs mais velhas e cunhadas faziam o trabalho doméstico enquanto eu estudava, e agora eu me sentia uma inútil e desastrada, me atrapalhando toda na cozinha improvisada e lavando as nossas roupas com desleixo. Meus irmãos eram gentis comigo e sabiam que eu não havia aprendido a fazer as tarefas em casa, então me ajudavam. Mesmo assim, ficou subentendido que, tão logo eu tivesse aprendido, isso seria minha responsabilidade. Minha tia notou que eu não sabia fazer pão e, por isso, fazia uma quantia extra e nos trazia, mas essa habilidade, também, eu me senti pressionada a aprender. A escola era uma lembrança muito distante.

Eu tinha fugido do EI e estava com a minha família, mas ainda assim eu sentia que a minha vida, quando eu me lembrasse dela, se eu tivesse sorte suficiente para envelhecer, seria apenas uma longa sequência de desgraças. Numa dessas desgraças, sou capturada pelo EI, e na próxima, estou vivendo em total pobreza, sem nada, sem um lugar para chamar de meu, totalmente dependente dos outros para comer, sem um pedaço de terra e sem ovelhas, sem escola e apenas uma fração da minha grande família, à espera de o campo de refugiados ficar pronto e, depois, à espera de que as barracas naquele campo fossem substituídas por lares-contêineres. Depois, à espera da libertação de Kocho, que eu achava que talvez nunca fosse acontecer, e da liberação de minhas irmãs e do resgate de minha mãe em Solagh. Eu chorava todos os dias. Às vezes, eu chorava com a minha tia ou com os meus irmãos, e às vezes eu chorava sozinha na cama. Em meus pesadelos, eu sempre era devolvida ao EI e tinha que fugir de novo.

Aprendemos a aproveitar ao máximo o que as agências assistenciais ofereciam. Toda semana, grandes caminhões traziam sacas de arroz, lentilha e massa, além de óleo de cozinha e tomates enlatados. Não tínhamos despensa ou geladeira. Por isso, às vezes, a comida racionada estragava ou atraía ratos. Tivemos que descartar sacos inteiros de açúcar e triguilho até encontrarmos um tambor de óleo vazio, que limpamos e usamos para armazenar nossa comida. Jogar comida fora era doloroso; sem dinheiro para comprar mais víveres, a única solução era comer menos até o próximo caminhão chegar a Zakho. Quando a temperatura começou a baixar, minha tia me emprestou roupas quentes, mas eu não tinha calcinhas, sutiãs nem meias, e eu não queria pedir nada, então me contentei com o que eu tinha.

O telefone de Hezni tocava muitas vezes, e quando isso acontecia, ele atendia às chamadas lá fora, longe de todos nós. Eu estava angustiada para saber que tipo de informações ele estava recebendo, mas ele só me contava um pouquinho, talvez porque não quisesse me preocupar. Um dia, ele recebeu uma ligação de Adkee e saiu para falar no quintal. Ao retornar, seus olhos estavam vermelhos, como se ele tivesse chorado.

– Ela está na Síria – ele nos disse.

De alguma forma, ela conseguiu ficar com o nosso sobrinho, que ela havia declarado ser filho dela em Solagh, mas receava que a qualquer momento o EI fosse descobrir que ela estava mentindo e, assim, levar o menino para longe dela.

– Estou tentando achar um contrabandista na Síria – contou ele. – Mas retirar moças da Síria é ainda mais difícil do que no Iraque, e Adkee não quer deixar ninguém para trás.

Para piorar as coisas, as redes de contrabando sírias se desenvolviam separadamente das redes iraquianas, dificultando ainda mais para Hezni retirar Adkee de lá.

Minha tia foi a primeira pessoa a quem contei a minha história toda, incluindo os estupros. Ela chorou por mim e me deu um abraço demorado. Foi um alívio desabafar, e parei de me preocupar que os iazidis fossem me rejeitar ou me culpar pelo que aconteceu. Tanta gente de nosso povo havia sido morta ou raptada pelo EI. Por isso, os iazidis que sobreviveram, seja lá o que tivesse acontecido conosco, precisavam se unir e tentar recuperar o que ainda restava. Ainda assim, a maioria das *sabaya* foragidas não falava nada sobre o tempo com o EI, como eu fizera no início, e eu entendia o motivo. A tragédia era delas, como era delas o direito de não contar a ninguém.

Rojian foi a primeira a escapar depois de mim. Ela chegou à casa de minha tia às duas da manhã, ainda vestindo a abaia fornecida pelo EI. Antes que eu pudesse fazer qualquer pergunta, ela indagou:

— O que aconteceu com todos os outros? — e Hezni teve que contar os detalhes a ela.

Contar era um fardo. Foi horrível ver o rosto de Rojian se retorcer quando ela ouviu o que havia acontecido com a nossa aldeia e nossa família. A morte dos homens estava confirmada, não sabíamos o que tinha acontecido com as mulheres mais velhas, e a maioria das moças capturadas como *sabaya* ainda estava com o EI. Depois disso, Rojian afundou num estado de pesar tão profundo que receei que ela pudesse tirar sua própria vida ali mesmo na casa de minha tia, como Hezni havia tentado no mês anterior, após descobrir sobre o massacre em Kocho. Mas ela sobreviveu à própria dor, assim como todos nós tivemos de sobreviver e, na manhã seguinte após a sua chegada, nos transferimos ao campo de refugiados.

Capítulo 10

O acesso para o campo de refugiados era uma estrada de chão estreitinha. Parecia a estrada para Kocho antes de ser asfaltada. Naquela manhã, ao chegarmos, tentei imaginar que eu estava indo para casa de verdade. Mas tudo que me soava familiar apenas deixava ainda mais claro o quão distante eu estava de minha antiga vida e só aumentava a minha tristeza.

Ao longe, era possível avistar o campo de refugiados, com suas centenas de lares-contêineres brancos, espalhados nas suaves colinas do Norte do Iraque como tijolos numa parede, separados entre si por caminhos de terra encharcados com a água da chuva, dos chuveiros ou das cozinhas improvisadas. Cercas rodeavam o campo de refugiados – para a nossa própria segurança, afirmavam eles –, mas as crianças já tinham aberto buracos onde o metal se encontrava com o chão, para chegarem mais fácil à área externa para jogar futebol. Na entrada do campo de refugiados, contêineres maiores serviam de gabinetes para os funcionários assistenciais e governamentais, e também como clínica de saúde e sala de aula.

Chegamos em dezembro, quando já estava começando a esfriar no norte do Iraque, e, embora a casa semiconstruída em Zakho oferecesse mais proteção contra o inverno, eu estava ansiosa para ter um espaço que eu pudesse chamar de meu. Os contêineres eram bem espaçosos, e ganhamos três contíguos, um para o quarto, outro para a sala de estar e um terceiro para a cozinha.

O campo de refugiados não se adaptava bem ao clima do norte do Iraque. Quando chegou o inverno, os acessos entre as moradias ficaram embarrados e era difícil não levar a lama para dentro. Tínhamos água disponível apenas uma hora por dia, e um aquecedor que compartilhávamos para tentar aquecer os lares-contêineres. Sem o calor, o ar fresco condensava nas paredes e as gotas pingavam em nossas camas. Assim, dormíamos repousando nossas cabeças em travesseiros úmidos e acordávamos com o acre olor de mofo no ar.

Por todo o campo de refugiados, o pessoal se esforçava para recriar as vidas que lhes foram roubadas. É reconfortante fazer a mesma coisa que você costumava fazer em casa, mesmo que seja apenas repassar os movimentos. Ali, no campo de refugiados de Duhok, retomamos as antigas rotinas de Sinjar. Mulheres cozinhavam e limpavam obsessivamente. Era como se elas, ao fazer tudo com esmero, pudessem ser transportadas de volta às suas aldeias, despertar seus maridos e irmãos das valas comuns e retomar a vida de outrora. Todos os dias, quando seus esfregões já estavam no cantinho e todos os pães estavam assados, o fato de não haver uma casa e nenhum marido voltando para casa recaía sobre elas de novo, e elas choravam, e ruidosos lamentos estremeciam as paredes de nosso lar-contêiner. Nossas casas em Kocho sempre estavam cheias de vozes, crianças brincando e, em comparação, o campo de refugiados era silencioso. Sentíamos falta inclusive do ruído das briguinhas familiares por ninharias: aqueles arranca-rabos ressoavam em nossas cabeças como a mais bonita das melodias. Não havia como encontrar emprego ou ir à escola, então prantear os mortos e os desaparecidos tornou-se a nossa missão.

Para os homens, a vida no campo de refugiados era ainda mais difícil. Todos estavam desempregados, e eles não tinham carros para ir trabalhar na cidade. Suas esposas, suas irmãs e suas mães estavam no cativeiro, e seus irmãos e seus pais morreram. Antes de meus irmãos entrarem nos *peshmergas* ou na polícia, não havia fluxo de dinheiro na família, exceto pela pensão que o governo iraquiano e algumas agências de assistência social, encabeçadas pela Yazda (organização de direitos iazidis formada logo após o massacre de Kocho), estavam distribuindo aos sobreviventes do genocídio. A Yazda, que estava sendo liderada por um grupo de iazidis que moravam em várias partes do mundo e que haviam largado tudo em suas vidas para ajudar as vítimas do genocídio (e a quem eu acabaria por dedicar a minha própria vida), rapidamente foi se tornando a principal fonte de esperança para os iazidis em todos os lugares. Ainda corríamos para pegar víveres quando eles chegavam para entregá-la e, às vezes, perdíamos os caminhões. Um dia eles paravam numa ponta do campo e, no dia seguinte, na outra. Às vezes, a comida parecia estragada, e nós reclamávamos que o arroz, ao ser cozido, exalava um fedor que parecia de lixo.

Quando chegou o verão, decidi arregaçar as mangas e agir. Fui trabalhar numa plantação nas proximidades cujo dono, um curdo, contratava refugiados para colher melão-cantalupe.

— Se trabalhar o dia inteiro, você ganha o jantar — prometeu ele, além do pequeno salário, e assim fiquei até o sol quase se pôr, colhendo os pesados frutos dos meloeiros.

Quando ele nos serviu a refeição, porém, eu quase engasguei. Em nossos pratos, puro, rançoso e fedido, o mesmo arroz do campo de refugiados! Me deu uma vontade de chorar. Como o produtor nos enxergava dessa maneira? Achava que, porque éramos tão pobres e morávamos no campo de refugiados, poderia nos dar qualquer coisa para comer, e ficaríamos gratos? Somos humanos! Tive vontade de dizer a ele. Tínhamos casas, tínhamos uma vida boa. Agora não somos nada. Mas fiquei calada e comi o que eu pude da comida nojenta.

De volta à plantação, porém, fiquei mais irritada ainda. *Vou terminar meu trabalho por hoje*, pensei. *Mas de jeito nenhum eu volto amanhã para trabalhar para esse sujeito*. Alguns dos outros trabalhadores começaram a falar sobre o EI. Para os refugiados que haviam escapado de suas aldeias antes da vinda dos terroristas, aqueles de nós que haviam sido capturados eram uma curiosidade, e sempre nos perguntavam como era a vida sob o jugo do EI, como se acompanhassem o enredo de um filme de ação. O dono das terras caminhava atrás de nós.

— Qual de vocês veio do *Daesh*? — perguntou ele, e os outros apontaram para mim.

Fiz uma pausa no meu trabalho. Pensei que ele fosse dizer que se arrependia por nos tratar daquela maneira. Pensei que, ao saber que havia sobreviventes do Estado Islâmico no campo de refugiados, ele seria mais amável conosco. Em vez disso, ele queria falar sobre a valentia dos *peshmergas*.

– Ah, o *Daesh* vai ser eliminado – decretou ele. – Todos sabem como os *peshmergas* são eficientes. Fizeram um ótimo trabalho, e perdemos muitos *peshmergas* para libertar boa parte do Iraque.

Eu não me contive e tive de responder.

– Sabe o quanto nós perdemos? Milhares de pessoas morreram. Perderam suas vidas porque os *peshmergas* decidiram ir embora.

O produtor se calou e se afastou, e um jovem iazidi virou-se para mim, aborrecido.

– Por favor, não fale essas coisas – ele me disse. – Limite-se a trabalhar.

Quando o dia acabou e fui dizer ao encarregado iazidi que eu não queria mais trabalhar para o produtor, ele olhou para mim com raiva.

– O fazendeiro nos dispensou a todos. Nenhum de nós vai voltar – disse ele.

Eu me senti tão culpada. Falei aquilo, e todo mundo havia perdido o emprego. Logo, porém, a história ganhou contornos humorísticos e se espalhou por todo o campo de refugiados. Depois que eu parti e comecei a relatar a minha história fora do Iraque, um amigo meu visitou o campo e reclamou para minhas amigas que eu estava "aliviando a barra" dos *peshmergas*.

– Nadia precisa dizer ao mundo o que eles fizeram conosco! – exclamou, e um dos iazidis começou a rir.

– Ela falou isso desde o início, e todos nós fomos demitidos por causa disso!

***

Dimal chegou ao campo de refugiados às quatro da manhã do dia 1º de janeiro de 2015. Ela ainda brinca comigo porque eu estava dormindo quando ela chegou:

– Não acredito que você conseguiu dormir enquanto eu estava correndo por minha vida!

Mas eu simplesmente a abracei com força.

– Fiquei acordada até as quatro da manhã – eu digo a ela. – Você chegou atrasada!

Eu realmente tinha ficado acordada o máximo que pude, até o momento que o torpor me dominou, e quando abri os olhos me deparei com a minha irmã mais velha ao lado de minha cama. Para fugir, ela correu algumas horas ao longo da fronteira com a Turquia e a Síria, e suas pernas sangravam, lanhadas ao cruzar o arame farpado na cerca da fronteira. Poderia ser pior, é claro: ela poderia ter sido descoberta e baleada por um guarda da fronteira ou pisado numa mina terrestre.

Ter Dimal de volta era a mesma sensação de curar uma grande ferida. Mas não estávamos felizes. Ficamos abraçadas, chorando, até às dez da manhã, quando ela teve de cumprimentar o fluxo de visitantes que veio chorar ao lado dela. Não falamos de mais ninguém até o dia seguinte. Esse foi o momento mais difícil do regresso de Dimal – acordar naquela manhã em colchões, pertinho uma da outra, e ouvi-la perguntar com a voz rouca de tanto chorar:

– Nadia, cadê o resto de nossa família?

Mais tarde, naquele mês, Adkee também conseguiu escapar. Estávamos transidas de tanta preocupação – pouquíssimas informações nos haviam chegado sobre o que aconteceu com ela. Semanas antes, uma mulher escapou da Síria e conseguiu chegar ao campo de refugiados. Ela nos contou que estava com Adkee na Síria. Ansiosas por mais detalhes, imploramos que ela nos contasse tudo o que sabia.

– Eles acreditavam que Adkee era mãe de um menino – contou-nos ela –, por isso eles iriam esperar antes de tocar nela. – Cuidar da segurança de nosso sobrinho era tudo o que o preocupava Adkee. – Ela me disse que se eu prometesse cuidar de Miran, ela se mataria – revelou a mulher. – Eu a aconselhei a ter paciência, que nós iríamos sair de lá um dia, mas ela estava perturbada.

Após ouvirmos isso, ficamos temendo que o pior tivesse acontecido com Adkee. Começamos a prantear a perda de minha irmã geniosa que havia desafiado os homens que queriam proibi-la de aprender a dirigir, e o nosso amável sobrinho. Então, inesperadamente, Adkee ligou para o telefone de Hezni.

– Estão em Afrin! – exclamou o meu irmão, radiante.

Afrin é uma localidade na Síria curda e não estava dominada pelo EI. Estava sendo defendida pelos curdos da Síria, e avaliei que aqueles combatentes, que antes haviam ajudado os iazidis a sair da montanha, certamente ajudariam a minha irmã.

Adkee e Miran tinham fugido de Raqqa e sido acolhidos por um pastor árabe e sua família. Os dois ficaram lá por um mês e dois dias, enquanto a família tentava vislumbrar a maneira mais segura de tirá--los do território do Estado Islâmico. A filha do pastor iria se casar, e o noivo era de Afrin, e a família esperou até o dia do casamento, quando teria uma boa desculpa para explicar a viagem rumo ao norte. Mais tarde, Hezni nos contou que já sabia que Adkee estava com a família do pastor, mas havia guardado segredo, pois não queria nos dar falsas esperanças.

Dois dias após a primeira ligação de Afrin, Adkee chegou ao campo de refugiados e trouxe Miran com ela. Desta vez, fiquei acordada até as seis da manhã com Dimal. Era assustadora a ideia de contar a Adkee o que havia acontecido com todos os outros – as mortes comprovadas e as pessoas ainda desaparecidas –, mas não foi preciso. Descobriu isso por conta própria, de alguma forma, e logo Adkee estava compartilhando de nosso mundinho pequeno e tristonho.

Foi um milagre as minhas irmãs terem escapado. Nos primeiros três anos após a chegada do EI a Sinjar, as iazidis fugiram da escravidão de maneiras extraordinárias. Algumas, como eu, foram auxiliadas por moradores locais solidários, enquanto outras conseguiram que familiares ou funcionários do governo pagassem um resgate em dinheiro, às vezes, somas enormes, para contrabandistas ou diretamente ao membro do Estado Islâmico, recomprando a moça dele. O custo para resgatar cada moça era de cinco mil dólares, com uma quantia maior – que Hezni descreveria como "o valor de um carro novo" – destinada ao chefe da operação, que utilizava suas conexões em todo o Iraque árabe e curdo para coordenar o resgate. O dinheiro era dividido entre os múltiplos intermediários (motoristas, contrabandistas, falsificadores de documentos) envolvidos na libertação de cada jovem.

Cada história de fuga é incrível. Uma jovem de Kocho foi levada a Raqqa, capital do EI na Síria, onde foi reunida com outras mulheres num salão de festas para aguardar a distribuição. Desesperada, tentou acender um botijão de gás com um isqueiro e incendiar o salão, mas foi impedida. Então enfiou o dedo na garganta para forçar o vômito, e quando um extremista do Estado Islâmico a mandou sair, ela e outras moças mergulharam no breu dos campos que circundavam o prédio. Por fim, elas foram denunciadas por um campesino que passava, mas ela teve sorte. Semanas depois, a esposa do homem que a comprou ajudou a coordenar a fuga dela para fora da Síria. Logo depois, a esposa morreu de apendicite; pelo jeito não havia um cirurgião no Estado Islâmico capaz de salvá-la.

Jilan ficou em cativeiro por mais de dois anos até Hezni conseguir salvá-la com o plano mais elaborado e arriscado de que já ouvi falar. A esposa do captor de Jilan se cansou de ver o marido abusando das moças iazidis, e ela ligou a Hezni, oferecendo ajuda. O marido dela era um membro do alto escalão do Estado Islâmico e um alvo para a coalizão anti-EI que estava pressionando o califado.

– Você tem que dar um jeito de matar o seu marido – orientou Hezni. – Essa é a única maneira.

Ela concordou. Hezni colocou a esposa em contato com um chefe guerrilheiro curdo que auxiliava os americanos a atacar alvos do Estado Islâmico.

– Diga a ele quando o seu marido sai de casa – Hezni a instruiu e, no dia seguinte, o carro do extremista foi atingido por um ataque aéreo.

Inicialmente, a esposa não acreditou em Hezni que o marido dela estava morto.

– Por que ninguém está falando nisso, então? – questionou ela.

Ela temia que o marido dela tivesse escapado e descobrisse o que ela estava fazendo. Queria ver o corpo dele.

– Está muito dilacerado – explicou Hezni. – O carro foi atingido em cheio.

Agora, as mulheres precisavam aguardar novas instruções, e só havia uma pequena brecha de tempo para colocar Jilan em segurança. Após dois ou três dias, confirmou-se que o extremista realmente estava morto, e outros membros do Estado Islâmico foram até a casa pegar Jilan para levá-la a um novo dono. Quando bateram, a mulher abriu a porta.

– A nossa *sabiyya* estava no carro com o meu marido – disse ela, tentando não deixar a voz trêmula. – Ela também morreu.

Os terroristas acreditaram e se afastaram. Quando os terroristas já não estavam mais por perto, Jilan e a esposa foram contrabandeadas até um posto avançado do exército iraquiano e, por fim, ao Curdistão. Horas após a fuga, a casa delas também foi bombardeada.

– Para todos os efeitos, aos olhos do *Daesh*, todas morreram – disse Hezni.

Outras não tiveram a mesma sorte. Fiquei sabendo de uma vala comum encontrada em Solagh, em dezembro de 2015, meses após eu ter saído do campo de refugiados e ido morar na Alemanha com Dimal, como parte de um programa do governo alemão para ajudar as vítimas iazidis da escravidão do EI. De manhã cedinho, conferi meu celular. Estava lotado de mensagens de Adkee e Hezni. Eles nos ligavam com frequência para me atualizar sobre os familiares que ainda estavam lá, em especial Saeed, que concretizara o sonho de combater em Sinjar com uma unidade iazidi recém-formada de *peshmergas* do KDP.

– Saeed está perto de Solagh – contou-me Adkee quando liguei para ela. – Em breve, vamos saber o que aconteceu lá.

Naquele dia, Dimal e eu tínhamos aula de alemão, mas ficamos paralisadas. Ficamos o dia inteiro sentadas em nosso apartamento, à espera de notícias. Entrei em contato com um jornalista curdo que fazia a cobertura dos combates pela retomada de Solagh, e entre as ligações dele, de Saeed e Adkee, meu telefone praticamente não parou de tocar o dia todo. Além de vigiar o telefone, Dimal e eu rezávamos para que nossa mãe fosse encontrada viva.

Durante a tarde, o jornalista ligou. Falou com a voz baixa, e logo percebi que as notícias não eram boas.

– Descobrimos uma vala comum – revelou. – Fica perto do instituto, e tem uns 80 corpos, só de mulheres.

Ouvi a informação e baixei o telefone. Eu não suportaria o fardo de contar a Dimal ou ligar a Adkee ou Hezni e dizer que a nossa mãezinha, que sobrevivera a tantas vicissitudes por tantos anos, estava morta. Minhas mãos estavam trêmulas. Então vibrou o telefone de Dimal; ela recebera uma mensagem da nossa família. Todo mundo começou a gritar.

Fiquei paralisada. Liguei para Saeed e, ao escutar a minha voz, meu irmão começou a chorar.

– Nada do que eu fiz aqui tem importância – lamentou-se ele. – Estou lutando há um ano, e não encontramos nada, ninguém.

Implorei a Hezni para me deixar voltar ao campo de refugiados para o funeral, mas ele disse que não.

– Não temos o corpo dela – informou. – Os militares ainda estão em Solagh. Mesmo se você viesse, não deixariam você se aproximar do túmulo. Não é seguro para você – concluiu.

Eu já havia começado meu trabalho como ativista, e eu recebia ameaças do EI todos os dias.

Após a confirmação de que a minha mãe estava morta, eu me agarrei à esperança de que Kathrine, minha sobrinha e minha melhor amiga, tão bondosa e amada por todos que a conheceram, conseguisse escapar e se reunir conosco. Eu precisava dela comigo se eu quisesse sobreviver o resto da minha vida sem a minha mãe. Hezni, que amava a filha do irmão como se fosse a filha dele, tentara durante meses encontrar um modo de trazer Kathrine a salvo, mas sem sucesso. Kathrine tentara escapar muitas vezes – de Hamdaniya e de Mossul –, mas sempre era recapturada. Hezni guardava em seu telefone uma mensagem de voz dela. No áudio, Kathrine implora ao meu irmão:

– Desta vez, venha me resgatar, por favor. Não deixe que fiquem comigo... Desta vez, venha me salvar.

Hezni reproduzia o áudio e chorava, jurando tentar.

Em 2015, conseguimos um progresso. Hezni recebeu uma ligação de um coletor de lixo em Hawija, cidade perto de Kirkuk que havia sido um reduto do Estado Islâmico desde os primórdios da guerra.

– Eu estava coletando lixo na casa do Dr. Islam – contou ele ao meu irmão. – Uma jovem chamada Kathrine saiu. Ela me pediu para ligar para você e avisar que estava viva.

O coletor de lixo estava com medo de que o EI descobrisse que ele havia feito a ligação e pediu a Hezni para não entrar em contato com ele de novo.

– Não vou voltar àquela casa – disse ele.

Escapar de Hawija seria muito difícil. A cidade é habitada por no mínimo uns cem mil árabes sunitas, e o Dr. Islam, otorrinolaringologista, agora era membro do alto escalão do EI. Mas Hezni tinha um contato em Hawija e, usando o aplicativo de mensagens Telegram, conseguiu se comunicar com Kathrine. O intermediário disse a Kathrine para ir a um hospital.

– Existe uma farmácia ali perto – instruiu ele. – Vou estar lá dentro com uma pastinha amarela nas mãos. Quando me avistar, não fale comigo, apenas volte para a casa onde fica o seu cativeiro, e eu vou segui-la para saber onde fica o lugar.

Kathrine concordou. Ela estava quase chegando quando o hospital foi atingido por um ataque aéreo, e ela ficou tão apavorada, que imediatamente voltou para casa sem se encontrar com o intermediário.

Em seguida, Hezni tentou ajuda de alguns árabes que não apoiavam o EI e estavam presos em Hawija. Num vilarejo dos arredores, eles tinham uma casa cujo acesso evitava os principais postos de controle e concordaram em esconder Kathrine lá. Por meio deles, Hezni conseguiu trocar mensagens com Kathrine, e ela contou que, após o bombardeio no hospital, eles se mudaram para outra casa na cidade. Ela descreveu a casa para o novo agente, que, em seguida, levou a esposa dele ao bairro, batendo nas portas, dizendo que procuravam uma casa para alugar nas proximidades. Ao bater na casa onde Kathrine estava cativa, outra *sabiyya* abriu a porta. Era Almas, menina de 9 anos de Kocho. Atrás dela, ele viu a minha sobrinha e Lamia, irmã de minha amiga Walaa. Todas as três estavam sendo mantidas em cativeiro pelo Dr. Islam.

— Amanhã de manhã, se não houver extremistas na casa, pendurem um cobertor na janela — o agente sussurrou a Kathrine. — Depois das 9 da manhã, se eu avistar o cobertor, vou saber que é seguro voltar.

Kathrine ficou assustada, mas concordou.

Na manhã seguinte, ele passou de carro lentamente pela rua. Havia um cobertor pendurado na janela, e ele estacionou e bateu na porta. As três *sabaya* iazidis, Kathrine, Lamia e Almas, correram para fora e entraram no carro dele. Após as moças estarem em segurança no vilarejo vizinho, o homem ligou a Hezni, e ele mandou um dinheiro por transferência eletrônica.

Três dias depois, Hezni encontrou contrabandistas que, por dez mil dólares, estavam dispostos a trazer as três moças, e a família árabe que as havia ajudado, a um local seguro. Mas sem os documentos certos, eles teriam que atravessar a fronteira curda à noite.

— Só vamos levá-las até a beira do rio — disseram os contrabandistas a Hezni. — Depois disso, outro sujeito vai levá-las até você.

À meia-noite, o primeiro contrabandista ligou a Hezni e contou que fizera a entrega. Minha família já se preparou para receber Kathrine no campo de refugiados.

Hezni esperou ao lado do celular a noite toda, esperando a chamada dizendo que Kathrine havia conseguido chegar ao território curdo. Ele estava ansioso para vê-la. Mas o telefone nunca tocou naquela noite. Em vez disso, por volta da uma e meia da tarde no dia seguinte, um curdo ligou e perguntou se Kathrine, Lamia e Almas eram da nossa aldeia.

– Onde estão elas? – indagou Hezni.

– Lamia está gravemente ferida – contou o homem a Hezni.

Elas haviam pisado em um DEI ao tentar atravessar o Curdistão, e o artefato havia explodido embaixo delas. Uma grande porcentagem do corpo de Lamia foi atingida com queimaduras de terceiro grau.

– Que Deus abençoe as almas das outras duas, elas faleceram – concluiu ele.

Hezni deixou cair o telefone no chão. Sentiu como se tivesse levado um tiro.

Eu já havia saído do Iraque quando isso aconteceu. Hezni tinha me ligado após elas chegarem à casa do primeiro contrabandista e me contado que Kathrine estava em segurança. Eu estava extasiada com a perspectiva de rever a minha sobrinha, mas naquela noite eu tive um sonho terrível. Sonhei com meu primo Sulaiman ao lado de um dos geradores que fornecia eletricidade a Kocho. No pesadelo, eu estava com meu irmão Massoud e minha mãe e, ao nos aproximarmos de Sulaiman, percebemos que ele estava morto e que seu cadáver estava sendo devorado por animais. Acordei transpirando, e de manhã liguei para Hezni.

– O que aconteceu? – perguntei, e ele me contou.

Desta vez, Hezni concordou que eu deveria voltar ao Iraque para o funeral. Chegamos às quatro da manhã no aeroporto de Erbil e, primeiro, fomos visitar Lamia no hospital. Ela não conseguia falar, as queimaduras no rosto dela eram muito graves. Em seguida, fomos a Kirkuk visitar a família árabe que havia ajudado Kathrine e as outras a escapar. Queríamos encontrar o corpo de Kathrine para poder enterrá-la corretamente, na tradição iazidi, mas a família não pôde nos ajudar.

– Quando pisaram na bomba, ela e Almas tiveram morte instantânea – eles nos contaram. – Trouxemos Lamia ao hospital, mas não era possível levar os corpos, também. Agora os corpos estão com o EI.

Hezni estava inconsolável. Tinha a sensação de ter fracassado com a sobrinha dele. Ele ainda tortura a si mesmo, ouvindo a suplicante mensagem de áudio enviada por ela:

– Desta vez, venha me salvar – roga ela.

Ao ouvir a mensagem, eu imagino o rosto de Kathrine, cheio de esperança, e o rosto de Hezni, também, coberto de lágrimas.

Seguimos de carro ao campo de refugiados. Parecia igual a quando eu havia me transferido a primeira vez para lá com meus irmãos, há quase dois anos. Porém, as pessoas tinham melhorado seus contêineres, deixando-os mais parecidos com lares, pendurando lonas para criar espaços sombreados ao ar livre e decorando os interiores com fotos da família. Agora algumas pessoas tinham empregos, e havia mais carros estacionados entre os lares-contêineres.

Ao chegarmos mais perto, pude ver Adkee, minhas meias-irmãs, e minhas tias juntas lá fora. Em pé, puxavam os cabelos e erguiam as mãos aos céus, orando e chorando. A mãe de Kathrine, Asmar, tinha chorado tanto, que o médico receava que ela ficasse cega. Ouvi o som do canto fúnebre antes de cruzarmos os portões do campo de refugiados, e ao chegarmos ao contêiner de minha família, entrei no ritual, andando em círculos com minhas irmãs, batendo no peito e entoando lamentos. Senti novamente todas as feridas do meu cativeiro e da minha fuga. Eu não conseguia acreditar que eu nunca mais veria Kathrine nem a minha mãe. Naquele momento eu soube que a minha família estava verdadeiramente destroçada.

Capítulo II

Os iazidis acreditam que Tawusi Melek veio pela primeira vez até nós para conectar os seres humanos a Deus em um vale encantador na região norte do Iraque chamado Lalish. Sempre que podemos, viajamos até lá para orar e nos reconectar com Deus e o seu Anjo. Lalish é remoto e tranquilo; para chegar lá, você envereda por uma estradinha estreita que atravessa um vale verdejante, passa por túmulos menores e templos de telhados cônicos e sobe uma colina até a aldeia. Em feriados importantes, como o nosso Ano Novo, a estrada lota de iazidis em plena peregrinação, e o centro parece um festival. Em outras épocas do ano, o local é pacato, com apenas um punhado de iazidis orando na penumbra dos templos.

Lalish precisa ser preservado intacto. Os visitantes devem tirar os sapatos e andar de pés descalços, até mesmo pelas ruas, e todos os dias um grupo de voluntários ajuda a cuidar dos templos e seus arredores. Varrem os pátios e podam as árvores sagradas; lavam as calçadas; e, algumas vezes por dia, andam à meia-luz dos templos de pedra para acender lamparinas alimentadas por um óleo de cheiro adocicado, extraído das oliveiras de Lalish.

Beijamos as molduras da porta dos templos antes de entrar, cuidando para não pisar na entrada, a qual também beijamos. Lá dentro, em tiras de seda colorida, fazemos um nó, e outro, e mais outro, e cada nó representa um desejo e uma oração. Em importantes ocasiões religiosas, o Baba Sheikh visita Lalish para dar as boas-vindas aos peregrinos no templo principal, rezar ao lado deles e os abençoar.

Esse templo é o túmulo do Sheikh Adi, o líder que difundiu a religião iazidi no século XII e é uma de nossas personalidades mais sagradas. O Riacho Branco atravessa Lalish. O batizado acontece lá fora, onde o córrego forma piscinas nas cisternas de mármore. E nas cavernas úmidas e escuras sob a tumba de Sheikh Adi, onde a condensação escorre das paredes ásperas, salpicamos o corpo com água enquanto oramos no local onde o córrego se divide e termina.

Abril é a melhor época para visitas, perto do Ano Novo iazidi, quando as estações mudam e as chuvas novas preenchem o sagrado Riacho Branco. Em abril, as pedras estão apenas frias o suficiente debaixo de nossos pés para nos manter em movimento, e a água está fresca o suficiente para nos acordar. O vale fica viçoso e bonito, em um ciclo de renovação.

De carro, Lalish fica a quatro horas de Kocho; viajar até lá e pagar gasolina e comida, ficar um dia sem trabalhar na lavoura, sem falar nos animais que muitas famílias sacrificam, é algo muito caro para fazer seguido, mas eu sonhava com a jornada. A nossa casa tinha muitos pôsteres de Lalish, e na tevê assistíamos a programas sobre o vale, os xeques sagrados que viviam lá e os peregrinos dançando. Ao contrário de Kocho, Lalish é rica em aguadas, e essa água nutre as árvores e as flores que colorem o vale. Os templos são feitos de pedras antigas e decorados com símbolos inspirados em nossas histórias. E, o mais importante: foi em Lalish que Tawusi Melek fez contato com o mundo pela primeira vez e deu aos humanos um propósito e uma conexão com Deus. Podemos orar em qualquer lugar, mas a oração nos templos de Lalish é a mais significativa.

Quando eu tinha 16 anos de idade, fui a Lalish para ser batizada. Eu mal podia esperar o dia chegar, e, nas semanas que antecederam o ritual, escutei cada palavra que a minha mãe disse. Ela nos falou para respeitarmos os outros peregrinos e todos os objetos no vale, e que nunca deveríamos usar sapatos nem fazer sujeira.

– Não cuspam, não xinguem, não se comportem mal – ela nos advertiu. – Não pisem nas entradas dos templos. Vocês devem beijá-las.

Até mesmo o travesso Saeed ouviu atentamente suas instruções.

— Este é o lugar onde você será batizada — falou ela, apontando o retrato de uma cisterna de pedra escavada na terra, por onde corria um borbulhante filete d'água fresca do Riacho Branco para a estrada principal.

— E aqui é onde você vai rezar por sua família.

Nunca pensei que havia algo de errado comigo por ainda não estar batizada aos 16 anos; isso não queria dizer que eu ainda não era uma iazidi "genuína". Éramos pobres, por isso Deus não nos julgava por termos que postergar a viagem. Mas eu estava maravilhada porque enfim iria acontecer.

Fui batizada no Riacho Branco, com alguns de meus irmãos, meninos e meninas. Uma senhora, uma das guardiãs de Lalish, mergulhou uma pequena tigela de alumínio no arroio e derramou a água fresca em minha cabeça, então deixou que eu salpicasse mais água no rosto e na cabeça enquanto eu rezava. Em seguida, a mulher envolveu a minha cabeça com um pano branco, e depositei um pouco de dinheiro, uma oferenda, numa pedra ali perto. Kathrine foi batizada na mesma ocasião.

— Não vou decepcionar o Senhor — sussurrei para Deus. — Não vou recuar. Vou seguir em frente e permanecer neste caminho.

Quando o EI chegou a Sinjar, todos nós ficamos com medo do que aconteceria com Lalish. Receávamos que os terroristas destruíssem os nossos templos, como haviam feito com tantos outros. Os iazidis em fuga do EI se refugiaram na cidade sagrada, protegida pelos servos do templo e os pregadores de Baba Sheikh e Baba Chawish. Os iazidis que fugiram de suas casas para o vale sagrado estavam com os nervos à flor da pele, mentalmente abalados e fisicamente exaustos pelos massacres. Estavam certos de que a qualquer momento o EI invadiria os templos.

Certo dia, um desses iazidis fugitivos, um jovem pai, sentou-se na entrada do pátio do templo com o filho dele. Estava tresnoitado: não parava de pensar nas pessoas mortas e nas mulheres raptadas. O peso dessas lembranças era esmagador. Sacou a pistola da cintura e, antes que alguém pudesse impedi-lo, disparou contra si mesmo, bem ali na entrada do templo, ao lado do filho. Ouvindo o tiro e imaginando que era o EI, os iazidis que habitavam o local fugiram para a região do

Curdistão. Só os servos e Baba Chawish ficaram para limpar o sangue do morto, fazer o enterro e esperar o que viria a seguir. Estavam preparados para morrer se o EI viesse.

– O que vai me restar se este lugar for destruído? – questionou Baba Chawish.

Mas os terroristas nunca apareceram no vale. Deus o protegeu.

Após os massacres, à medida que as mulheres, aos poucos, começaram a fugir do cativeiro do Estado Islâmico, surgiu a pergunta: como seria a nossa próxima viagem a Lalish? Precisávamos dos templos e do consolo que eles nos davam, mas ninguém tinha certeza de como as *sabaya* foragidas seriam tratadas pelos homens sagrados que viviam lá. Convertêramo-nos ao Islã, e a maioria de nós perdera a virgindade. As duas coisas, contra a nossa vontade, mas será que importava? Na infância, aprendêramos que esses pecados eram dignos de expulsão da sociedade iazidi.

Mas não deveríamos ter subestimado nossos líderes religiosos. No fim de agosto, quando o choque dos massacres ainda reverberava em nossas vidas, eles promoveram encontros para definir a melhor resposta. Logo chegaram a uma decisão. Anunciaram que nós, as antigas *sabaya*, seríamos bem-vindas na sociedade e não seríamos julgadas pelo que havia acontecido conosco. Não deveríamos ser consideradas muçulmanas, pois a religião nos havia sido impingida contra a nossa vontade e, como havíamos sido estupradas, éramos vítimas, não mulheres perdidas. O Baba Sheikh se encontrou pessoalmente com sobreviventes e foragidas, oferecendo orientação e nos garantindo que continuaríamos iazidis. Assim, em setembro, os nossos líderes religiosos escreveram uma declaração a todos os iazidis: o que havia acontecido conosco não era nossa culpa e, se eles fossem fiéis, deveriam acolher as *sabaya* no seio da comunidade de braços abertos. Nesse momento de compaixão eu amei minha comunidade como nunca antes.

Ainda assim, nada que o Baba Sheikh falasse ou realizasse teria o poder de nos fazer sentir completamente normais de novo. Todas nós nos sentíamos despedaçadas. As mulheres fizeram das tripas coração para tentar purificar-se. Muitas sobreviventes foram submetidas a uma cirurgia de "revirginização", reparando o hímen na esperança de apagar a lembrança e o estigma do estupro. No campo de refugiados, alguns médicos que tratavam das sobreviventes nos ofereceram esse serviço, dizendo casualmente para "comparecer ao tratamento", como se fosse apenas um checkup normal.

– Só demora uns vinte minutinhos – disseram-nos.

Curiosa, fui com algumas das moças até a clínica.

– Se quiserem recuperar a virgindade, o procedimento é bem simples – informaram os médicos.

Algumas jovens que eu conhecia decidiram fazer a cirurgia, mas eu não quis. Como é que um "simples procedimento" poderia apagar todas as vezes que Hajji Salman me estuprou, ou a vez em que ele permitiu que seus guardas me estuprassem como castigo por eu tentar escapar? Aquelas agressões não danificaram uma parte de meu corpo, nem mesmo apenas meu corpo como um todo, e não era algo que uma cirurgia pudesse reparar. Ainda assim, entendi por que outras moças fizeram isso. Estávamos desesperadas por qualquer tipo de consolo, e se isso as ajudasse a imaginar um futuro normal, em que pudessem casar e formar uma família, então eu estava feliz por elas.

Para mim, era muito difícil pensar em meu próprio futuro. Quando eu era adolescente em Kocho, meu mundo era tão minúsculo e tão pleno de amor. A minha única preocupação era com a minha família, e tudo indicava que as coisas estavam melhorando para todos nós. Hoje, mesmo se todas nós sobrevivêssemos e trabalhássemos arduamente para nos recuperar, onde estavam os rapazes iazidis que se casariam conosco? Jaziam em valas comuns em Sinjar. Toda a nossa sociedade havia sido praticamente destruída, e as moças iazidis teriam vidas muito diferentes daquelas que imaginávamos como crianças. Não estávamos à procura de felicidade, mas sim, de sobrevivência e, se possível, de fazer algo significativo com as vidas que tínhamos sido tão aleatoriamente permitidas a manter.

Meses após minha estada no campo de refugiados, fui abordada por ativistas, e uma delas pediu a minha abaia.

– Estou coletando provas do genocídio – disse ela. – Um dia eu quero abrir um museu.

Outra ativista, após ouvir a minha história, perguntou se eu queria ir ao Reino Unido para contar às autoridades o que acontecera comigo. Eu disse que sim, sem saber o quanto essa viagem mudaria minha vida.

Os últimos meses no campo de refugiados transcorreram em meio aos preparativos para ir à Alemanha. Dimal e eu estávamos emigrando, mas Adkee se recusou.

– Nunca vou deixar o Iraque – declarou ela.

Ela sempre foi teimosa, e eu a invejava. A Alemanha prometia segurança, universidade, uma vida nova. Mas o Iraque sempre seria a nossa pátria.

Preenchemos a papelada antes da mudança e fomos a Bagdá para tirar os nossos passaportes. Foi a primeira vez que visitei a capital do Iraque e também a minha primeira vez num avião. Fiquei lá por 12 dias, todos os dias indo a um órgão diferente – para coletar impressões digitais, tirar fotografias, vacinar-se contra as mais estranhas doenças. A burocracia parecia interminável, até que um dia, em setembro, nos disseram que estava quase na hora de partir.

Fomos levadas a Erbil e nos deram dinheiro para comprar roupas. Dimal e eu choramos ao dar adeus a todos no campo de refugiados, especialmente a Adkee. Lembrei-me de Hezni, há muitos anos, tentando entrar clandestinamente na Alemanha, pensando que, se ganhasse dinheiro – muito dinheiro, do tipo que você só ganha na Europa –, a família de Jilan não teria outra escolha senão deixá-los casar. Ele havia sido mandado de volta, e ali estava eu, com uma passagem paga pelo governo. E foi a coisa mais difícil que eu já fizera.

Antes de ir à Alemanha, fomos a Lalish. Dezenas de ex-*sabaya* inundavam as ruas da aldeia sagrada, chorando e orando, em roupas pretas para mostrar seu luto. Dimal e eu beijamos a moldura da porta do templo de Sheikh Adi e cada uma deu um ou outro nó com as sedas coloridas. Cada nó, uma oração – pelo retorno em segurança de todas que estavam vivas; pela felicidade na vida após a morte das pessoas que tinham morrido, como a nossa mãe; pela libertação de Kocho; e pelo dia em que o EI respondesse perante a justiça pelos crimes cometidos contra o povo iazidi.

Salpicamos a água fresca do Riacho Branco em nossos rostos e rezamos para Tawusi Melek com mais ardor do que nunca.

Lalish estava sereno naquele dia, e, súbito, o Baba Chawish saiu para nos conhecer. Alto, magro, o vulto sagrado ostentava uma barba comprida e olhos curiosos e gentis que faziam as pessoas se abrirem em sua presença. Sentou-se de pernas cruzadas no pátio do túmulo do Sheikh Adi, as vestes brancas flutuando na brisa. A espessa fumaça do tabaco verde, com o qual ele enchera o cachimbo de madeira, subia e se misturava à grande multidão de mulheres que foi saudá-lo.

Ajoelhamo-nos à frente dele, e ele beijou nossas cabeças e nos fez perguntas.

– O que aconteceu com vocês? – indagou, e lhe contamos que havíamos sido capturadas pelo EI, mas fugido e agora estávamos a caminho da Alemanha. – Bom – disse ele numa voz tristonha e macia.

Doía-lhe ver tantas iazidis deixando sua terra natal no Iraque. A comunidade estava minguando diante de seus olhos, mas ele sabia que tínhamos que seguir em frente.

Ele nos fez mais perguntas. De onde vocês são? Quanto tempo ficaram nas mãos do EI? Como era o campo de refugiados? E então, no final, com o cachimbo quase vazio e o sol mais baixo no céu, ele se virou para nós e indagou, simplesmente:

– Quem vocês perderam?

Em seguida, sentou-se e atento ouviu o relato de cada uma das mulheres, mesmo as que tinham sido muito tímidas para falar antes, listando os nomes de familiares e amigos, vizinhos e filhos e pais, mortos e desaparecidos. As respostas pareciam se prolongar por horas a fio, à medida que o ar esfriava, e a pedra nas paredes do templo escurecia na luz desvanecente. Nomes iazidis eram listados num coro interminável, que se estendia aos céus, onde Deus poderia ouvi-lo. Chegou a minha vez, e recitei:

– Jalo, Pise, Massoud, Khairy e Elias, meus irmãos. Malik e Hani, meus sobrinhos. Mona, Jilan e Smaher, minhas cunhadas. Kathrine e Nisreen, minhas sobrinhas. Hajji, meu meio-irmão. Tanta gente que foi raptada e fugiu. Meu pai, que já não era vivo para nos salvar. Minha mãe, Shami, onde quer que ela esteja.

EPÍLOGO

Em novembro de 2015, um ano e três meses após o EI chegar a Kocho, fui da Alemanha à Suíça para dar uma palestra num fórum das Nações Unidas sobre questões ligadas às minorias. Foi a primeira vez que contei a minha história diante de uma grande plateia. Na véspera, fiquei desperta quase a noite inteira, trocando ideias com Nisreen, a ativista que havia organizado a viagem, sobre o teor da palestra. Eu não queria me esquecer de nada – das crianças que morreram de desidratação fugindo do EI, das famílias ainda encurraladas na montanha, das milhares de crianças e mulheres ainda em cativeiro, dos fatos presenciados por meus irmãos no local do massacre. Eu era apenas uma das centenas de milhares de vítimas do povo iazidi. Minha comunidade estava dispersa, vivendo como refugiados dentro e fora do Iraque, e Kocho ainda estava ocupada pelo EI. Havia uma porção de coisas que o mundo precisava ouvir sobre o que estava acontecendo com os iazidis.

A primeira parte da jornada foi de trem através das sombrias florestas alemãs. As árvores passavam como um borrão pertinho de minha janela. A floresta, tão diferente dos vales e campos de Sinjar, me deixou assustada, mas também me senti feliz por atravessá-la de trem, não vagueando no meio das árvores. Ainda assim, era lindo, e eu estava começando a apreciar o meu novo lar. Os alemães nos receberam de braços abertos em seu país; ouvi histórias de cidadãos comuns acenando para os trens e aviões que transportavam refugiados sírios e iraquianos. Na Alemanha, tínhamos a esperança de conseguir nos tornar parte da sociedade e não apenas viver à margem dela. Era mais difícil para os iazidis em outros países. Alguns refugiados tinham ido para lugares onde ficou claro que não seriam bem-vindos. Algumas pessoas nem se importavam com os tipos de horrores de que estávamos fugindo. Outros iazidis ficaram presos no Iraque, desesperados por uma oportunidade de escapar, e essa espera também era um tipo de sofrimento. Alguns países decidiram bloquear totalmente a entrada dos refugiados, coisa que me deixou furiosa. Não havia um motivo razoável para negar a pessoas inocentes um lugar seguro para viver. Naquele dia, eu queria dizer tudo isso na ONU.

Eu queria dizer à plateia que havia muito mais a ser feito. Precisávamos estabelecer uma zona segura para as minorias religiosas no Iraque; processar o EI (desde os líderes até os cidadãos que tinham apoiado as suas atrocidades) por genocídio e crimes contra a humanidade; e libertar toda a região de Sinjar. Mulheres e moças que escaparam do EI precisavam de ajuda para reingressar na sociedade e reconstruí-la, e os abusos sofridos por elas precisavam ser acrescentados à lista de crimes de guerra do Estado Islâmico. O iazidismo deveria ser ensinado nas escolas desde o Iraque até os Estados Unidos, para as pessoas entenderem o valor de preservar uma religião antiga e proteger o povo que a segue, não importa o quão pequena seja essa comunidade. Os iazidis, com outras minorias religiosas e étnicas, constituem aquilo que um dia fez do Iraque uma grande nação.

Porém, eles só me deram três minutos para falar, e Nisreen me incentivou a simplificar.

– Conte a sua própria história – aconselhou ela, bebendo chá em meu apartamento.

Essa era uma ideia aterradora. Eu sabia que para a minha história ter algum impacto, eu teria que ser tão honesta quanto eu pudesse suportar. Eu teria que contar ao público sobre Hajji Salman e todas as vezes que ele me estuprou, a noite aterrorizante no posto de controle de Mossul e todos os abusos que testemunhei. Tomei a decisão de ser franca, e essa foi uma das decisões mais difíceis que já tomei, e também a mais importante.

Eu tremia ao ler meu discurso. Tentando manter a calma, falei sobre como Kocho havia sido dominada e as moças como eu tinham sido transformadas em *sabaya*. Contei à plateia sobre como eu tinha sido estuprada e espancada repetidamente e como enfim escapei. Contei à plateia sobre os meus irmãos que haviam sido mortos. Ouviram em silêncio, e depois uma senhora turca veio em minha direção, chorando.

– Meu irmão Ali foi assassinado – ela me disse. – Toda a nossa família está em choque por causa disso. Não sei como alguém consegue lidar com a perda de seis irmãos de uma só vez.

– É muito difícil – contei. – Mas outras famílias perderam ainda mais do que a nossa.

Quando voltei à Alemanha, disse a Nisreen que, sempre que precisassem de mim, eu estaria disponível para ir a qualquer lugar e fazer qualquer coisa para ajudar. Eu não fazia ideia de que esse era o começo da minha nova vida. Agora eu sei que eu nasci no coração dos crimes cometidos contra mim.

***

No início, a nossa vida nova na Alemanha parecia insignificante em comparação com as vidas do povo que enfrentava a guerra no Iraque. Dimal e eu nos mudamos para um pequeno apartamento de dois quartos com duas primas nossas, decorando-o com as fotos das pessoas que havíamos perdido ou deixado para trás. À noite eu dormia sob grandes fotos coloridas da minha mãe e Kathrine. Usávamos colares que soletravam os nomes dos mortos e cada dia nos reuníamos para chorar por eles e rezar para Tawusi Melek garantir o retorno seguro dos desaparecidos. Toda noite eu sonhava com Kocho, e toda manhã eu acordava e me lembrava: Kocho, como eu a conhecia, já não existia mais. É um sentimento estranho e deprimente. Sentir saudades de um lugar perdido é ter a sensação de que você também desapareceu. Tenho visitado muitos países bonitos em minhas viagens como ativista, mas o lugar em que mais tenho vontade de morar é o Iraque.

Frequentamos aulas de alemão e fizemos exames no hospital para nos certificar de que estávamos saudáveis. Algumas moças experimentaram as sessões de terapia que nos ofereceram, mas eram quase impossíveis de suportar. Cozinhávamos a nossa comida e fazíamos as tarefas que crescemos fazendo – limpar a casa, assar pão, agora num forninho metálico portátil que Dimal instalou na sala. Mas, sem as tarefas que realmente tomavam tempo, como ordenhar ovelhas ou plantar, sem escola e sem a vida social típica de uma aldeia pequena e coesa, tínhamos muito tempo livre. Logo que cheguei à Alemanha, o tempo todo eu implorava a Hezni para me deixar voltar, mas ele me aconselhou a dar uma chance à Alemanha. Falou que eu precisava ficar, que no final eu formaria uma vida lá, mas eu não tinha certeza se eu acreditava nele.

Pouco tempo depois, conheci Murad Ismael. Com um grupo de iazidis vivendo ao redor do mundo – incluindo Hadi Pir, Ahmed Khudida, Abid Shamdeen e Haider Elias, o antigo tradutor do exército dos EUA que havia ficado ao telefone com meu irmão, Jalo, quase até o momento de sua morte –, Murad era cofundador do Yazda, grupo que lutava incansavelmente pelos iazidis. Quando o conheci, eu ainda estava incerta sobre como seria a minha nova vida. Eu queria ajudar, e me sentir útil, mas não sabia como. Mas quando Murad me contou sobre o Yazda e o trabalho que estavam fazendo – em especial, ajudando a libertar e, em seguida, reencaminhar mulheres e moças que haviam sido escravizadas pelo EI –, vislumbrei o meu futuro com mais clareza.

Tão logo esses iazidis ouviram que o EI tinha chegado a Sinjar, eles abandonaram suas vidas normais para nos ajudar lá no Iraque. Murad estudava geofísica em Houston quando o genocídio começou; outros eram professores ou assistentes sociais que largaram tudo para nos ajudar. Ele me contou sobre as duas semanas em que um grupo deles, incluindo Haider e Hadi, hospedados num quartinho perto de Washington, D.C., passaram 15 dias praticamente sem dormir respondendo a ligações de iazidis no Iraque, tentando ajudá-los a escapar a um local seguro. Muitas vezes, tiveram sucesso. Às vezes, não. Tentaram salvar Kocho, ele me contou. Tinham ligado para todo mundo em quem conseguiram pensar em Erbil e Bagdá. Deram sugestões inspiradas em seu tempo de trabalho com os militares americanos (Murad e Hadi também tinham sido tradutores durante a ocupação) e rastrearam o EI em cada estrada e em cada aldeia. Não conseguiram nos salvar, mas juraram fazer o que estivesse a seu alcance para ajudar os sobreviventes e fazer justiça. Mostravam a tristeza em seus corpos – Haider sofria de dores constantes nas costas e Murad tinha o semblante marcado pela exaustão – e, apesar disso, eu queria ser exatamente como eles. Após conhecer Murad, comecei a me tornar a pessoa que sou hoje. Embora o luto nunca tenha cessado, as nossas vidas na Alemanha começaram a fazer sentido de novo.

Quando eu estava com o EI, eu me sentia impotente. Se ainda me restasse alguma força quando a minha mãe foi arrancada de mim, eu a teria protegido. Se eu pudesse ter impedido os terroristas de me vender ou de me estuprar, eu teria. Quando eu recordo de minha própria fuga – a porta destrancada, o quintal tranquilo, Nasser e a família dele no bairro cheio de simpatizantes do Estado Islâmico –, eu sinto arrepios só de pensar na facilidade com que tudo poderia ter dado errado. Acho que houve uma razão para Deus me ajudar a escapar, e uma razão para eu conhecer os ativistas da Yazda, e eu não subestimo a minha liberdade. Os terroristas não pensavam que as moças iazidis conseguiriam fugir deles, ou que teríamos a coragem de dizer ao mundo todos os detalhes do que fizeram para nós. Nosso modo de desafiá-los é não deixar seus crimes passarem impunes. Toda vez que eu conto a minha história, sinto que estou arrancando algum poder dos terroristas.

Desde aquela primeira viagem a Genebra, já contei a minha história a milhares de pessoas – políticos e diplomatas, cineastas e jornalistas, e inúmeras pessoas comuns que se interessaram pelo Iraque após a ascensão do EI. Implorei aos líderes sunitas que denunciassem com mais ênfase o EI publicamente; eles têm um grande poder para interromper a violência. Trabalhei ao lado de todos os homens e todas as mulheres da Yazda para ajudar sobreviventes como eu, que precisam conviver todos os dias com as atrocidades que enfrentamos, além de convencer o mundo a reconhecer que o que aconteceu com os iazidis foi um genocídio e levar o EI à justiça.

Outros iazidis fizeram o mesmo, com a mesma missão: aliviar o nosso sofrimento e manter viva o que resta da nossa comunidade. Nossas histórias, por mais difíceis que sejam de ouvir, fizeram a diferença. Ao longo dos últimos anos, o Canadá decidiu acolher mais refugiados iazidis; a ONU reconheceu oficialmente que os atos perpetrados pelo EI contra os iazidis constituem um genocídio; os governos começaram a avaliar a ideia de estabelecer uma zona segura para as minorias religiosas no Iraque; e, o mais importante, temos advogados determinados a nos ajudar. A justiça é tudo que os iazidis têm agora, e cada iazidi faz parte da luta.

Lá no Iraque, Adkee, Hezni, Saoud e Saeed lutam cada qual a seu modo. Ficaram no campo de refugiados – Adkee se recusou a ir para a Alemanha com as outras mulheres –, e, quando converso com eles, sinto tanta saudade, que eu mal consigo permanecer em pé. Todos os dias é uma luta para os iazidis nos campos de refugiados, e, apesar disso, eles ainda fazem o que podem para ajudar toda a comunidade. Promovem manifestações contra o EI e reivindicam que os curdos e Bagdá façam mais. Quando uma sepultura em massa é descoberta ou uma jovem morre tentando escapar, são os refugiados no campo que carregam o fardo da notícia em primeiro lugar e organizam o funeral. Cada lar-contêiner está repleto de gente orando para que os entes queridos sejam devolvidos a eles.

Cada refugiado iazidi tenta lidar com o trauma mental e físico das violências que enfrentou e trabalha para manter a nossa comunidade intacta. Pessoas que, há poucos anos, eram agricultores, estudantes, feirantes e donas de casa, tornaram-se acadêmicos religiosos determinados a propagar os conhecimentos sobre o iazidismo, professores que trabalham nos campos de refugiados em salas de aula improvisadas em contêineres e ativistas de direitos humanos como eu. Tudo o que queremos é manter vivas a nossa cultura e a nossa religião e levar o EI à justiça por seus crimes. Tenho orgulho de tudo o que fizemos como comunidade para reagir. Sempre tive orgulho de ser iazidi.

Por mais sortuda que eu seja por estar sã e salva na Alemanha, não posso deixar de invejar aqueles que ficaram para trás no Iraque. Meus irmãos estão mais perto de casa, comendo pratos da culinária iraquiana de que eu sinto tanta falta e morando ao lado de gente que eles conhecem, não de estranhos. Se eles vão à cidade, podem falar em curdo com lojistas e motoristas de minivans. Quando os *peshmergas* nos deixam entrar em Solagh, eles podem visitar o túmulo de minha mãe. Trocamos mensagens e fazemos ligações telefônicas o dia todo. Hezni me conta sobre seu trabalho ajudando as moças a escapar, e Adkee me fala sobre a vida no campo de refugiados. Em sua maioria, as histórias são de amargura e tristeza, mas às vezes a minha irmã é tão engraçada que eu chego a cair do sofá de tanto rir. Eu sinto muitas saudades do Iraque.

No fim de maio de 2017, me ligaram do campo de refugiados avisando que Kocho havia sido libertada do jugo do EI. Saeed estava entre os membros da unidade iazidi chamada Hashd Al-Shaabi, um grupo de milícias armadas iraquianas, que havia reconquistado Kocho, e fiquei contente, pois ele enfim tinha realizado o seu desejo de se tornar um soldado. Kocho não estava segura; ainda havia extremistas do Estado Islâmico nas imediações, em pleno combate, e aqueles que tinham fugido haviam plantado DEIs por todos os lugares antes de sair, mas eu estava determinada a voltar. Hezni concordou, e voei da Alemanha a Erbil e, em seguida, viajei ao campo de refugiados.

Eu não sabia como seria rever Kocho, o lugar onde fomos separados e onde meus irmãos foram mortos. Eu estava acompanhada de familiares, incluindo Dimal e Murad (a essa altura, ele e outros membros da Yazda já eram uma família para mim), e quando se tornou suficientemente seguro para irmos, viajamos em grupo, fazendo um caminho mais longo para evitar os combates. A aldeia estava deserta. As janelas da escola tinham sido quebradas e, por dentro, vimos o que restava de um cadáver. Minha casa havia sido saqueada – até mesmo o madeiramento do telhado havia sido arrancado – e tudo que sobrou foi incendiado. O álbum com as fotos das noivas virou um monte de cinzas. Choramos tanto, que nos atiramos ao chão. Mesmo assim, apesar da destruição, ao entrar pela porta da frente, senti-me em casa. Por um momento senti-me como eu me sentia antes da vinda do EI, e, quando me avisaram que era hora de ir embora, implorei ao grupo para me deixarem ficar apenas mais uma hora. Prometi a mim mesma: aconteça o que acontecer, quando chegar dezembro e for a hora de os iazidis jejuarem para se aproximar de Deus e de Tawusi Melek, que deu a vida a todos nós, eu estarei em Kocho.

***

Pouco menos de um ano após proferir aquele meu primeiro discurso em Genebra – e cerca de um ano antes de retornar a Kocho –, estive em Nova York com membros da Yazda, incluindo Abid, Murad, Ahmed, Haider, Hadi e Maher Ghanem, onde as Nações Unidas me nomearam Embaixadora da Boa Vontade para a Dignidade dos Sobreviventes do Tráfico de Pessoas. Outra vez, queriam que eu contasse o que aconteceu comigo perante uma grande plateia. Nunca fica mais fácil contar sua história. Cada vez que você a conta, você a revive. Quando eu conto a alguém sobre o posto de controle onde os homens me estupraram, ou a dor pelas chibatadas de Hajji Salman sob o edredom em que me escondi, ou o céu escuro de Mossul enquanto eu procurava um sinal de ajuda no bairro, sou transportada de volta àqueles momentos e todos os seus horrores. Outros iazidis são tragados por essas memórias, também. Às vezes, até os membros do Yazda que ouviram a minha história por incontáveis vezes choram ao me ouvir; é a história deles também.

Apesar disso, fui me acostumando a discursar, e uma plateia numerosa já não me intimida. A minha história, contada de modo honesto e direto, é a melhor arma que eu tenho contra o terrorismo, e pretendo usá-la até que os terroristas sejam levados a julgamento. Ainda há muita coisa a ser feita. Os líderes mundiais e, em especial, os líderes religiosos muçulmanos precisam se posicionar e proteger os oprimidos.

Dei o meu breve discurso. Terminei de contar a minha história e continuei a falar. Contei que não fui criada para dar discursos. Contei que cada iazidi quer ver o EI ser processado por genocídio, e que as nações têm o poder de ajudar a proteger os povos vulneráveis mundo afora. Contei que eu queria olhar nos olhos dos homens que me estupraram e vê-los no banco dos réus. Afirmei, antes de tudo: "Quero ser a última moça no mundo com uma história como a minha".

Meu pai, Basee Murad Taha, quando jovem.

Minha sobrinha Kathrine em um casamento em 2013.

Da esquerda para a direita: minha cunhada Sester, minha irmã Adkee, meu irmão Khairy, minha sobrinha Baso, minha irmã Dimal, minha sobrinha Maisa e eu em 2011.

Hezni dirigindo o trator da minha família comigo e Kathrine (à esquerda) nas costas.

Meus irmãos e meio-irmãos em 2014. Fila de trás, da esquerda para a direita: Hezni, um vizinho, meu meio-irmão Khaled, meu irmão Saeed. Primeira fila: meu meio-irmão Walid, meu irmão Saoud e eu.

Jilan e Hezni no dia do casamento em 2014.

Minha mãe no casamento do neto.

Meu meio irmão Hajji.

No sentido horário da fila de trás, à esquerda: minha cunhada Jilan, minha cunhada Mona, minha mãe, minha sobrinha Baso, minha irmã Adkee, minhas sobrinhas Nazo, Kathrine, Maisa e eu, em nossa casa em Kocho em 2014.

Da esquerda para a direita: minha irmã Adkee, meu irmão Jalo e minha irmã Dimal.

Na escola com uma colega de classe em 2011.

GLOSSÁRIO

ABAIA – Vestimenta feminina tradicional dos países árabes, consiste em um longo vestido preto que vai até os pés.

ALAIKUM ASALAAM – Alaikum as-salam, "Que a paz esteja convosco também", resposta à saudação "Salam alaikum".

ASAYISH, ASAYISH – Agência de inteligência curda e seus membros. Assim como os peshmergas, os asayish podem ser leais ao PUK ou ao KDP, conforme a cidade a que pertencem.

BAATHISTA, BA'ATHISTA – Relativo ao Partido Socialista Árabe Baath, partido político iraquiano, cujo principal líder foi Saddam Hussein. Uma vertente desse partido também surgiu na Síria.

BIN AKHY – Brincadeira de esconder objetos na terra e depois tentar encontrá-los, comum entre as crianças iazidis.

DAESH – Nome utilizado para se referir ao grupo terrorista Estado Islâmico, acrônimo do nome árabe completo do grupo (al-Dawlat al-Islamiya f'al-Iraq w Belaad al-Sham)

DAWLA – Outra forma de se referir ao Estado Islâmico.

DEI – Dispositivo explosivo improvisado, também chamado de artefato explosivo improvisado. Vem do inglês, IED (*Improvised Explosive Device*).

DISHDASHA – Traje típico árabe para homens, semelhante a uma túnica, em geral tem mangas compridas e vai até os tornozelos.

EI – Estado Islâmico.

EIIL – Estado Islâmico do Iraque e do Levante.

FÁTUA – Pronunciamento jurídico emitido por uma autoridade muçulmana mediante solicitação. Vem do árabe "*fatwa*".

FIRMAN – Decreto emitido por um soberano em um país islâmico. Vem da palavra turca "ferman". Os iazidis utilizam a palavra como sinônimo de "genocídio", para se referir às inúmeras vezes em que o povo deles sofreu ataques de natureza étnica.

GORRAN – Também chamado "Movement for Change" (Movimento pela Mudança), é o mais novo partido no cenário político do Curdistão, surgido de uma ala anticorrupção e antinepotismo que se desmembrou do PUK.

GRC – Governo Regional do Curdistão (em inglês, KRG, de *Kurdistan Regional Government*). Democracia parlamentar dentro da república federativa do Iraque. As principais províncias onde o GRC exerce jurisdição legal são Erbil, Duhok e Suleimânia.

HAJJI – Título para homens honrados.

HAJJI – Nome próprio.

HARAM – Adjetivo, significa "proibido pelas leis islâmicas".

HIJABE – Ou "hijab", designação genérica para todos os tipos de véus.

IAZIDIS – Minoria iraquiana que fala curdo e antes do genocídio de 2014 habitava aldeias no entorno do Monte Sinjar, ao norte do Iraque.

IAZIDISMO – Religião monoteísta do povo iazidi passada oralmente de geração em geração. O local de peregrinação dos iazidis é o vale Lalish, onde são batizados no Riacho Branco.

JEVAT – Conselho convocado pelo *mukhtar* para deliberar sobre assuntos do interesse da comunidade.

JIHADISTA – Adepto do jihadismo, ideologia extremista.

KAFIR – Termo usado por muçulmanos para se referir a uma pessoa que se recusa a se submeter a Alá e não acredita em Maomé e no Alcorão.

KDP – Sigla que vem do inglês Kurdish Democratic Party. O Partido Democrático do Curdistão, o mais antigo partido político curdo, hoje é liderado por Massoud Barzani, filho do fundador Mustafa Barzani.

KEBAB – Espetinho de carne ovina ou bovina, uma de suas variantes é entremeada com vegetais (*shish kebab*).

KIRIV – É o "guardião da criança", espécie de padrinho que protege o menino durante o ritual da circuncisão.

KOCHEK – Líder espiritual iazidi, servo de Lalish, significa "o que enxerga longe".

KUFFAR – Plural de kafir.

LAYLA – Noite.

MAJNUN – Possuído, louco.

MERHABA, MARHABA – Olá, oi.

MUKHTAR – Palavra de origem árabe que denota o chefe do governo local de um vilarejo ou aldeia.

NICABE – Véu que cobre rosto e pescoço e que se diferencia da burca por ter uma abertura horizontal diante dos olhos.

PESHMERGA – Palavra curda que significa "o que enfrenta a morte", por extensão, membro das forças militares do Curdistão iraquiano. Os *peshmergas* do PUK são rivais dos *peshmergas* do KDP.

PKK – Partido dos Trabalhadores do Curdistão, grupo separatista turco radical. A sigla vem do curdo Partiya Karkeren Kurdistan (PKK).

PUK – A sigla vem do inglês Patriotic Union of Kurdistan (União Patriótica do Curdistão), dissidência do KDP que teve como fundadores Jalal Talabani e outros.

QAWWAL – Ou qewwal, cantor religioso responsável por ensinar os hinos e orações. No caso da religião iazidi, habitam principalmente as cidades de Bashiq e Bahzana.

SABAYA – Termo utilizado pelo EI para designar "escravas sexuais".

SABIYYA – Singular de *sabaya*.

SALAM ALAIKUM – As-salaam-alaikum ou "salamaleico", saudação usada por muçulmanos. Significa "Que a paz esteja convosco".

SHAHADA – Ou *chahada*, declaração que é um dos pilares do Islamismo, é necessário recitá-la com sinceridade para converter-se ao Islã.

TANDUR – Forno de barro com a boca para cima usado para fazer pão, típico dos países do Oriente Médio.

USTAZ, USTAZI – Mestre, professor.

XARIA – Ou *sharia*, conjunto de leis islâmicas baseadas no Alcorão.

YAZDA – Organização global iazidi criada na esteira do genocídio iazidi em 2014, no intuito de apoiar a minoria etnorreligiosa iazidi e outros grupos vulneráveis.

YPG – Do curdo Yekineyen Parastina Gel, ou Unidades de Proteção Popular, são as forças de defesa da área curda da Síria. O YPG é o braço armado do PYD (Partyia Yekitiya Demokrat), partido filiado ao PKK.

grupo novo século

Compartilhando propósitos e conectando pessoas
Visite nosso site e fique por dentro dos nossos lançamentos:
www.gruponovoseculo.com.br

‹ns

- facebook/novoseculoeditora
- @novoseculoeditora
- @NovoSeculo
- novo século editora

Edição: 1ª
Fonte: Adobe Caslon Pro

gruponovoseculo.com.br